Billar tres bandas: Modèles diagonaux d'angle à angle

De tournois de championnat professionnel

Testez-vous contre les joueurs professionnels

Allan P. Sand
PBIA Instructeur de billard certifié

ISBN 978-1-62505-285-8
PRINT 7x10

ISBN 978-1-62505-439-5
PRINT 8.5x11

First edition

Copyright © 2019 Allan P. Sand

All rights reserved under International and Pan-American Copyright Conventions.

Published by Billiard Gods Productions.
Santa Clara, CA 95051
U.S.A.

For the latest information about books and videos, go to: http://www.billiardgods.com

Acknowledgements
Wei Chao created the software that was used to create these graphics.

Contenu du livre

Introduction 1
À propos des dispositions de table 1
Instructions de configuration de la table 2
But de la disposition des tables 2
A: Diagonales simples **3**
A: Groupe 1 3
A: Groupe 2 8
A: Groupe 3 13
A: Groupe 4 18
A: Groupe 5 23
A: Groupe 6 28
B: Diagonales simples, modifiées **33**
B: Groupe 1 33
B: Groupe 2 38
B: Groupe 3 43
C: Diagonales parallèles **48**
C: Groupe 1 48
C: Groupe 2 53
C: Groupe 3 58
C: Groupe 4 63
C: Groupe 5 68
D: Doubles diagonales **73**
D: Groupe 1 73
D: Groupe 2 78
D: Groupe 3 83
D: Groupe 4 88
D: Groupe 5 93
D: Groupe 6 98
D: Groupe 7 103
E: Double diagonale, modifiée **108**
E: Groupe 1 108
E: Groupe 2 113
E: Groupe 3 118
E: Groupe 4 123
E: Groupe 5 128
E: Groupe 6 133
F: Diagonales triples **138**
F: Groupe 1 138
F: Groupe 2 143
F: Groupe 3 148

Other books by the author …

    3 Cushion Billiards Championship Shots (a series)

    Carom Billiards: Some Riddles & Puzzles

    Carom Billiards: MORE Riddles & Puzzles

    Why Pool Hustlers Win

    Table Map Library

    Safety Toolbox

    Cue Ball Control Cheat Sheets

    Advanced Cue Ball Control Self-Testing Program

    Drills & Exercises for Pool & Pocket Billiards

    The Art of War versus The Art of Pool

    The Psychology of Losing – Tricks, Traps & Sharks

    The Art of Team Coaching

    The Art of Personal Competition

    The Art of Politics & Campaigning

    The Art of Marketing & Promotion

    Kitchen God's Guide for Single Guys

Introduction

Ceci est l'une des séries de livres de billar tres bandas qui montrent comment les joueurs professionnels prennent des décisions, en fonction de la disposition des tables. Toutes ces mises en page proviennent de compétitions internationales.

Ces dispositions vous placent dans la tête du joueur, en commençant par les positions des boules (indiquées dans le premier tableau). La deuxième disposition du tableau montre ce que le joueur a décidé de faire.

À propos des dispositions de table

Ce sont les trois balles sur la table:

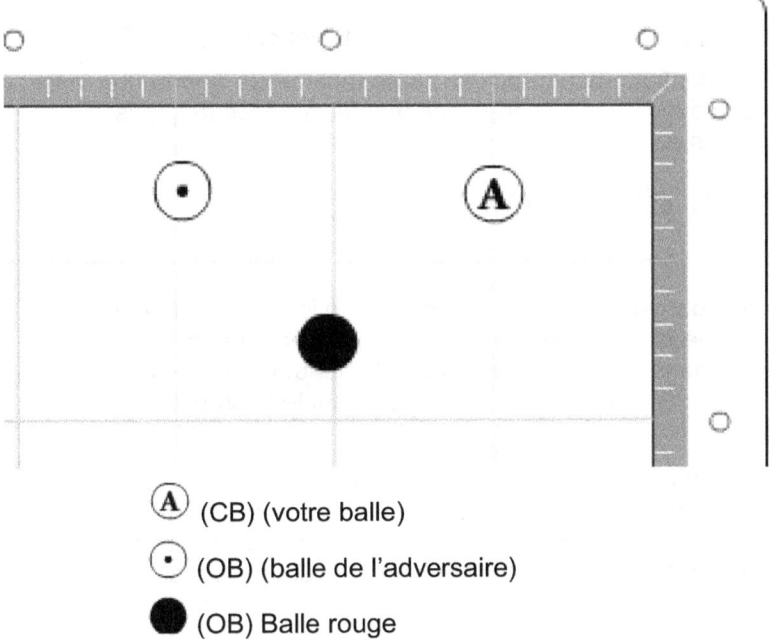

Ⓐ (CB) (votre balle)

⊙ (OB) (balle de l'adversaire)

● (OB) Balle rouge

Chaque configuration a deux dispositions de table. Le premier tableau est la position de la balle. La deuxième table est la façon dont les balles se déplacent sur la table.

Instructions de configuration de la table

Utilisez des anneaux de reliure en papier pour marquer les positions de la balle (achetez dans n'importe quel magasin de fournitures de bureau).

Placez une pièce de monnaie sur chaque coussin de table que le (CB) touchera.

Comparez votre chemin (CB) avec la configuration de la deuxième table. Pour apprendre, vous pouvez avoir besoin de plusieurs tentatives. Après chaque échec, effectuez les réglages et réessayez jusqu'à ce que vous réussissiez.

But de la disposition des tables

Ces mises en page sont fournies à deux fins.

- Votre analyse - À la maison, vous pouvez réfléchir à la manière de jouer la configuration sur la première table. Comparez vos idées au modèle actuel de la deuxième table. Pensez à votre solution et envisagez des options. À partir du deuxième tableau, vous pouvez également analyser comment suivre le modèle. Jouez mentalement le coup et décidez comment vous pouvez réussir.

- Entraînez-vous à la configuration de la table - Placez les balles en place, conformément à la configuration du premier tableau. Essayez de tirer de la même manière que le motif de la deuxième table. Vous devrez peut-être faire plusieurs tentatives avant de trouver la bonne façon de jouer. C'est ainsi que vous pouvez apprendre et jouer ces coups lors des compétitions et des tournois.

La combinaison de l'analyse mentale et de la pratique pratique fera de vous un joueur plus intelligent.

A: Diagonales simples

Ce sont un ensemble de motifs de balle qui se déplacent d'un coin vers le coin opposé. Le (CB) traverse la table d'un coin à l'autre.

Ⓐ (CB) (votre balle) - ⊙ (OB) (balle de l'adversaire) – ● (OB) Balle rouge

A: Groupe 1

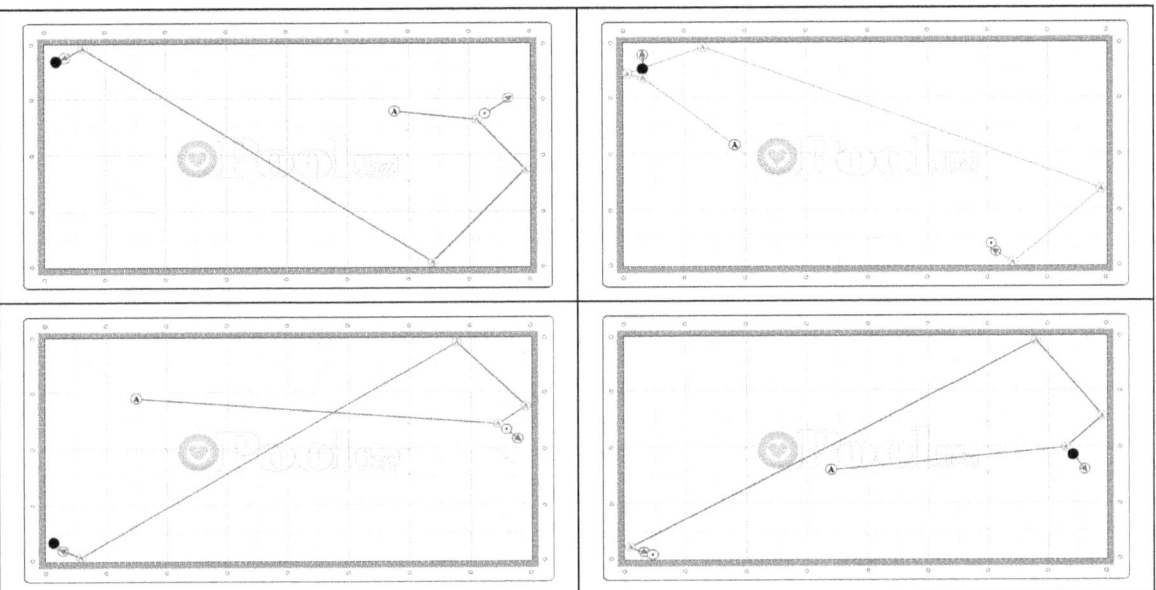

Une analyse:

A:1a. _____

A:1b. _____

A:1c. _____

A:1d. _____

A:1a – Installer

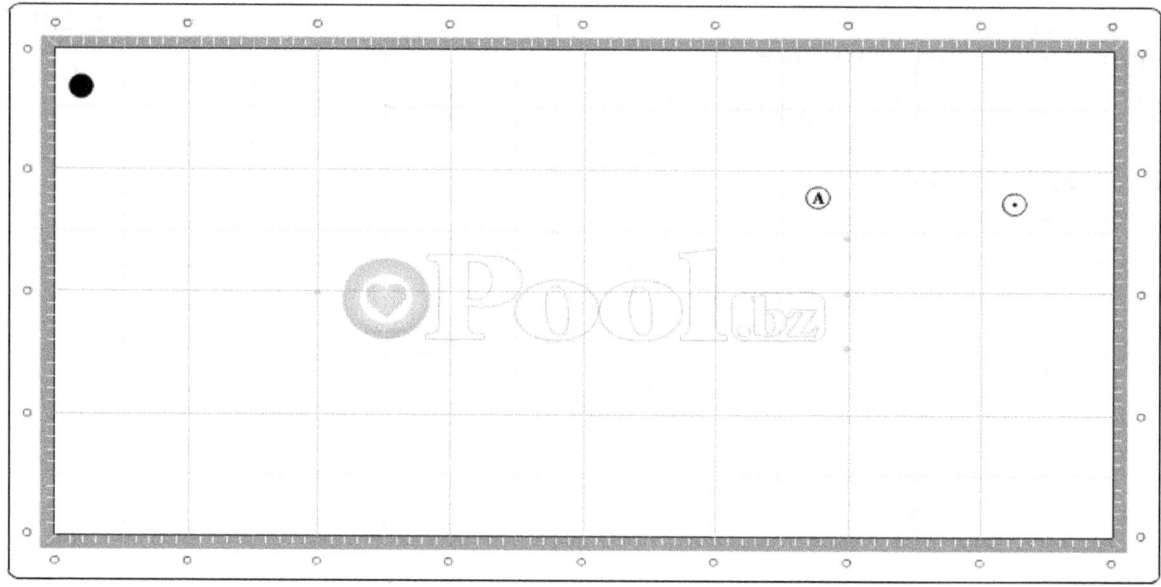

Notes et idées:

Modèle de balle

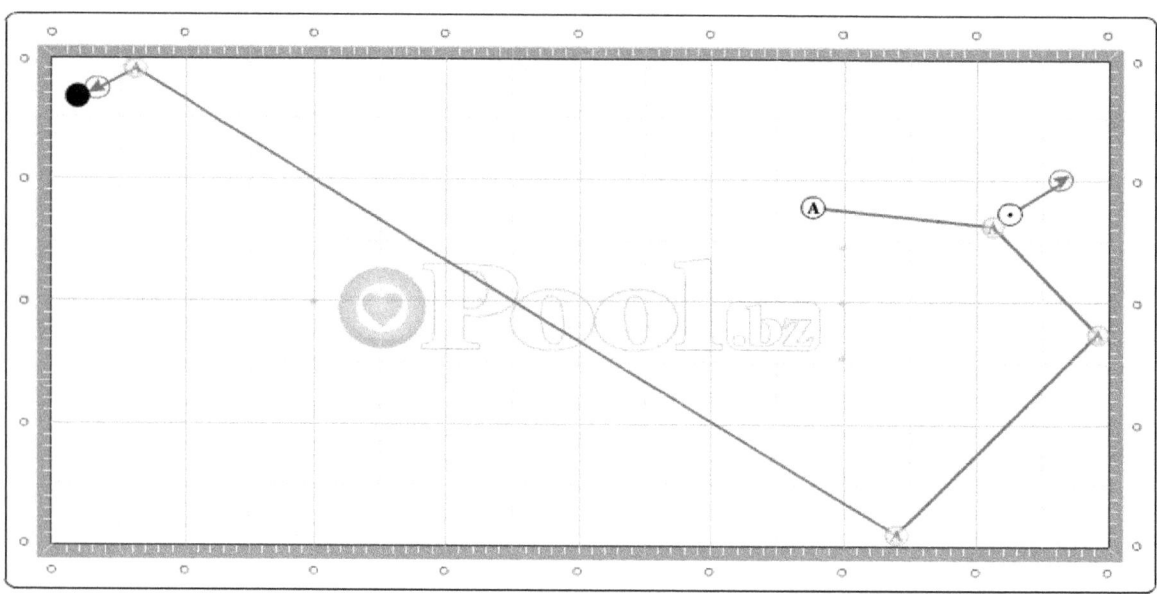

A:1b – Installer

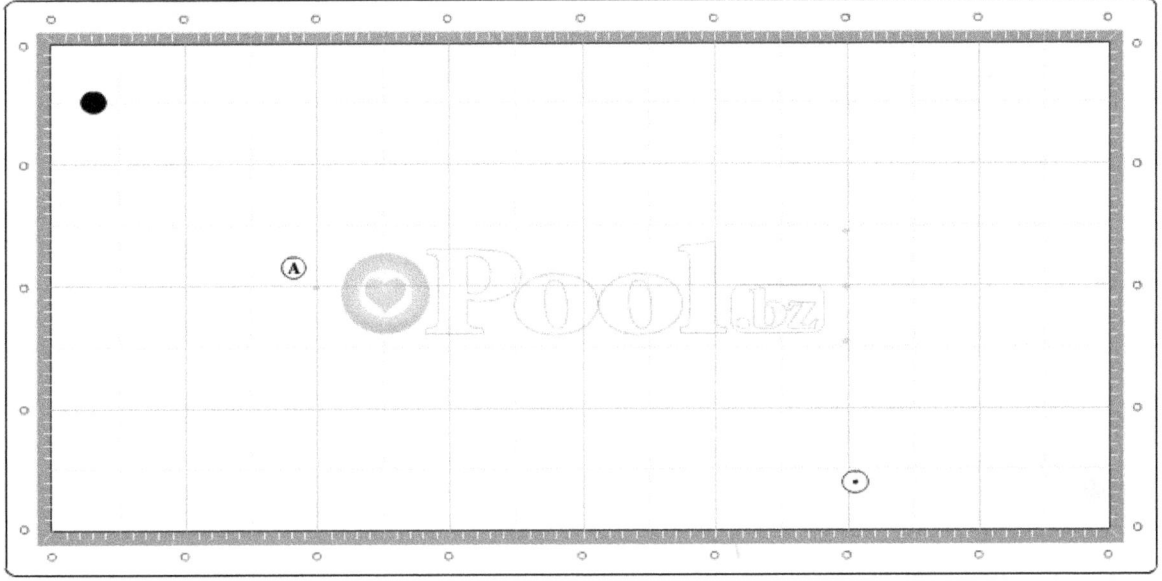

Notes et idées:

Modèle de balle

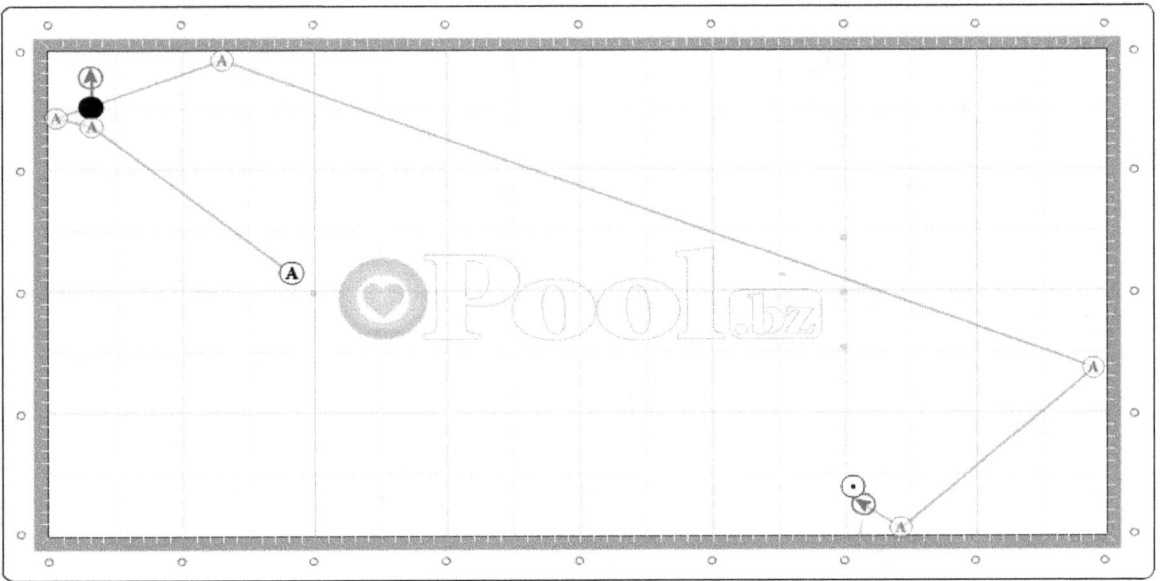

A:1c – Installer

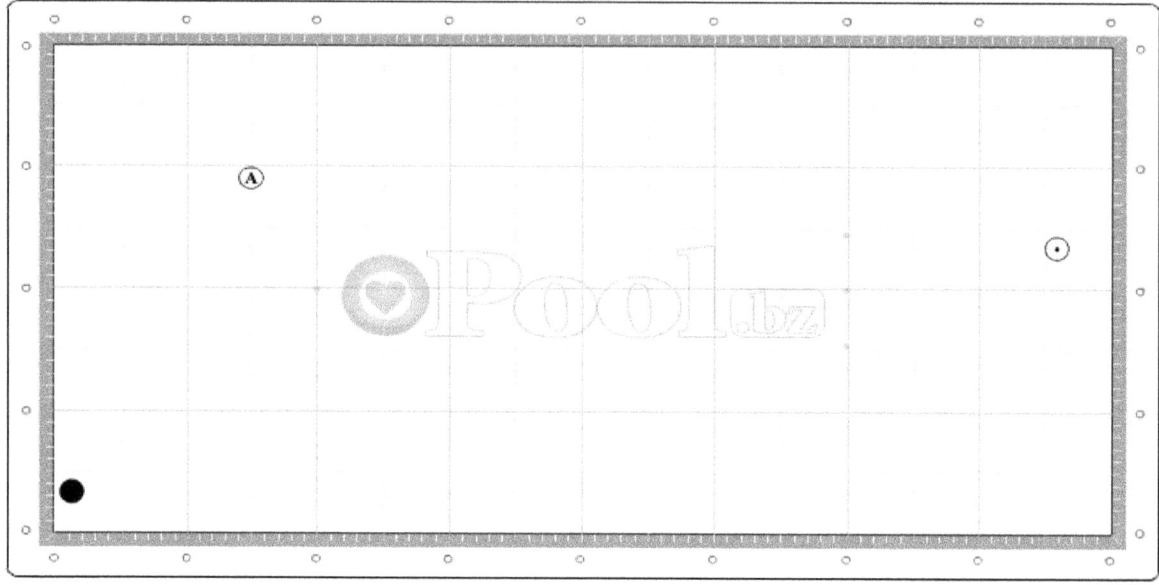

Notes et idées:

Modèle de balle

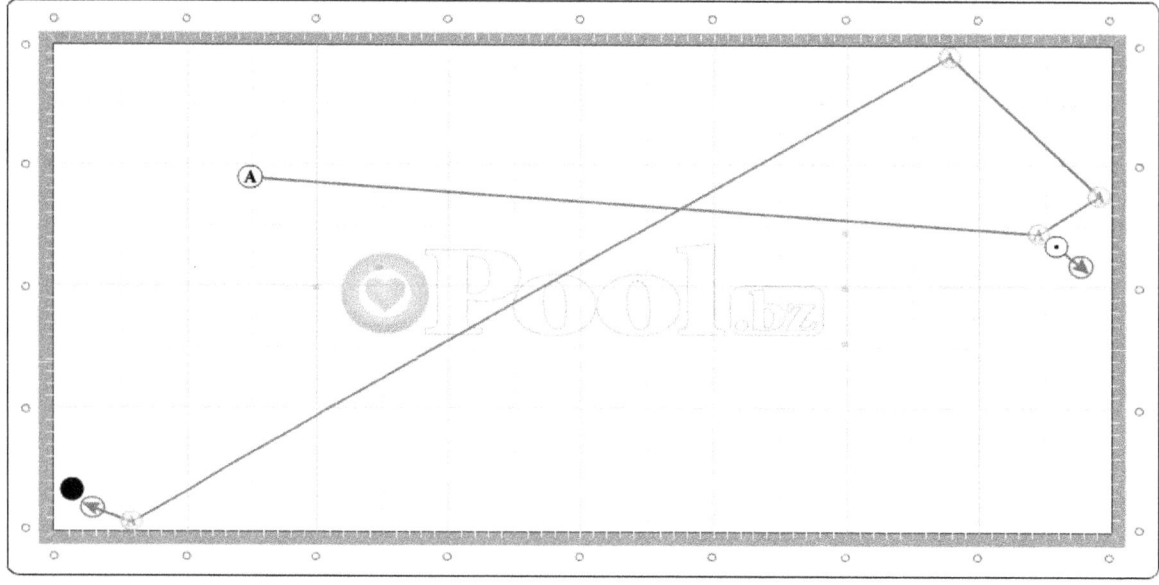

A:1d – Installer

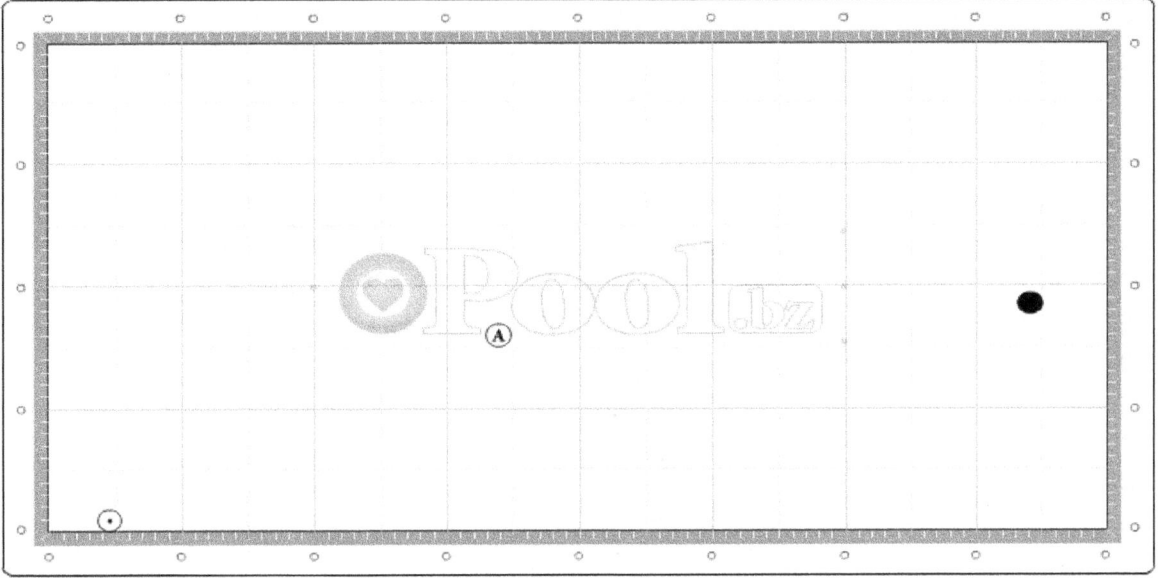

Notes et idées:

Modèle de balle

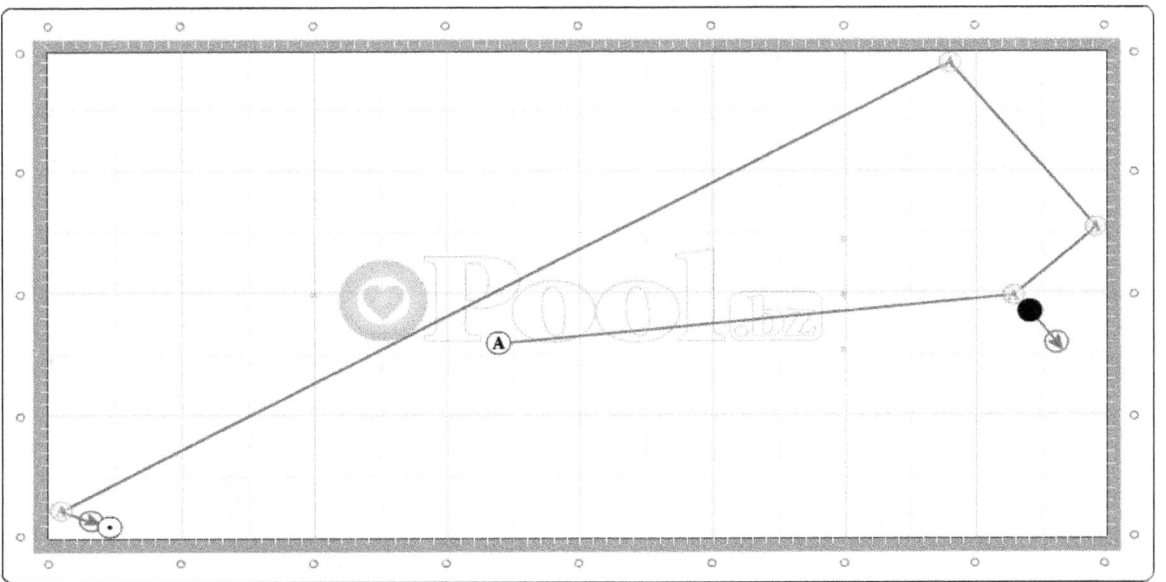

A: Groupe 2

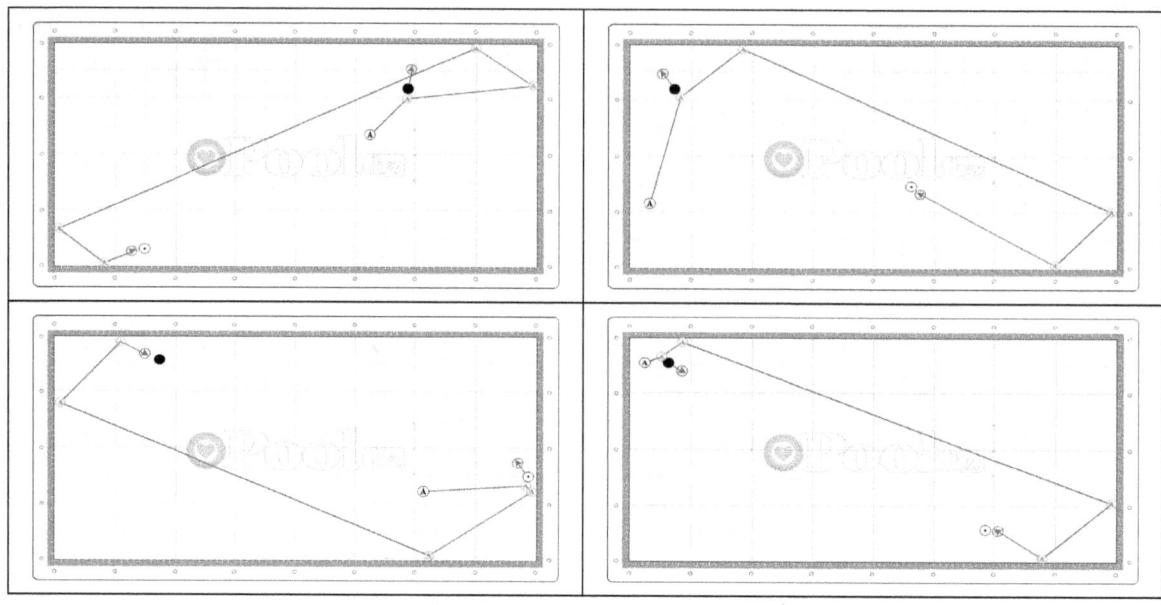

Une analyse:

A:2a. _____

A:2b. _____

A:2c. _____

A:2d. _____

A:2a – Installer

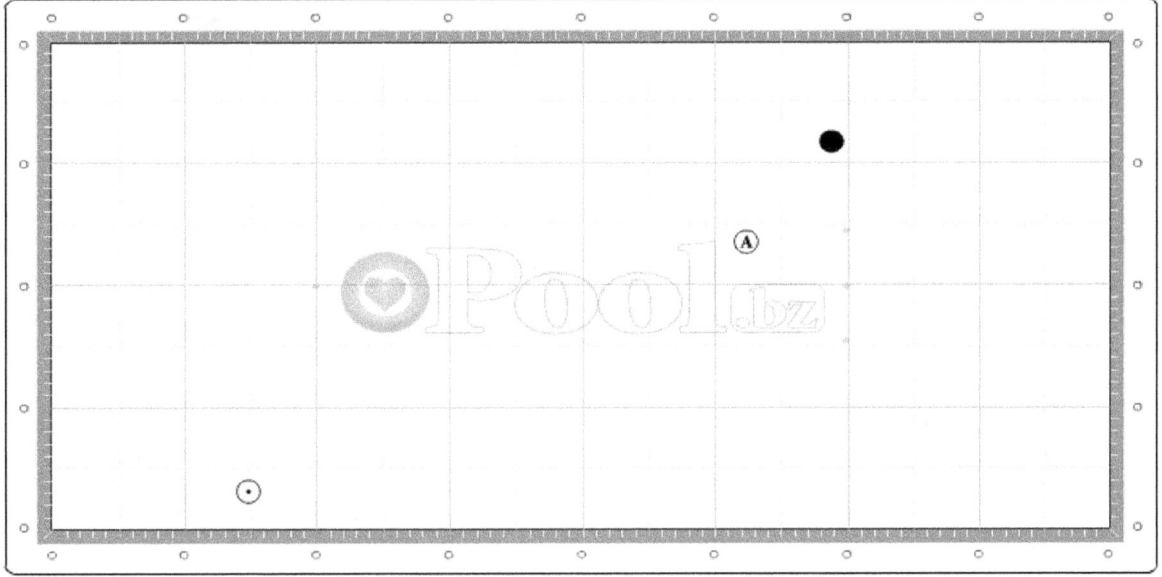

Notes et idées:

Modèle de balle

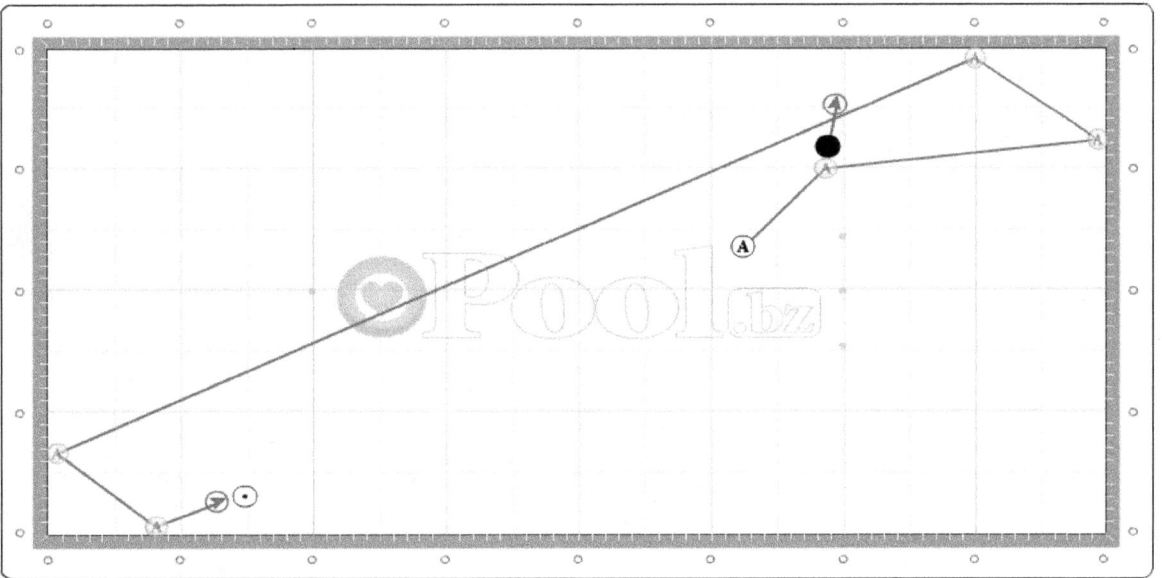

A:2b – Installer

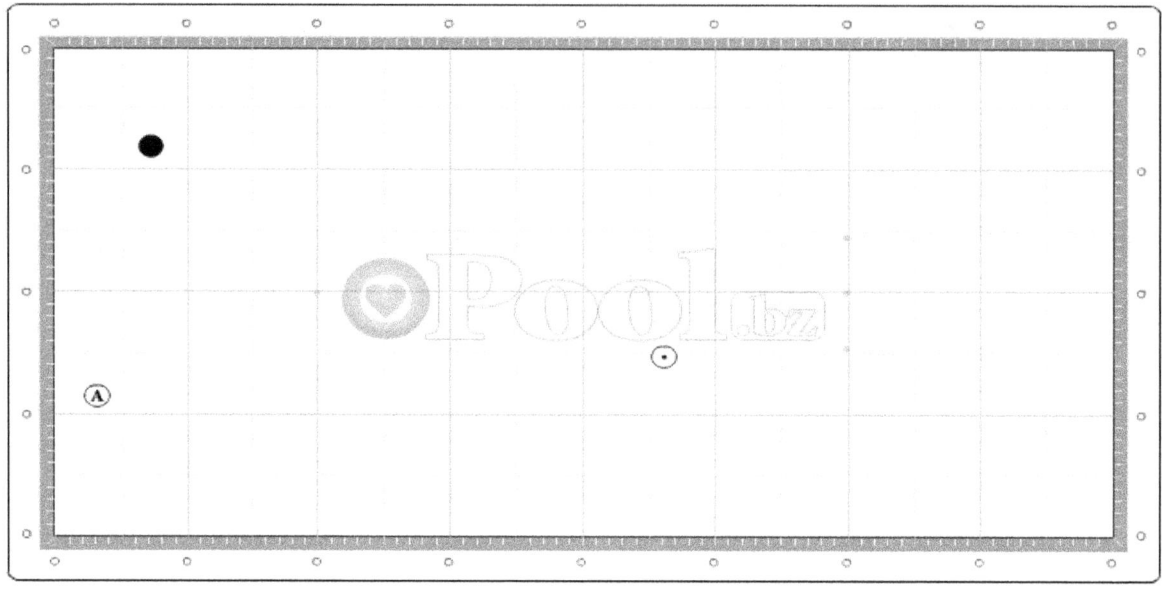

Notes et idées:

Modèle de balle

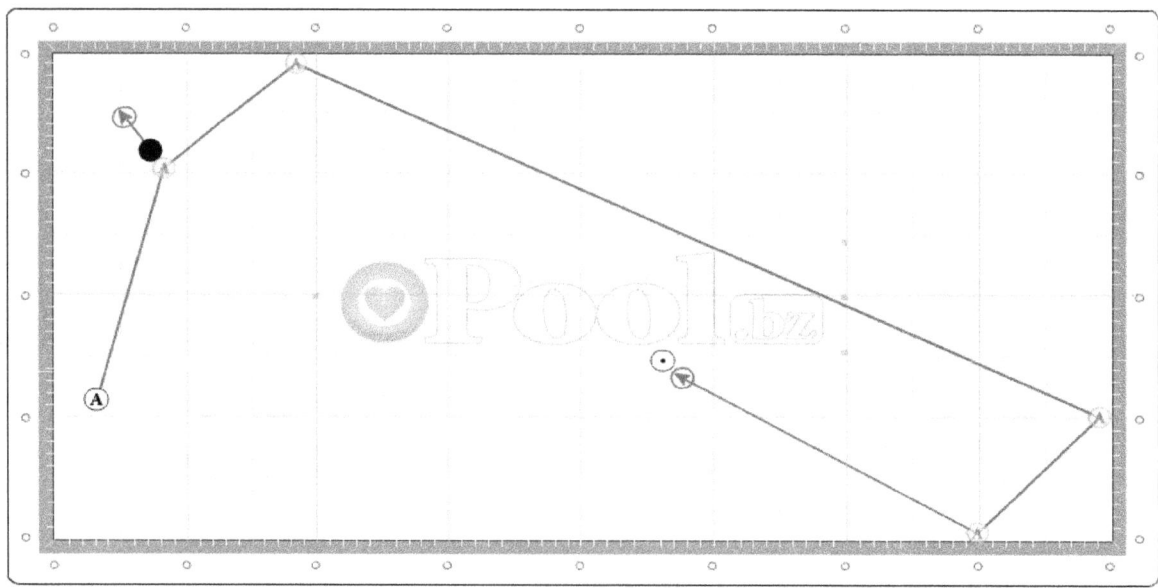

A:2c – Installer

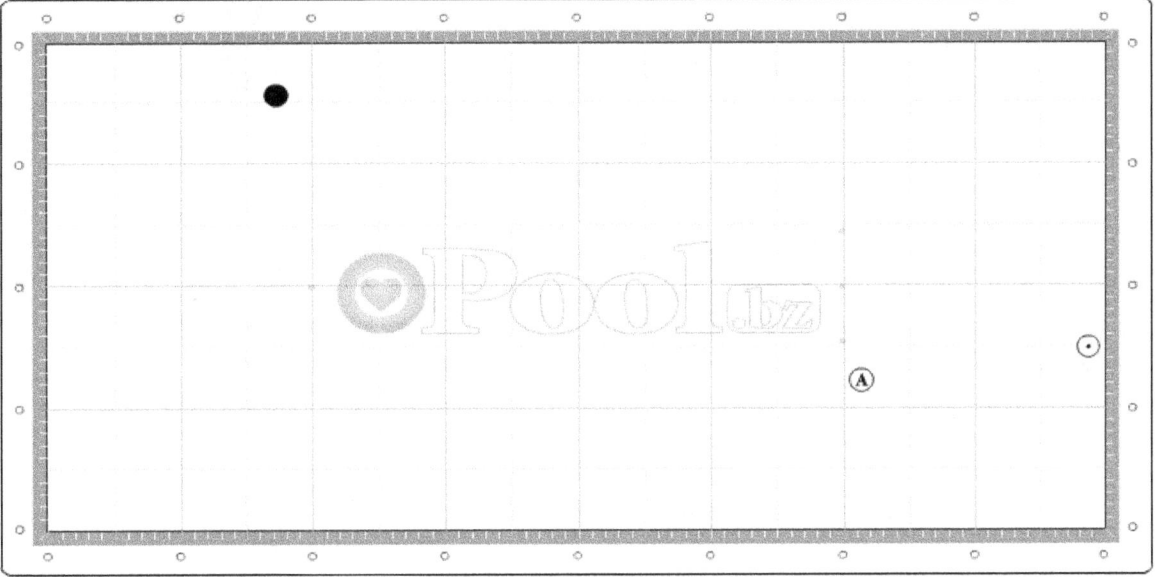

Notes et idées:

Modèle de balle

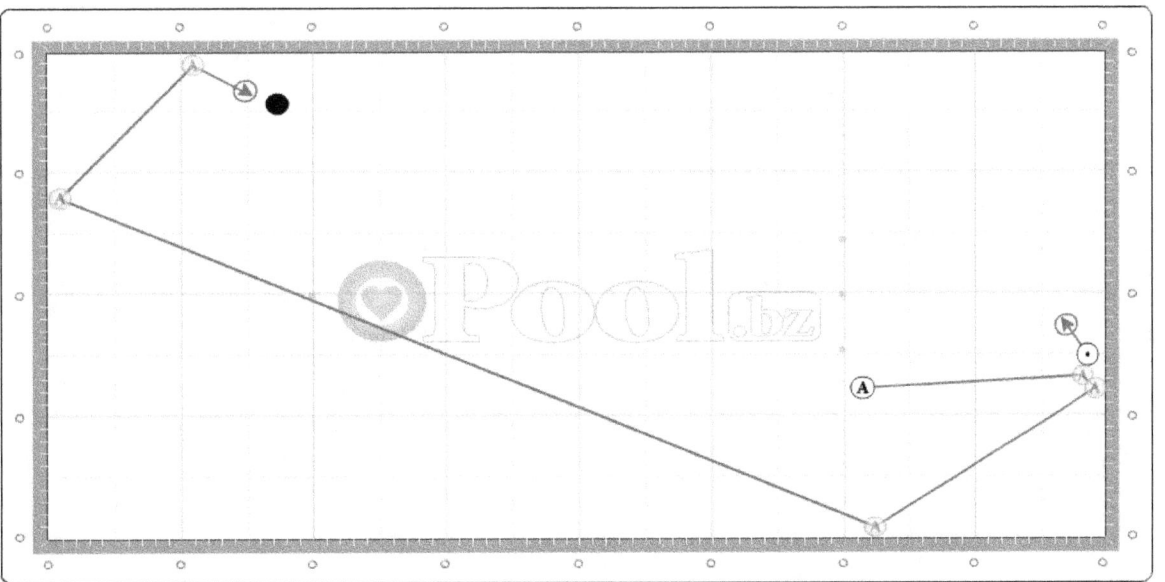

A:2d – Installer

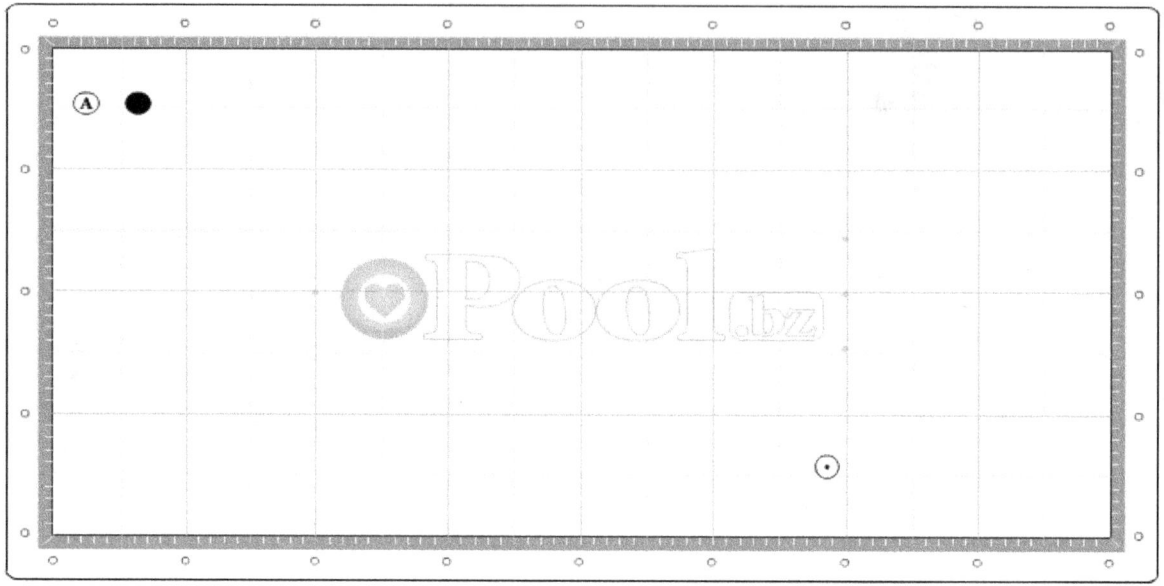

Notes et idées:

Modèle de balle

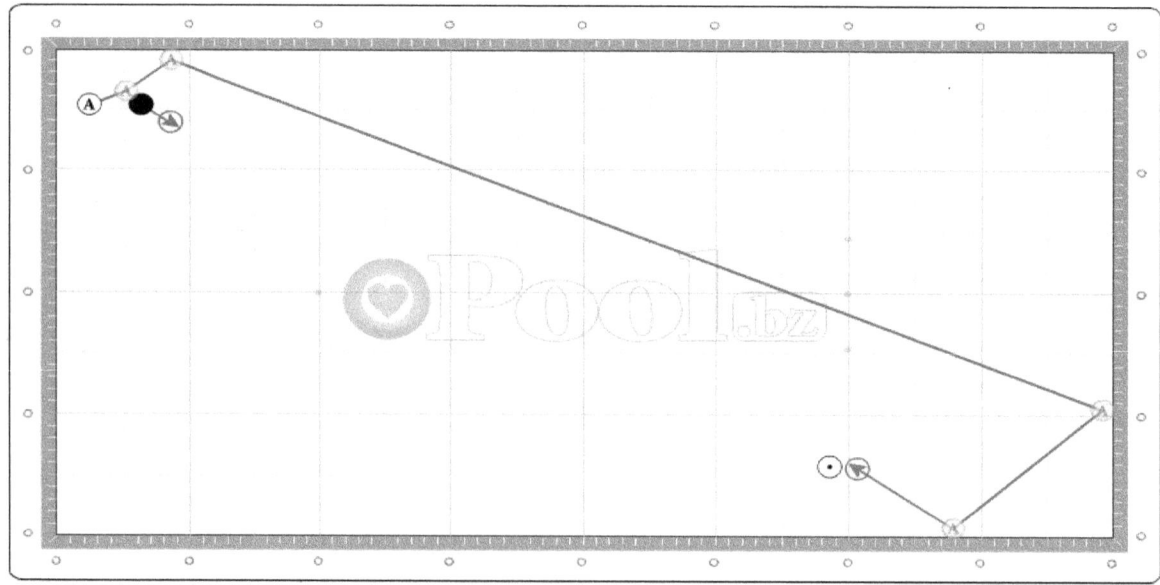

A: Groupe 3

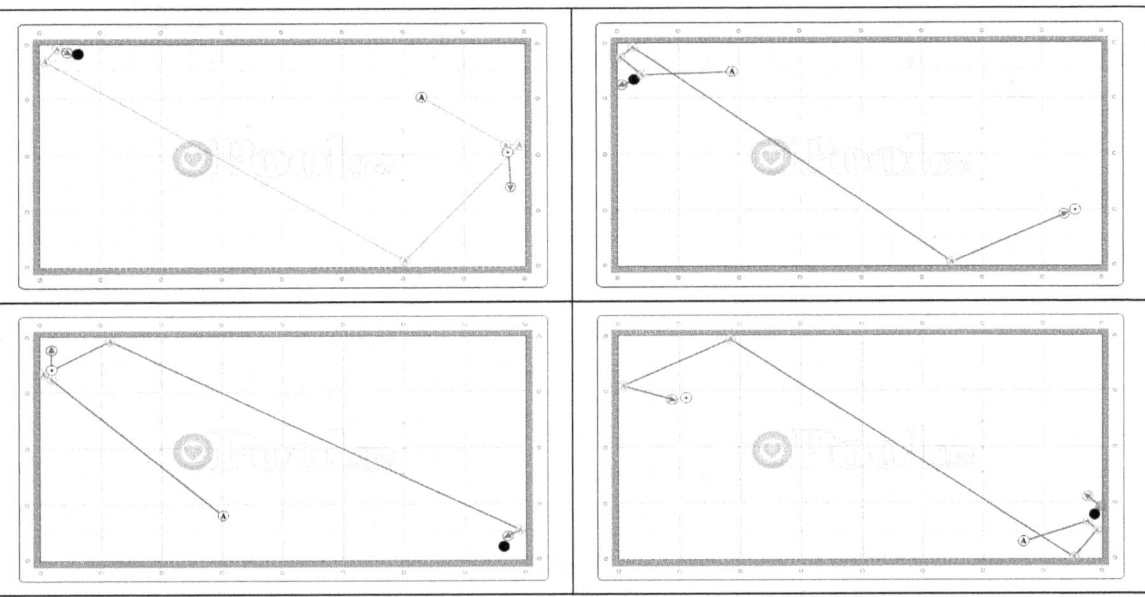

Une analyse:

A:3a. _____

A:3b. _____

A:3c. _____

A:3d. _____

A:3a – Installer

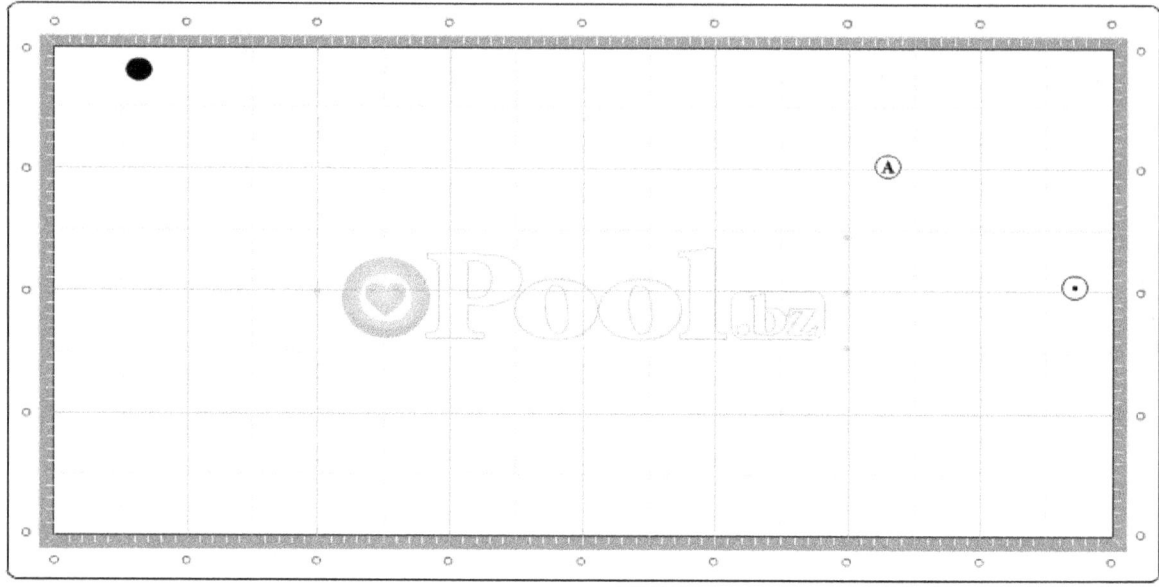

Notes et idées:

Modèle de balle

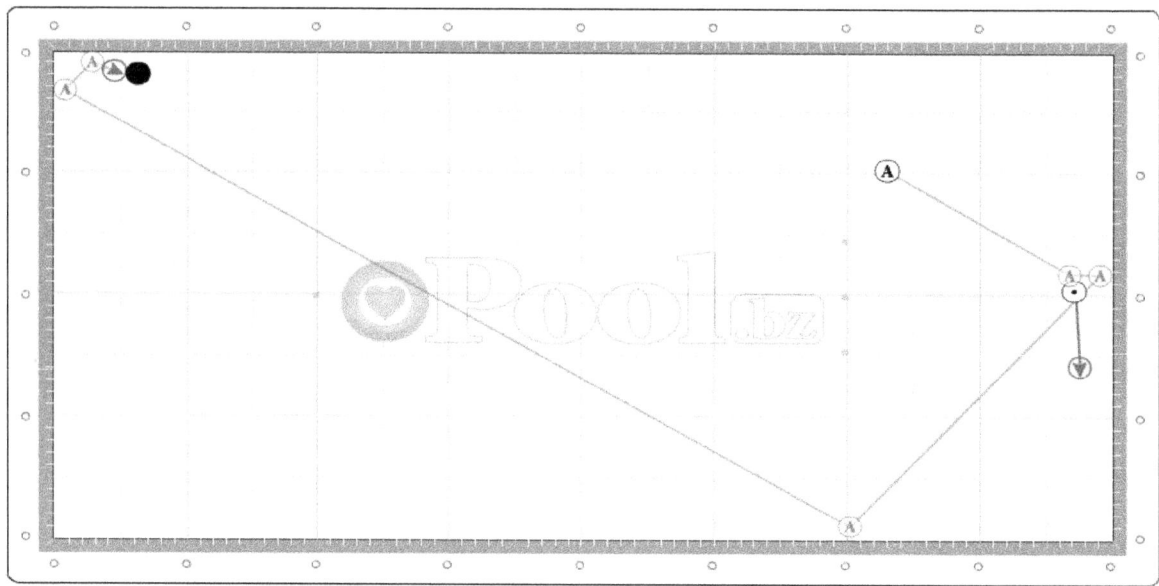

A:3b – Installer

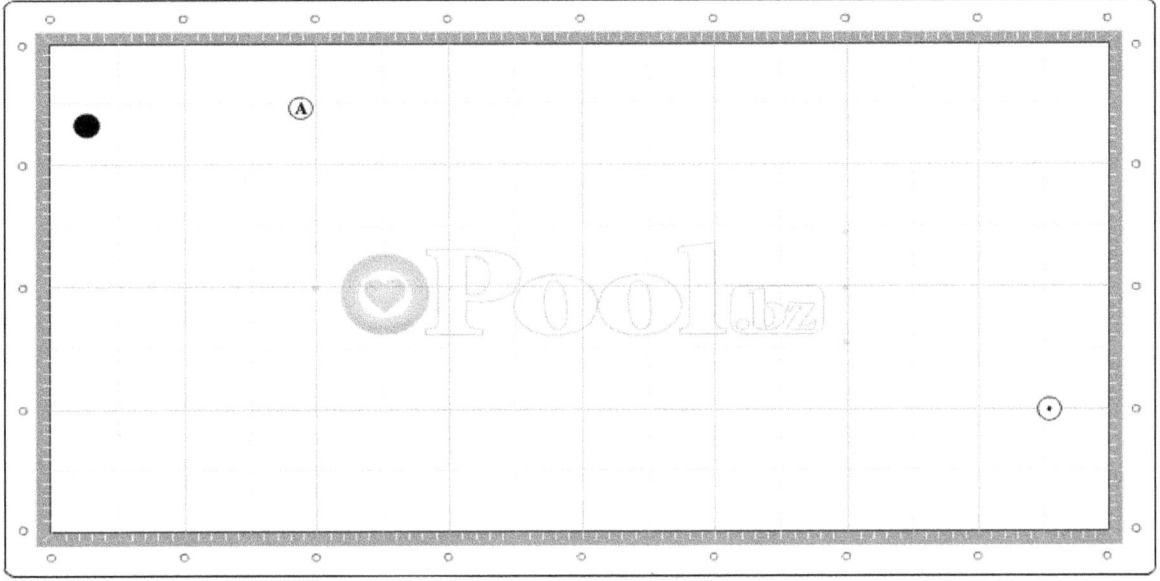

Notes et idées:

Modèle de balle

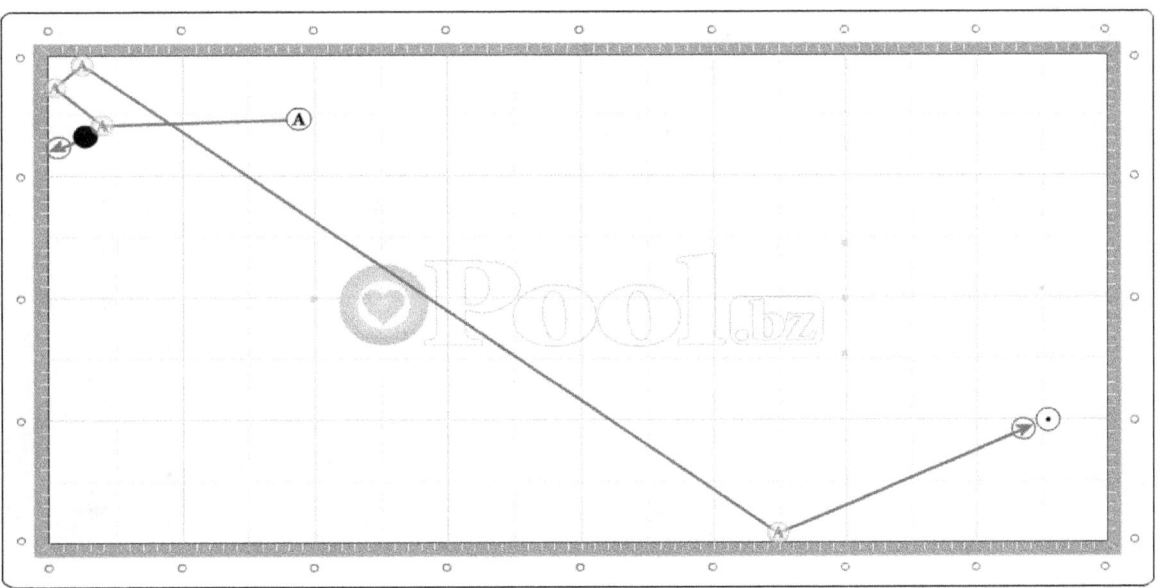

A:3c – Installer

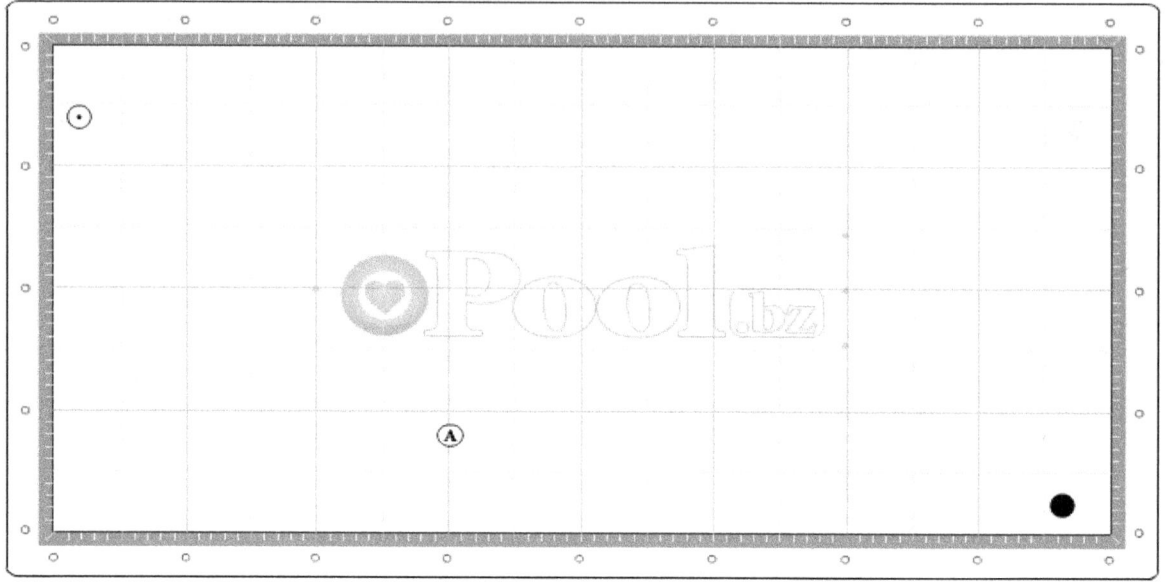

Notes et idées:

Modèle de balle

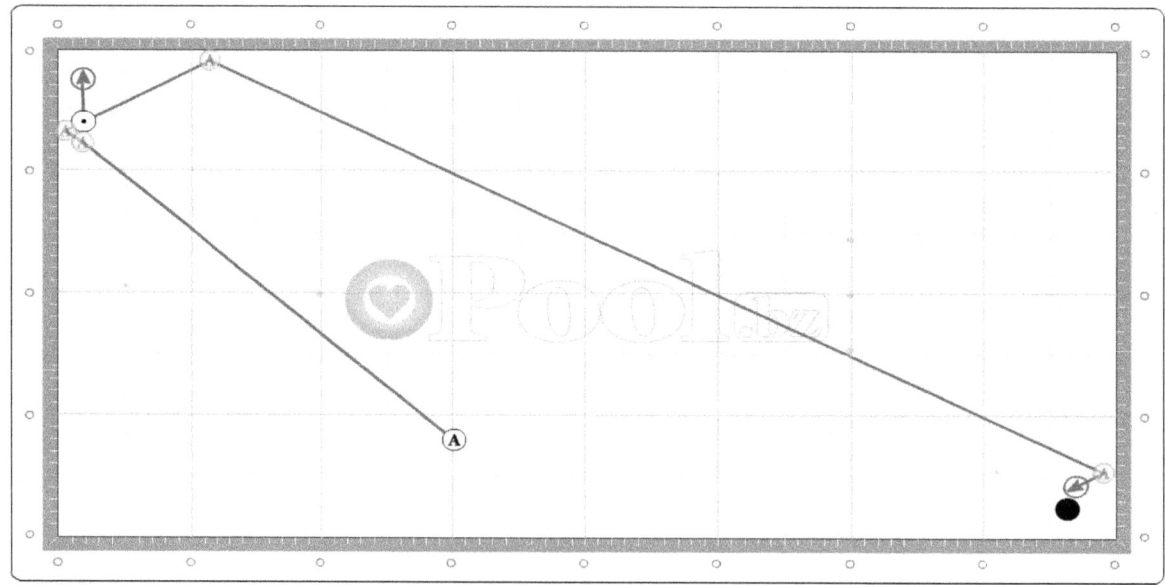

A:3d – Installer

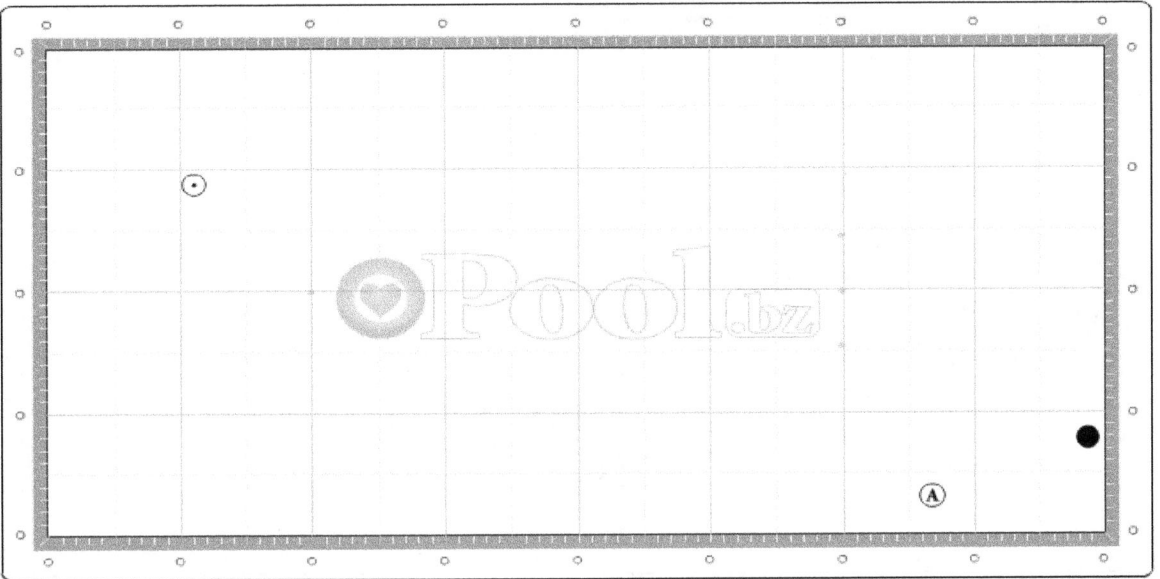

Notes et idées:

Modèle de balle

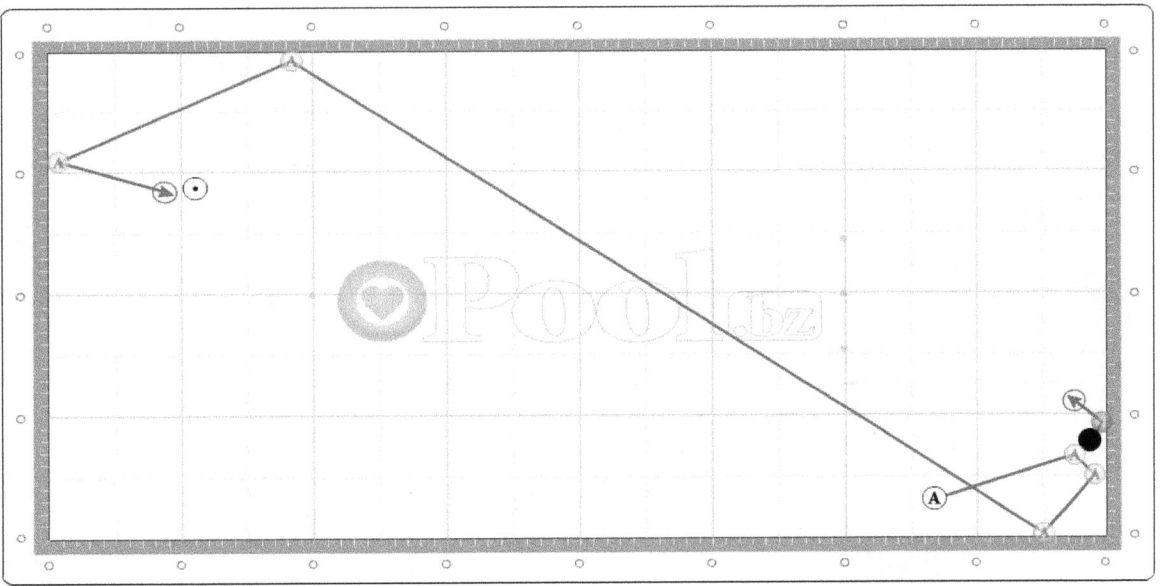

A: Groupe 4

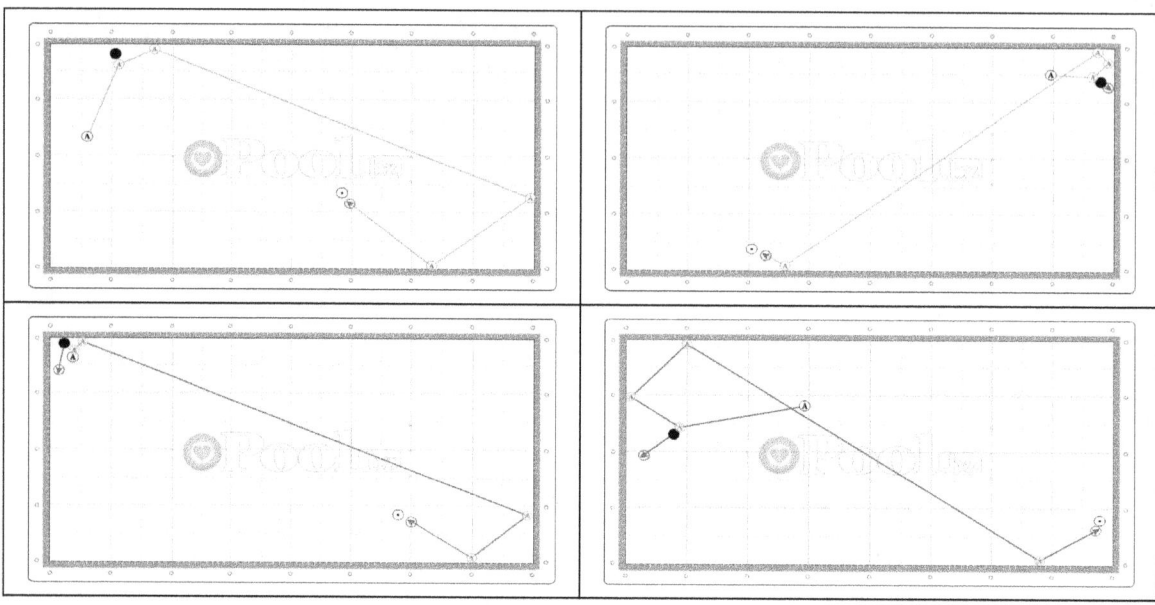

Une analyse:

A:4a. _____

A:4b. _____

A:4c. _____

A:4d. _____

A:4a – Installer

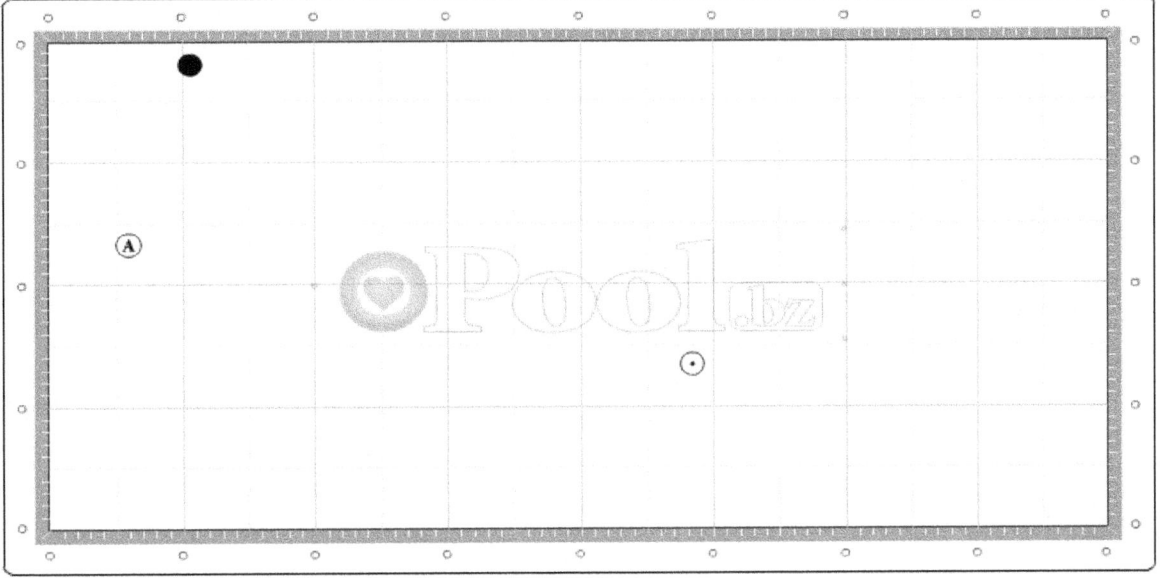

Notes et idées:

Modèle de balle

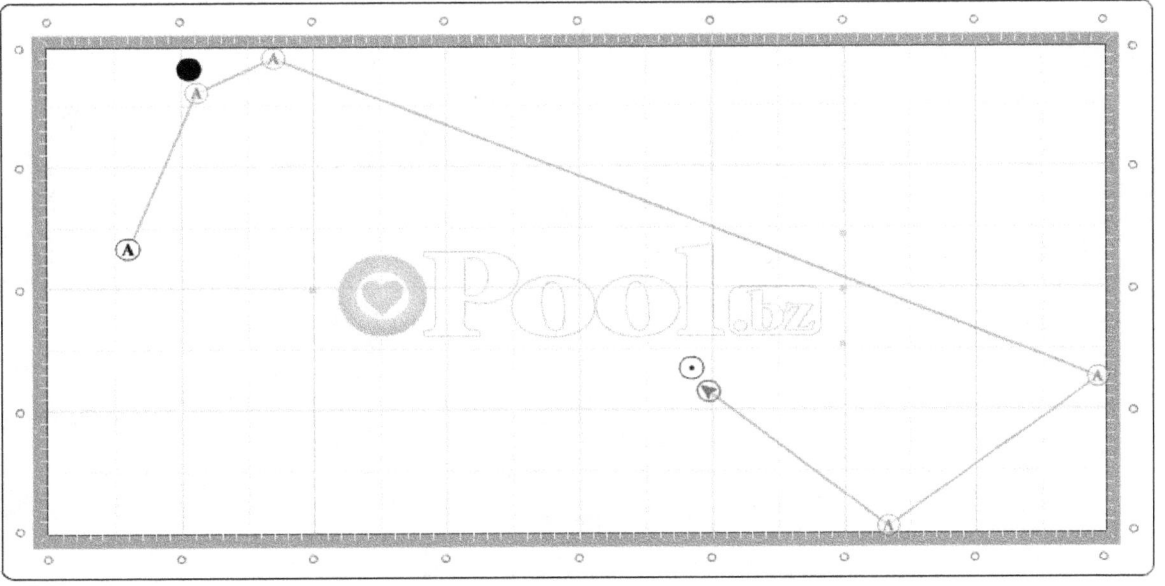

A:4b – Installer

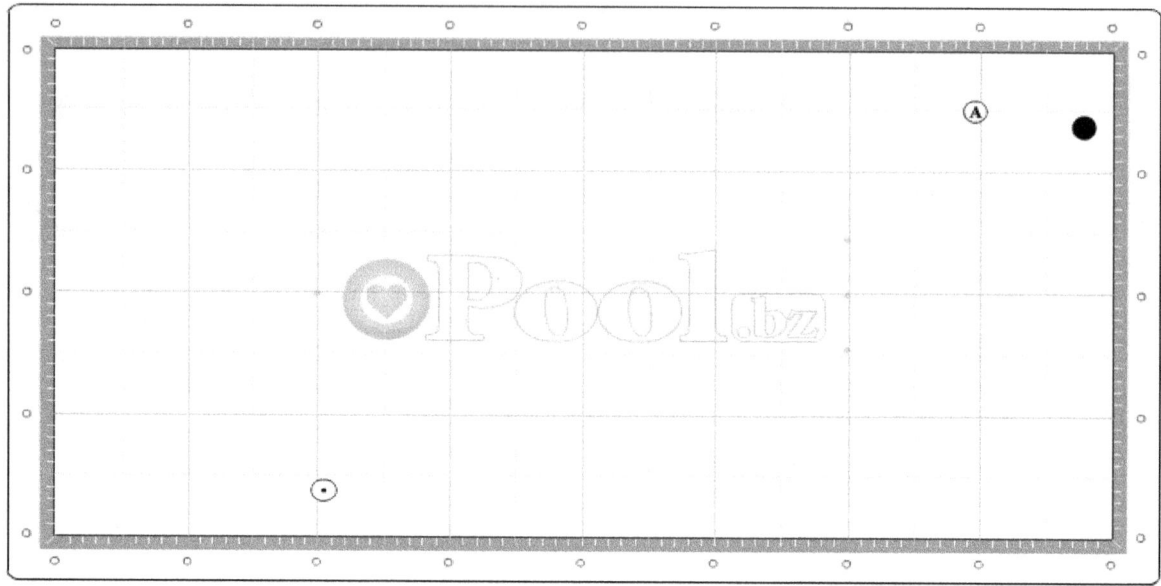

Notes et idées:

Modèle de balle

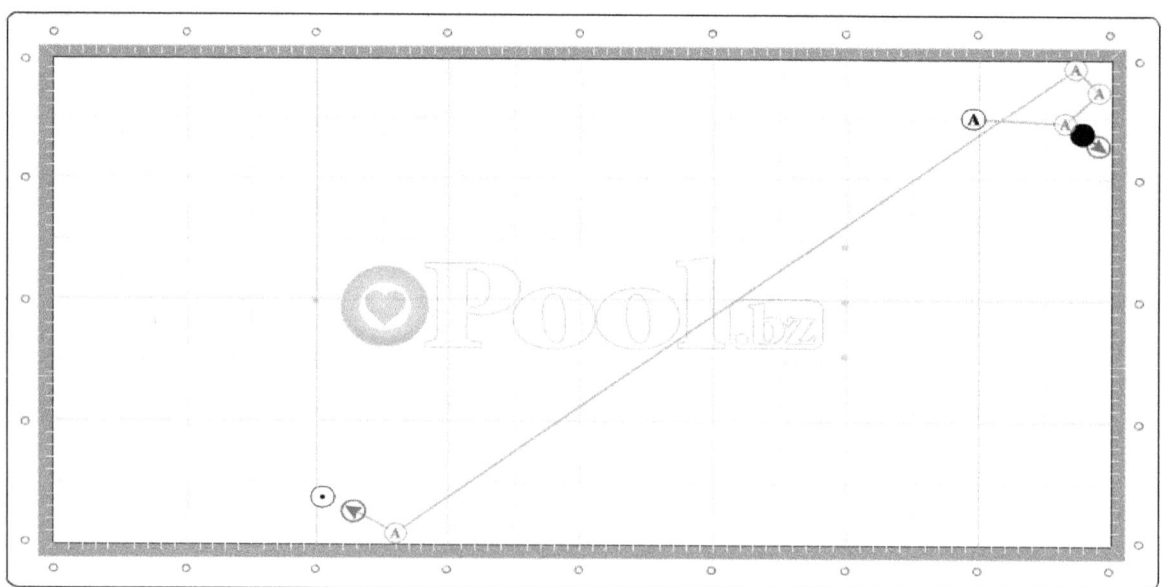

A:4c – Installer

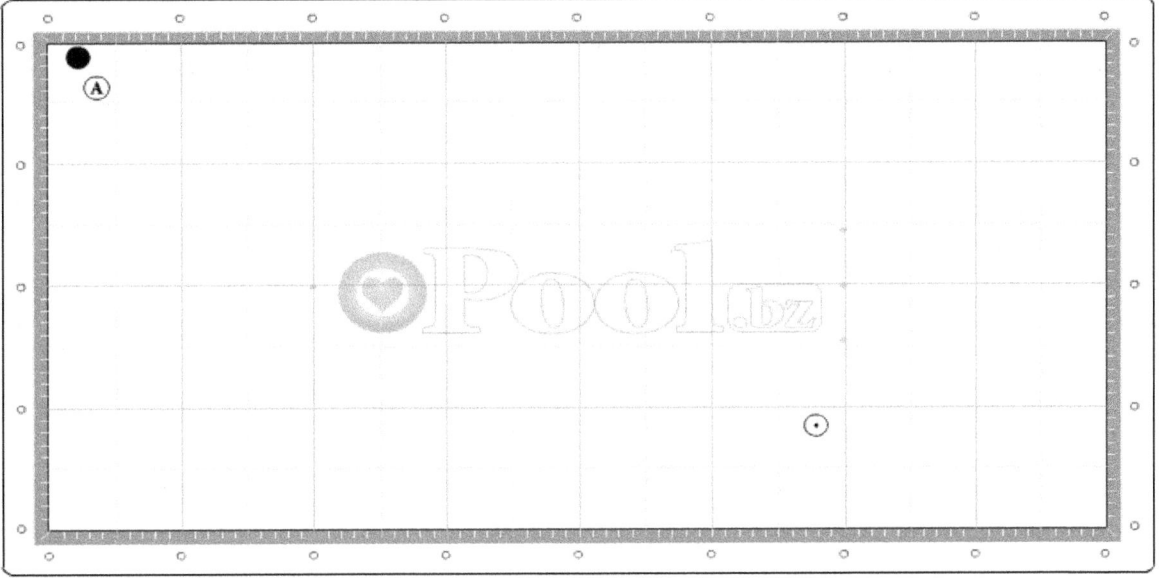

Notes et idées:

Modèle de balle

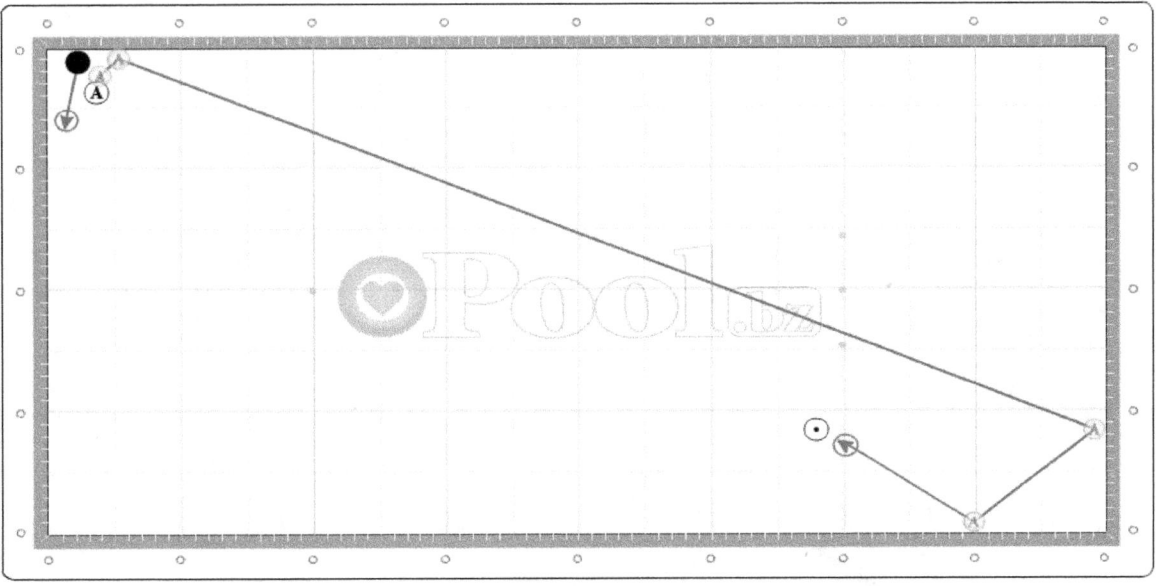

A:4d – Installer

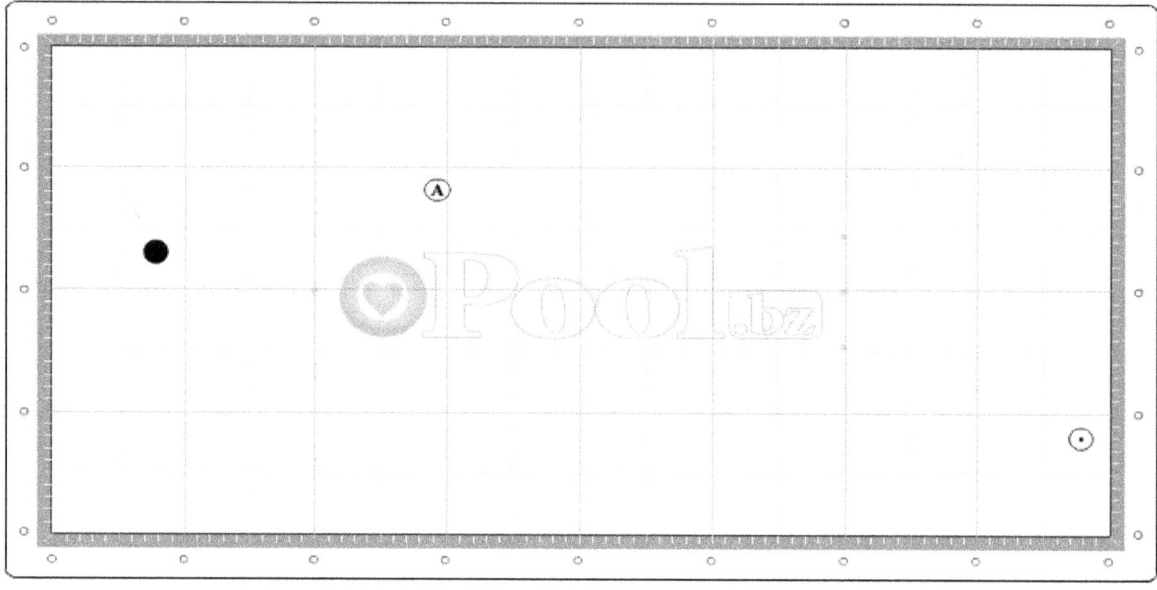

Notes et idées:

Modèle de balle

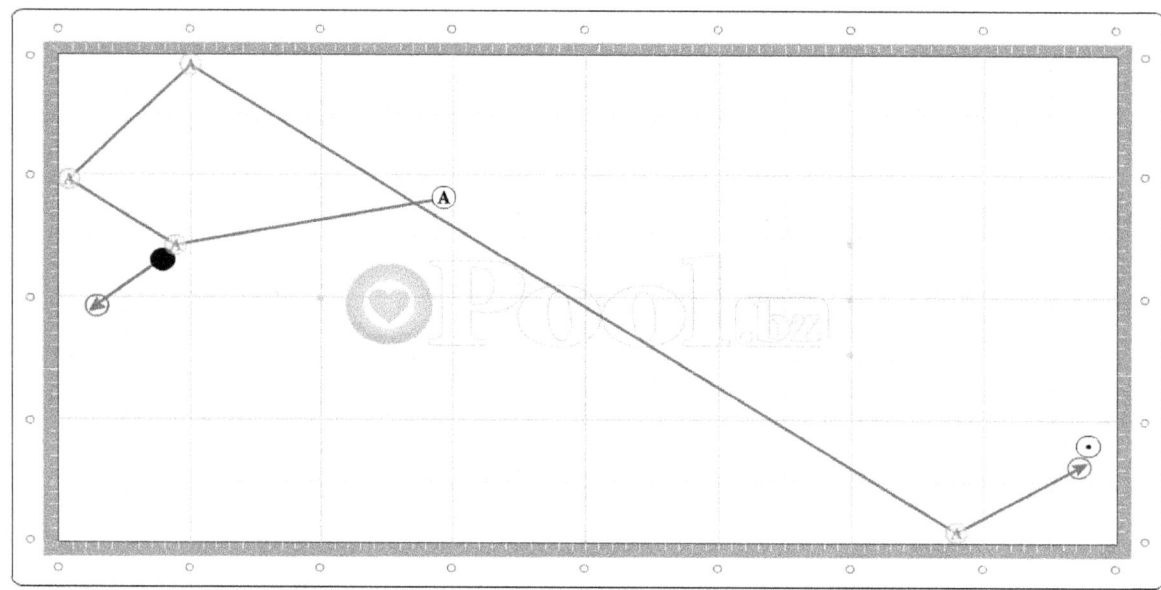

A: Groupe 5

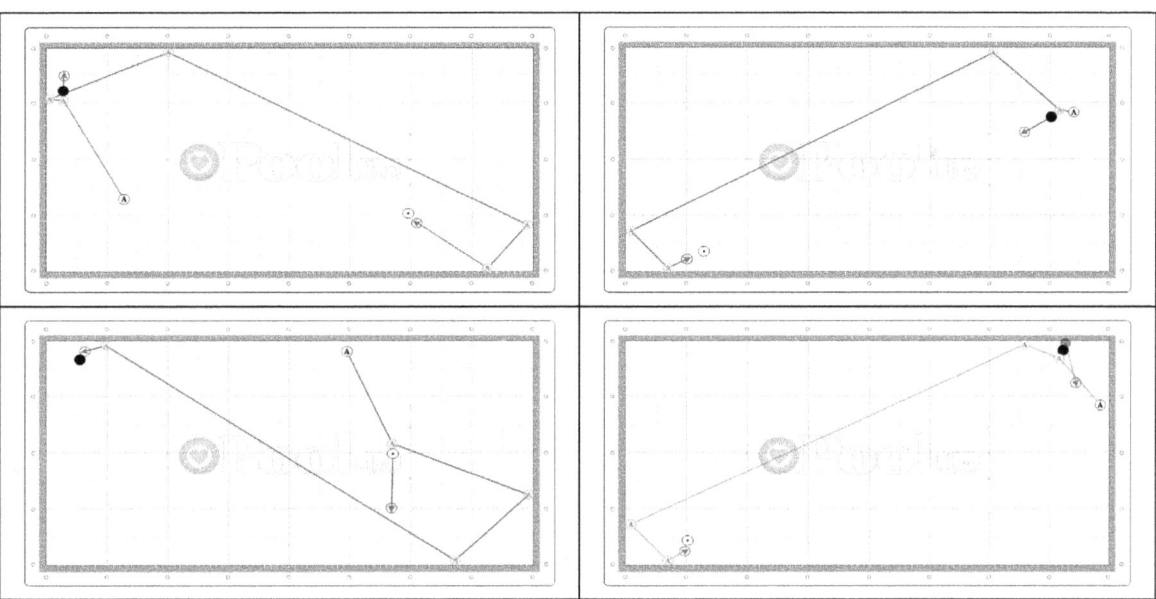

Une analyse:

A:5a. _____

A:5b. _____

A:5c. _____

A:5d. _____

A:5a – Installer

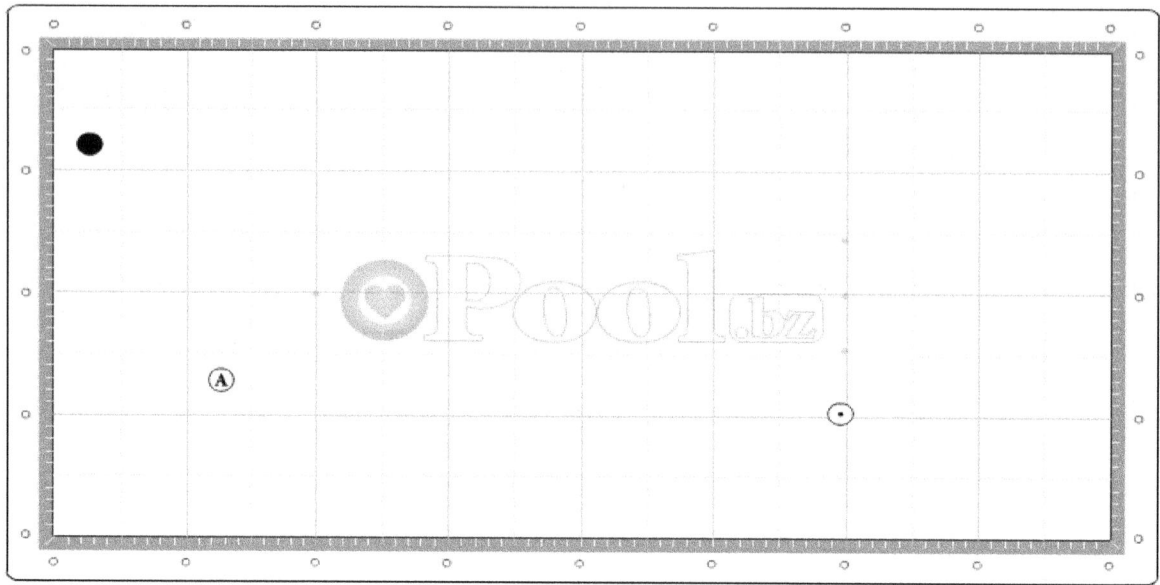

Notes et idées:

Modèle de balle

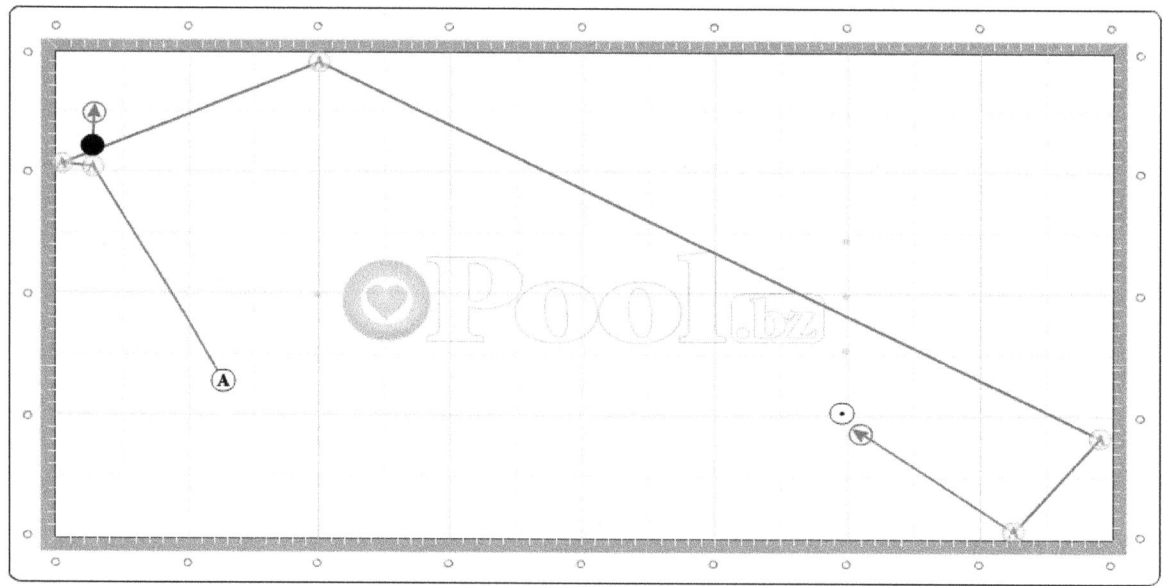

A:5b – Installer

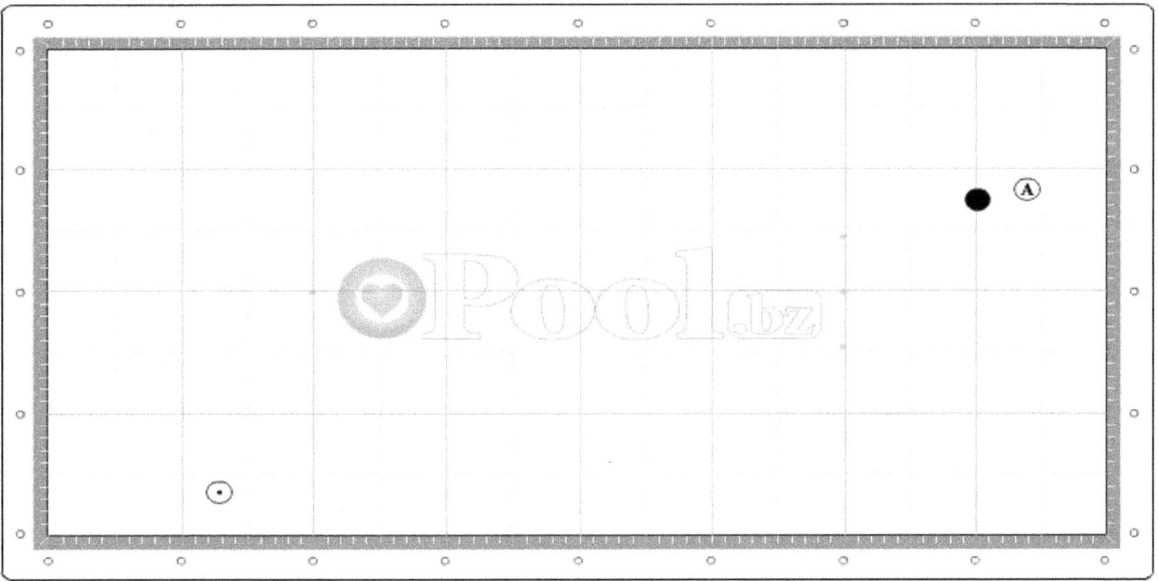

Notes et idées:

Modèle de balle

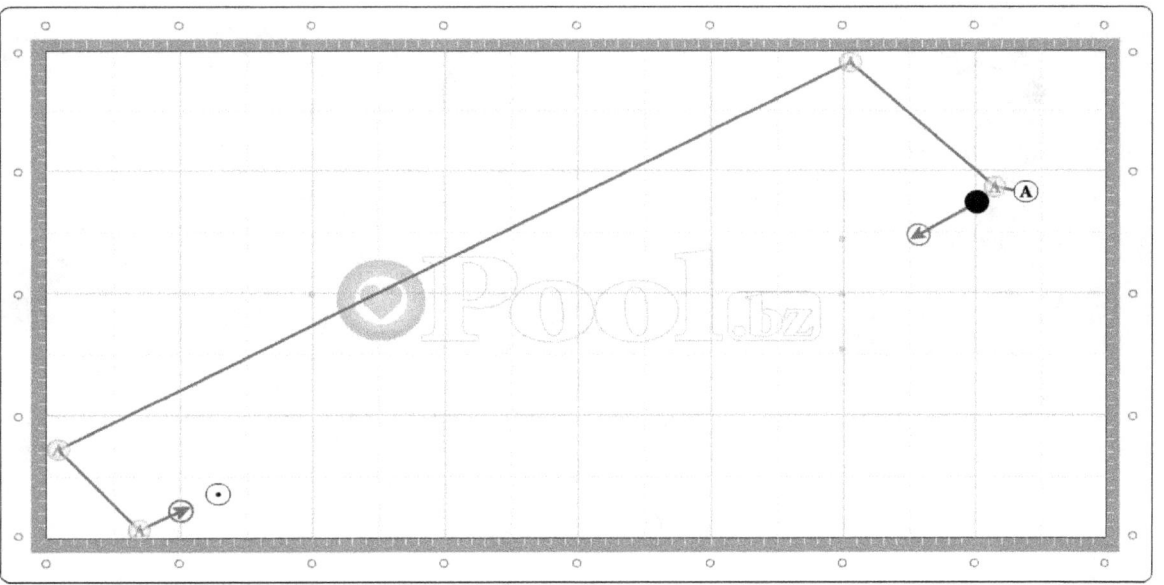

A:5c – Installer

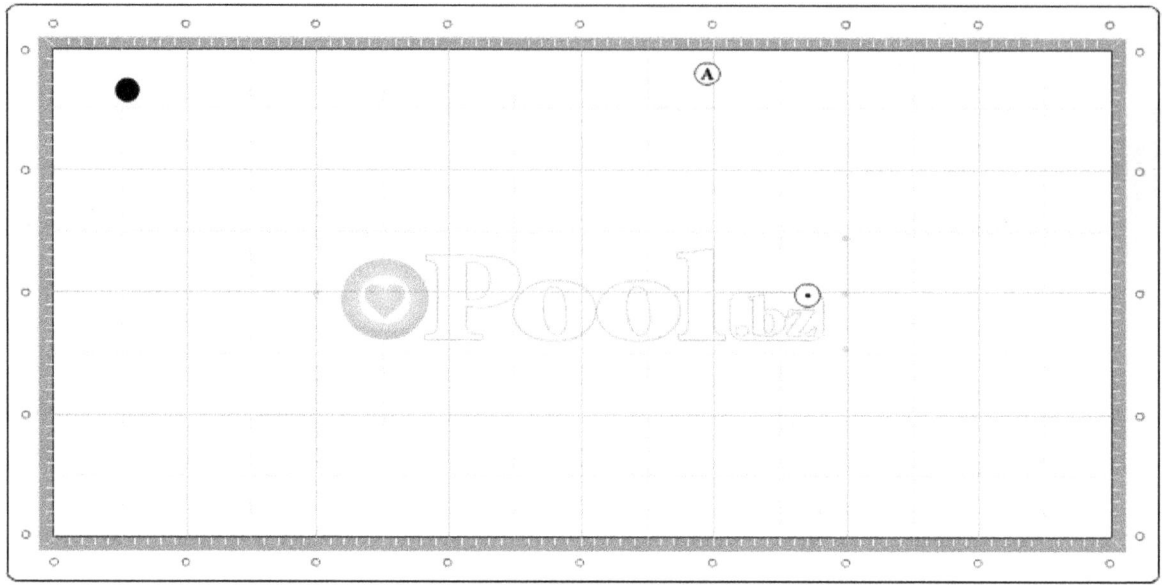

Notes et idées:

Modèle de balle

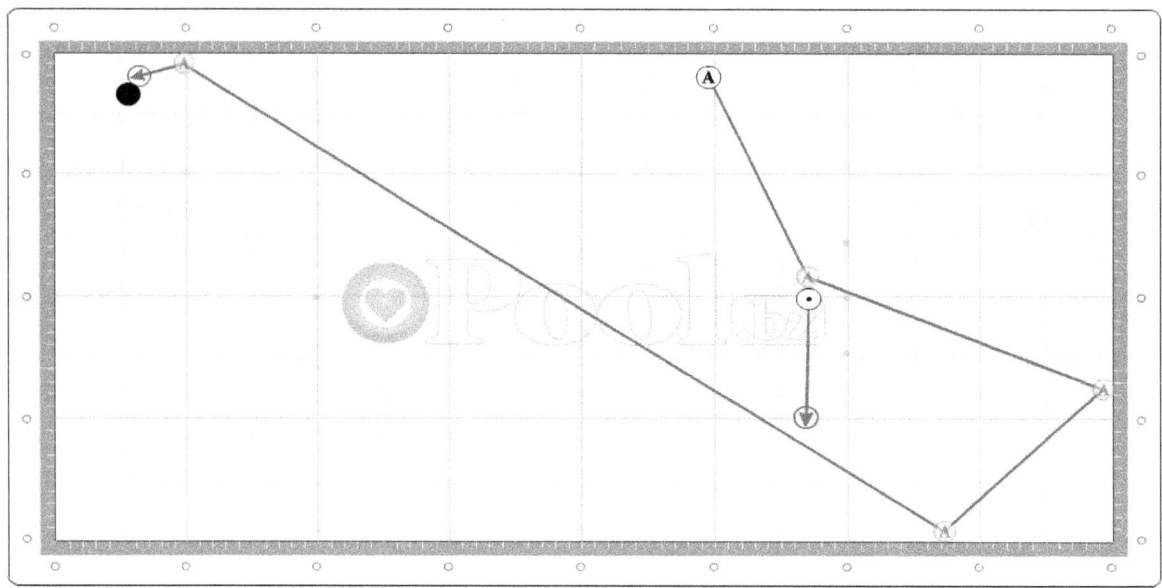

A:5d – Installer

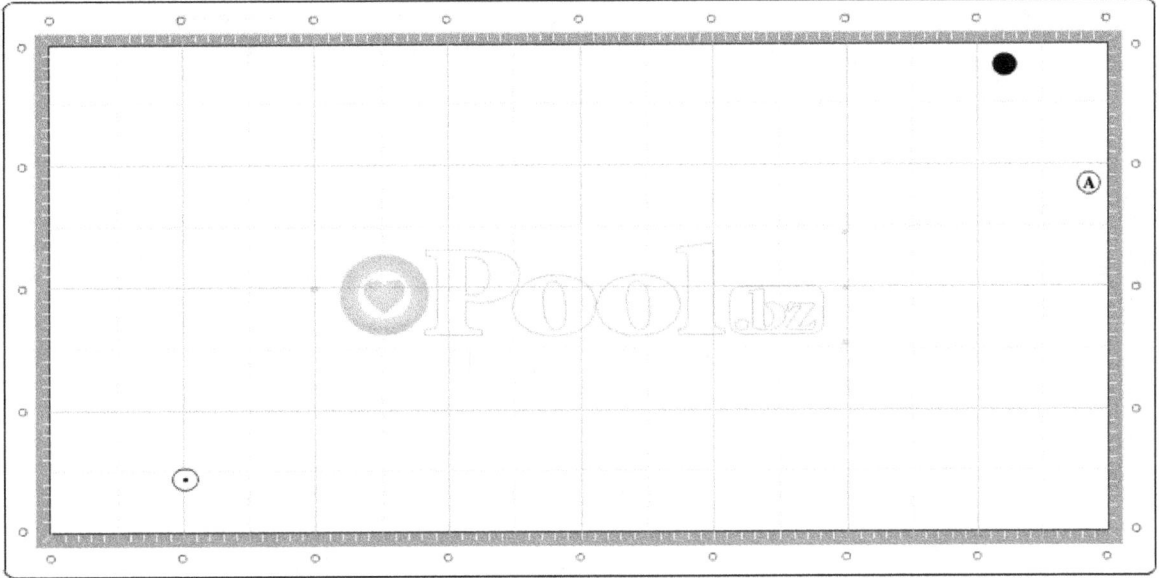

Notes et idées:

Modèle de balle

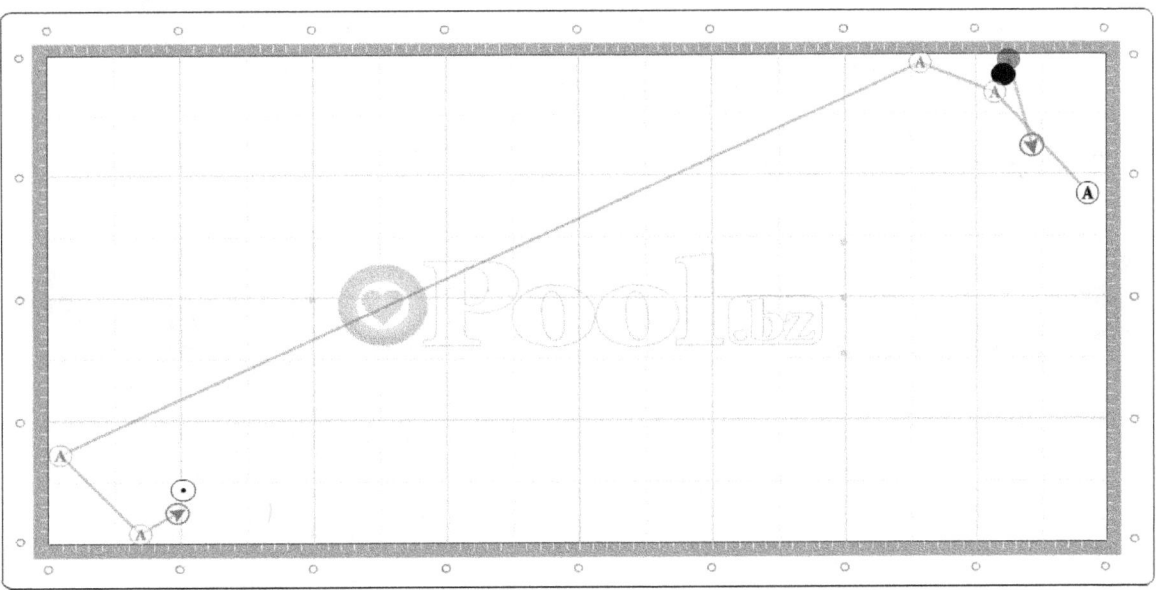

A: Groupe 6

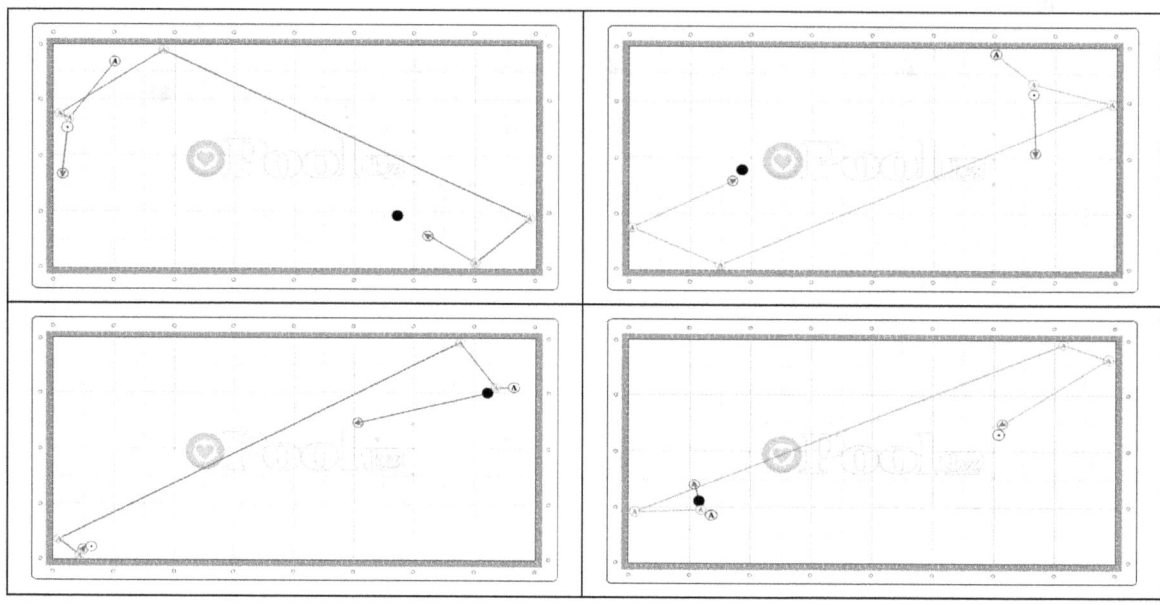

Une analyse:

A:6a. _____

A:6b. _____

A:6c. _____

A:6d. _____

A:6a – Installer

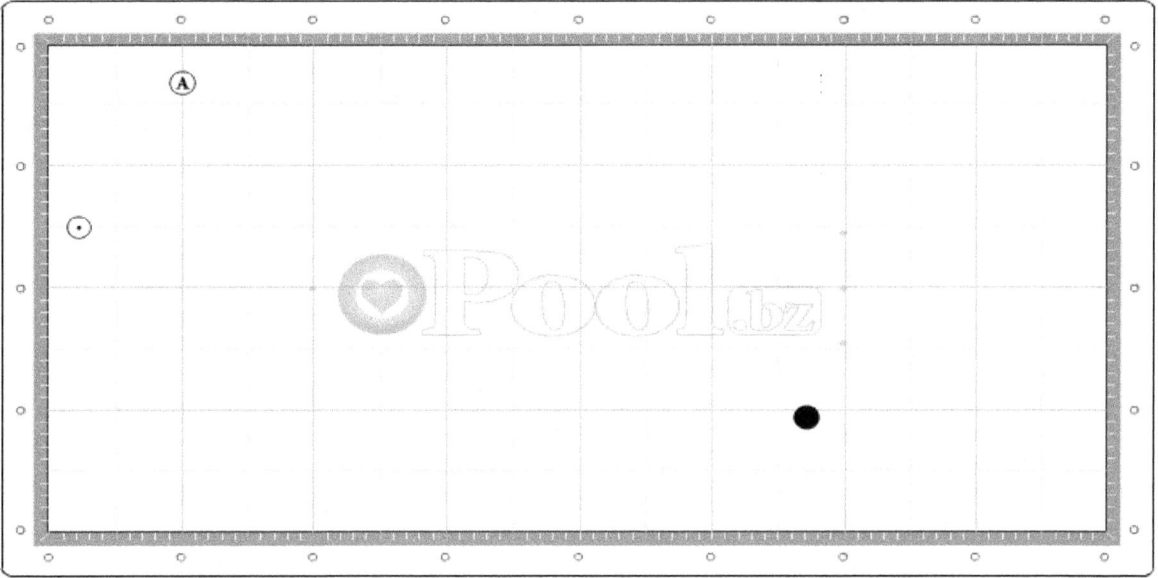

Notes et idées:

Modèle de balle

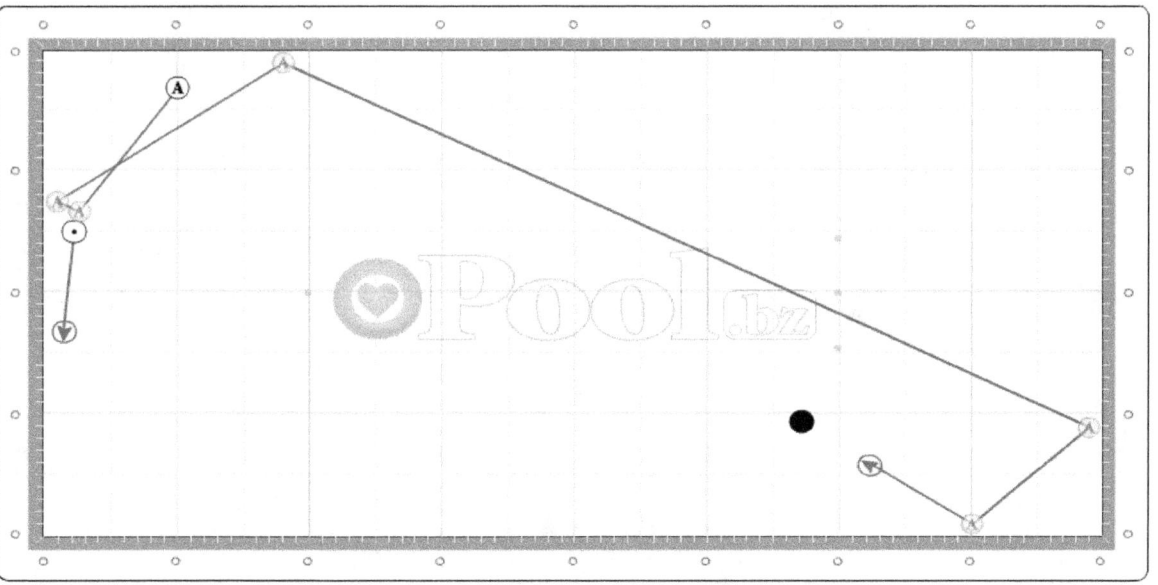

A:6b – Installer

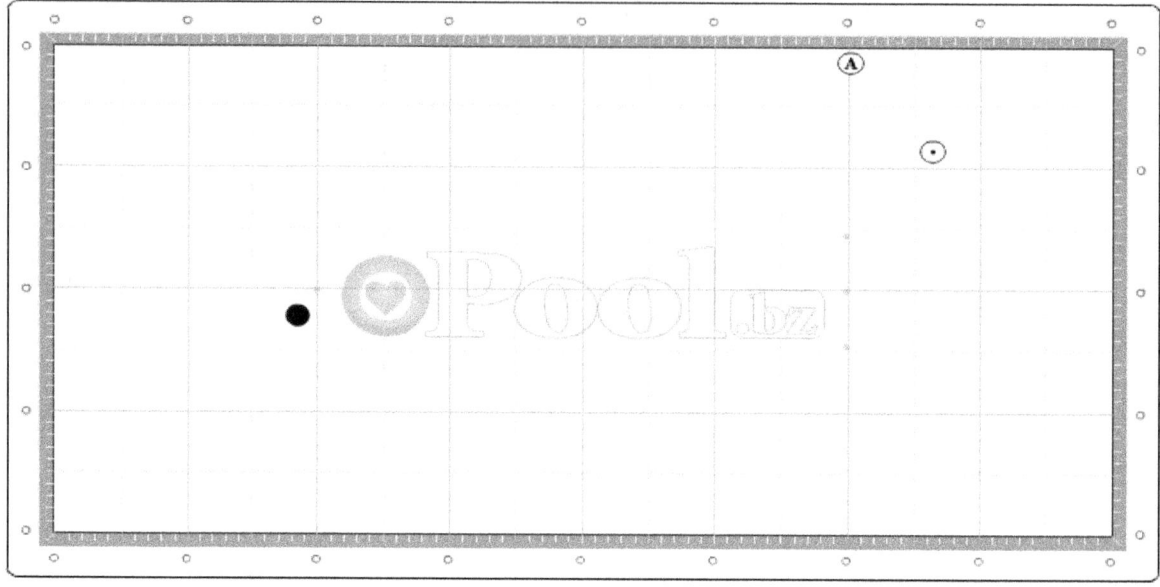

Notes et idées:

Modèle de balle

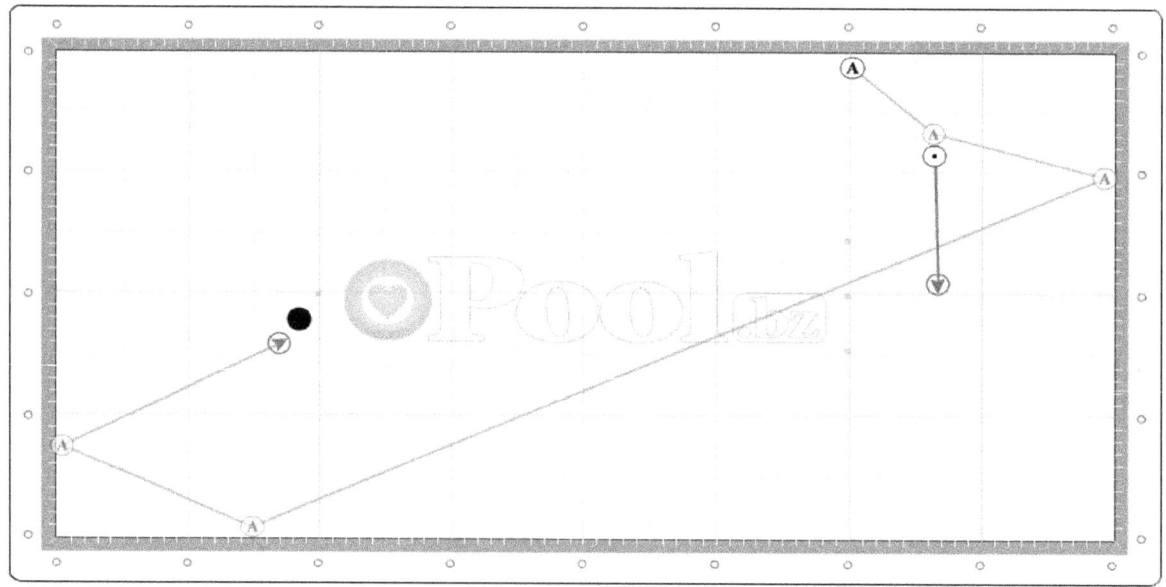

A:6c – Installer

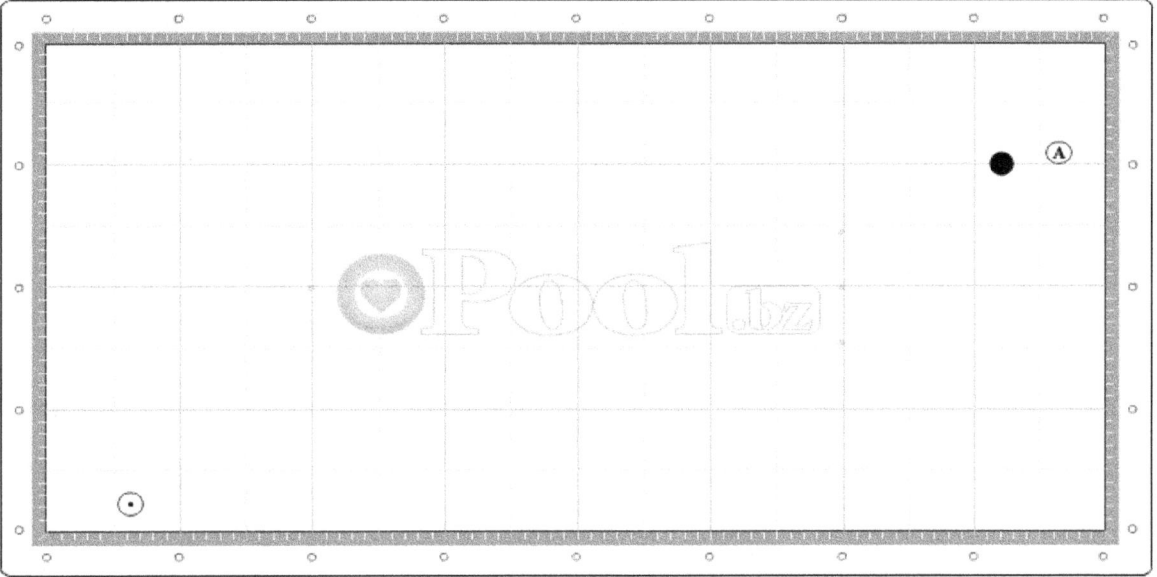

Notes et idées:

Modèle de balle

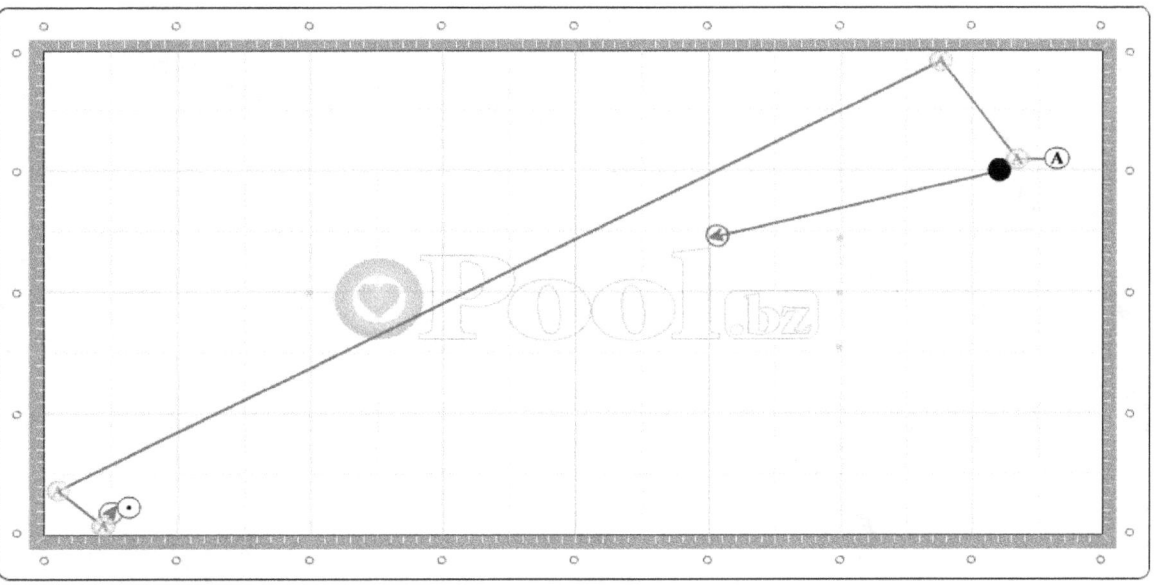

A:6d – Installer

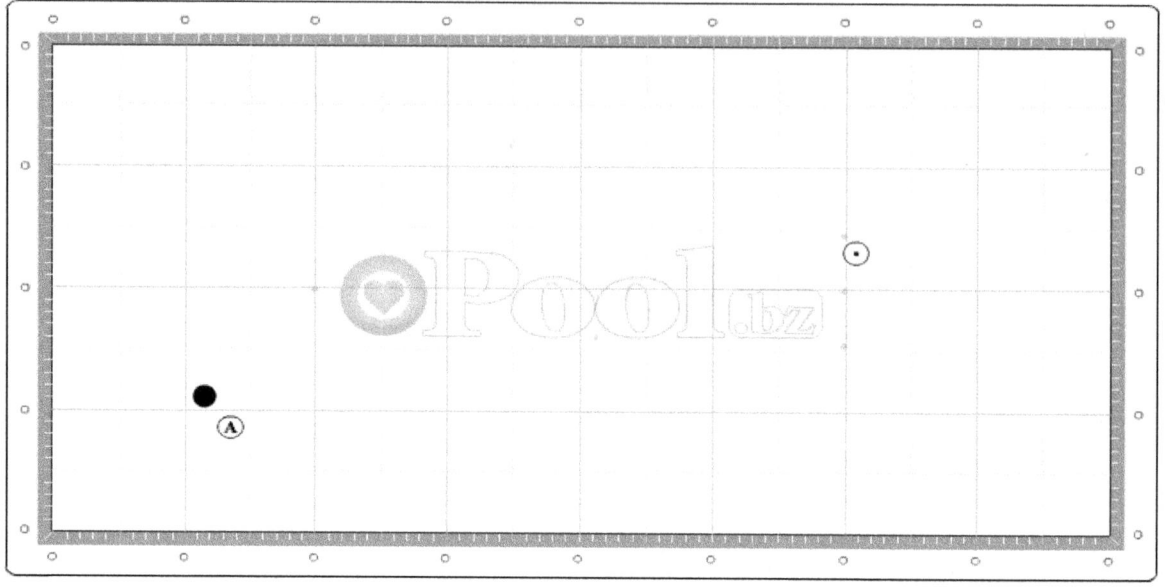

Notes et idées:

Modèle de balle

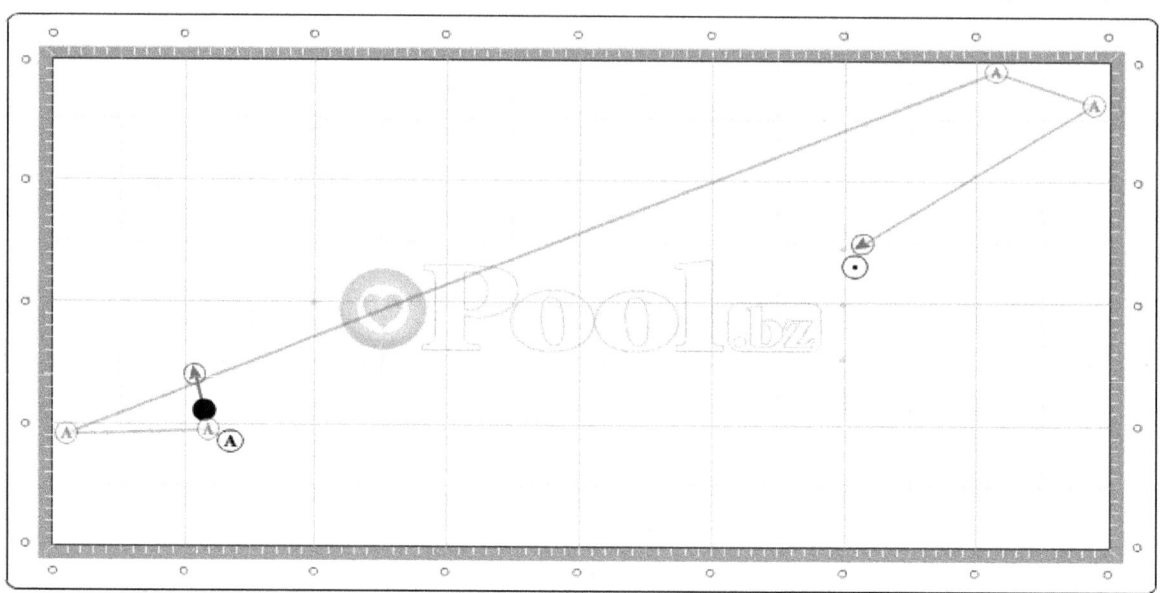

B: Diagonales simples, modifiées

Ces motifs d'angle à coin sont légèrement modifiés par rapport au motif de base des coins croisés. La solution nécessite un crochet de retour pour marquer.

Ⓐ (CB) (votre balle) - ⊙ (OB) (balle de l'adversaire) – ● (OB) Balle rouge

B: Groupe 1

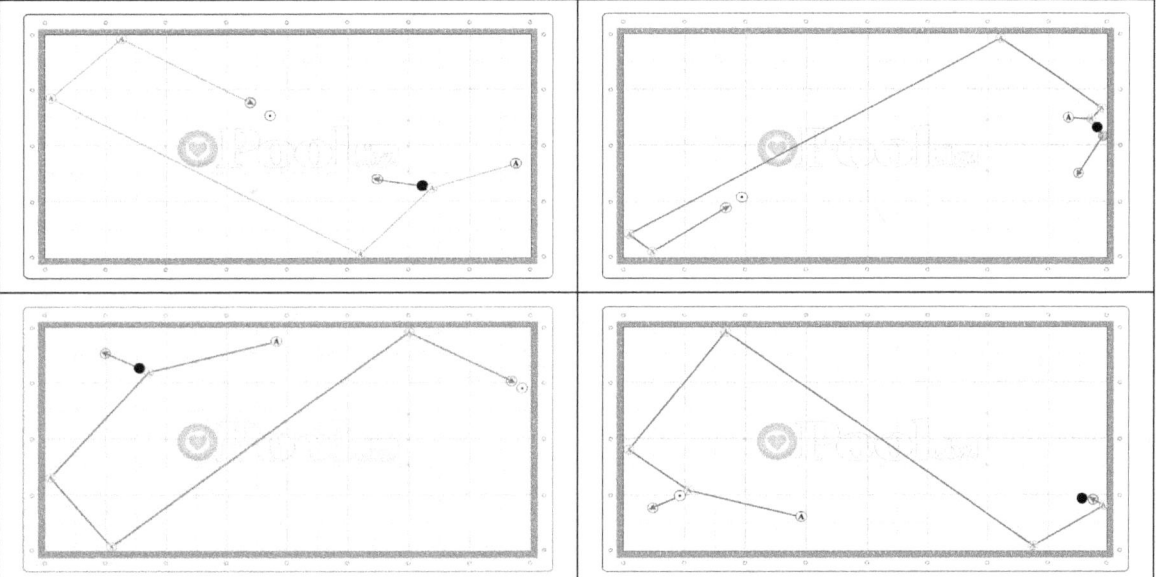

Une analyse:

B:1a. _____

B:1b. _____

B:1c. _____

B:1d. _____

B:1a – Installer

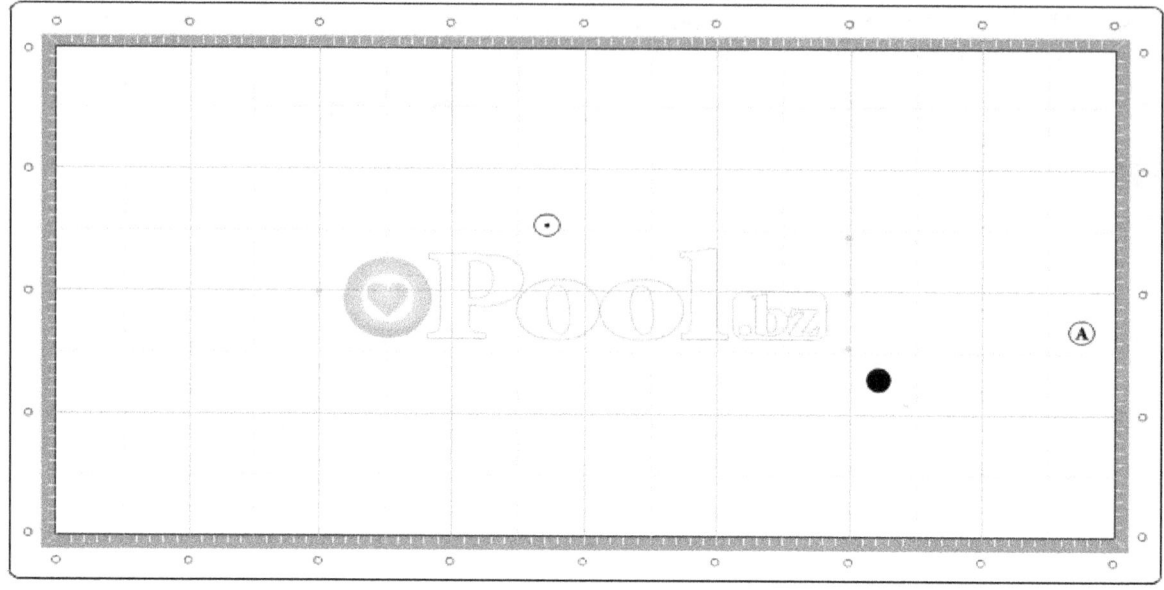

Notes et idées:

Modèle de balle

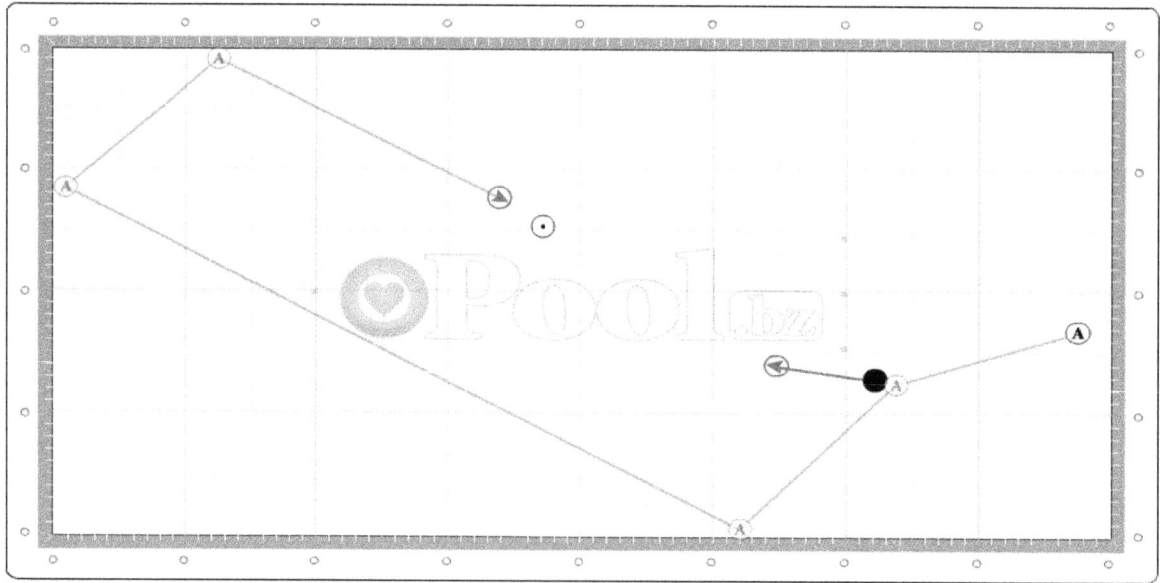

B:1b – Installer

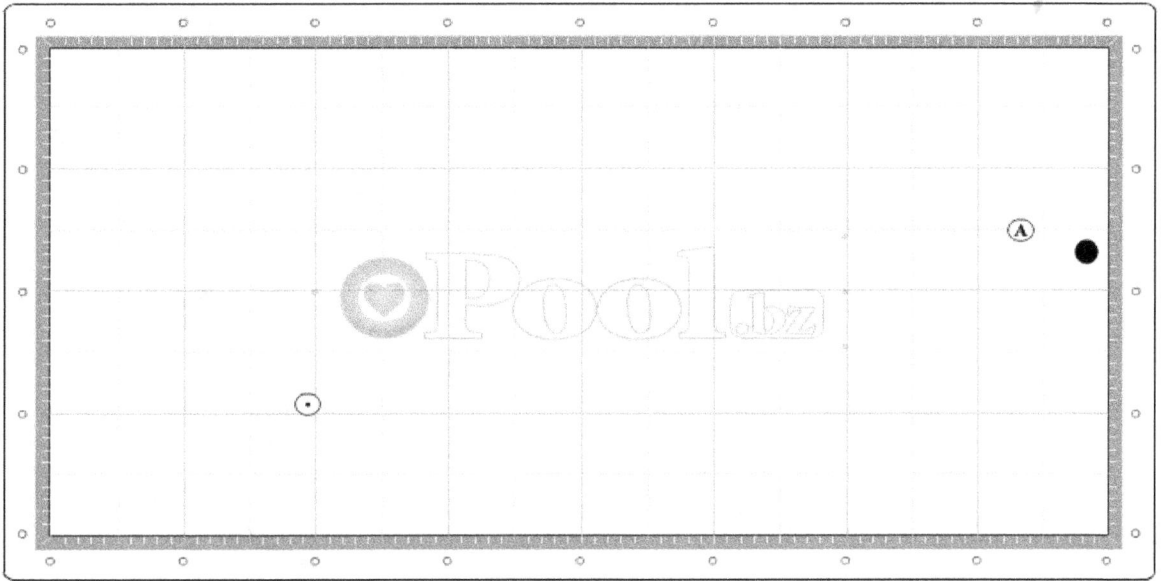

Notes et idées:

Modèle de balle

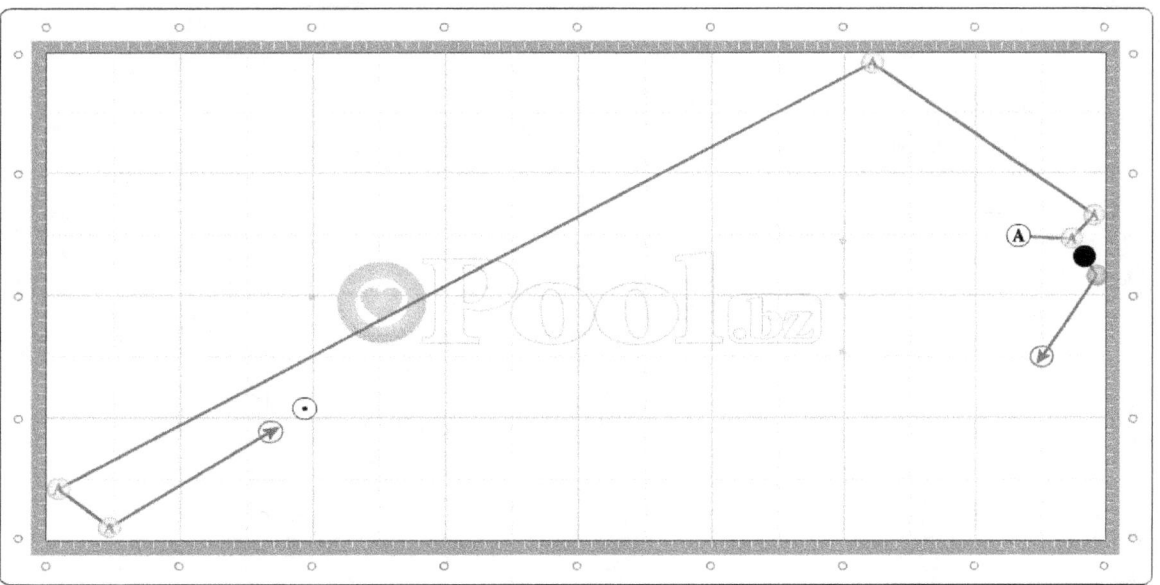

B:1c – Installer

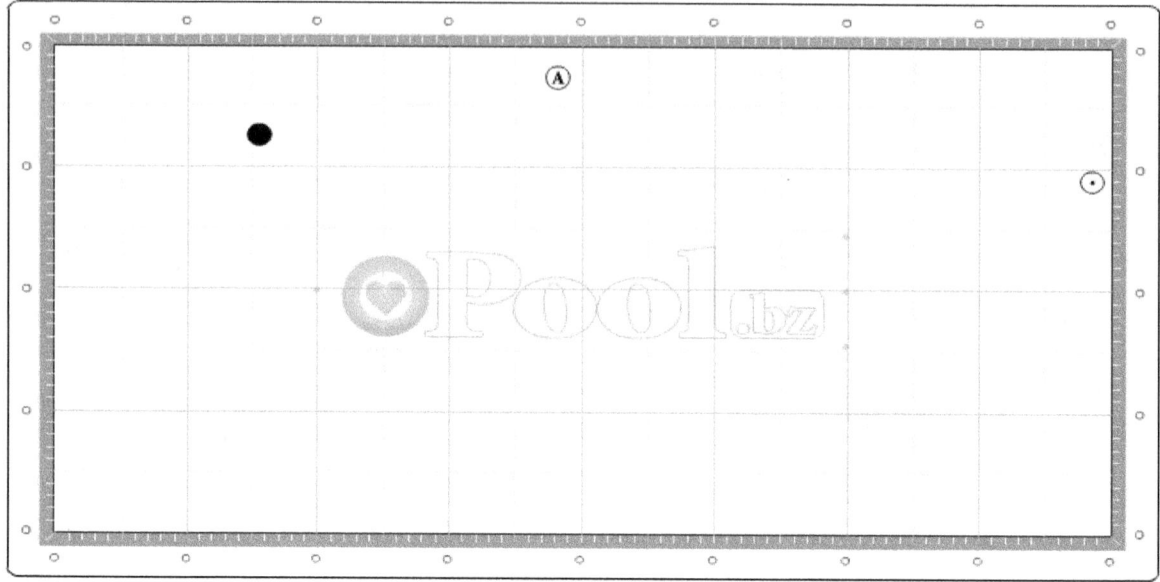

Notes et idées:

Modèle de balle

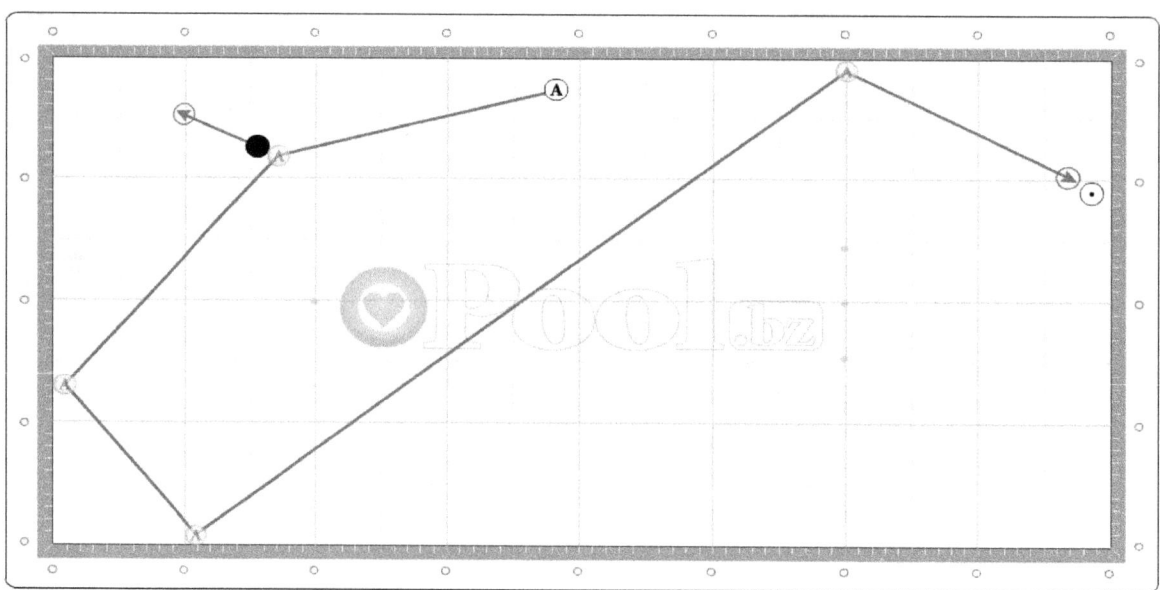

B:1d – Installer

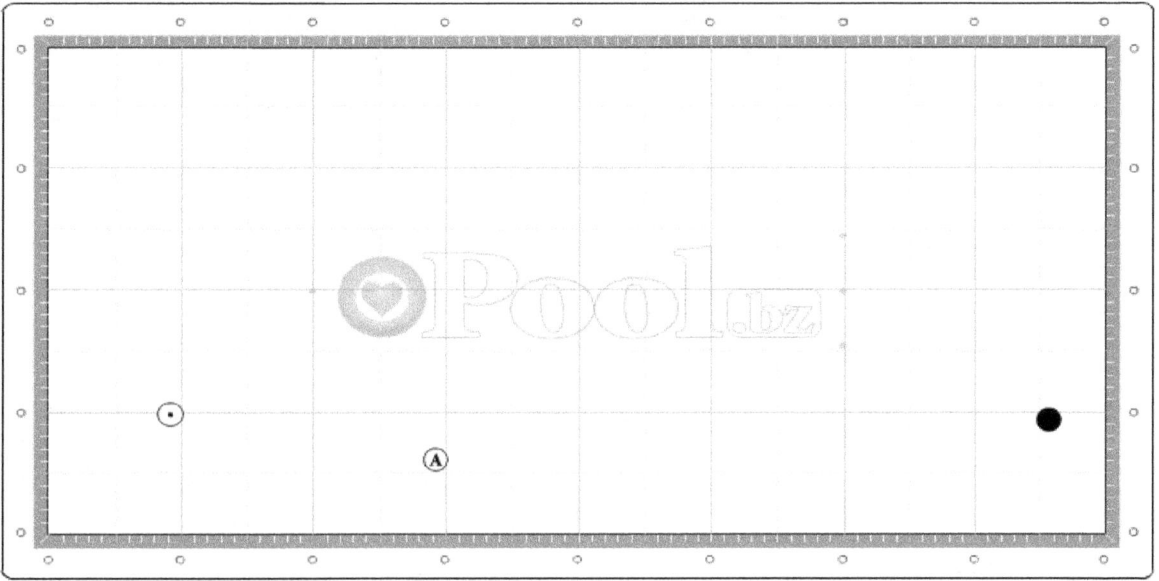

Notes et idées:

Modèle de balle

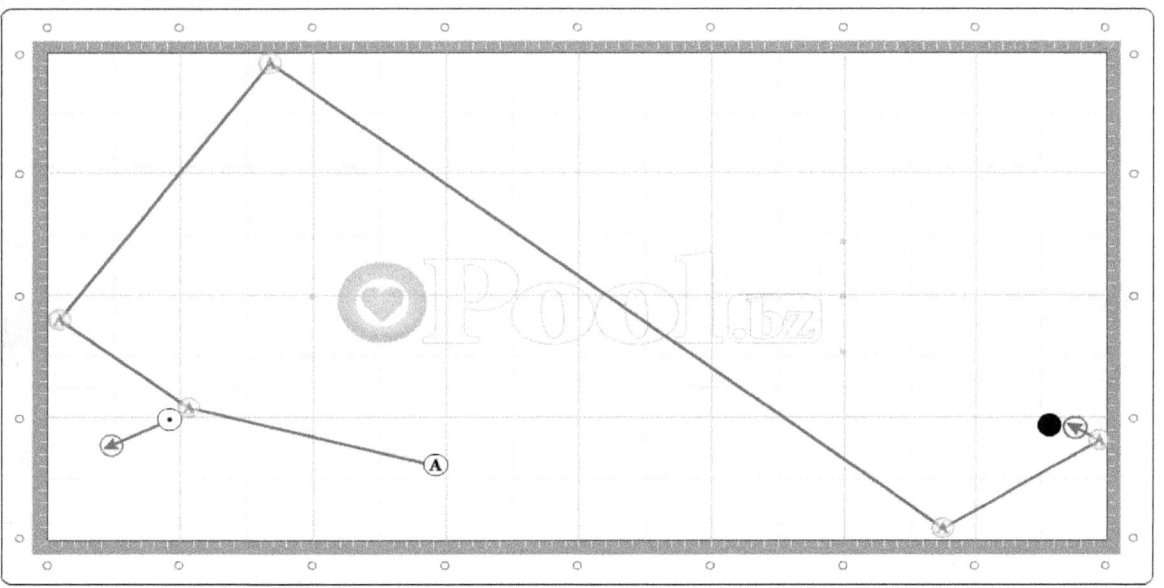

B: Groupe 2

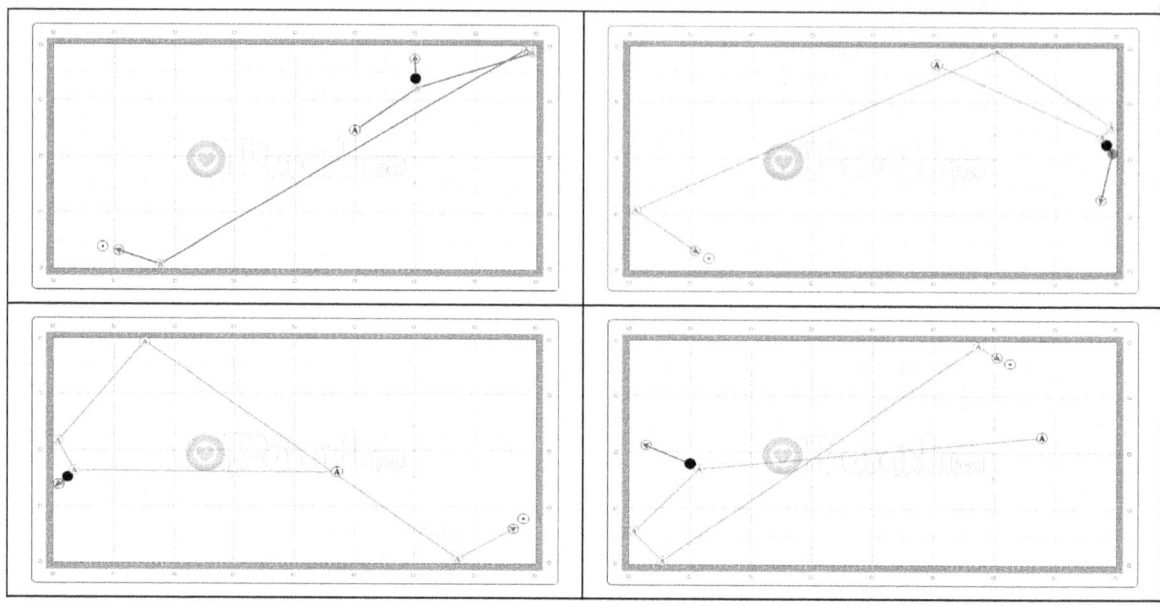

Une analyse:

B:2a. _____

B:2b. _____

B:2c. _____

B:2d. _____

B:2a – Installer

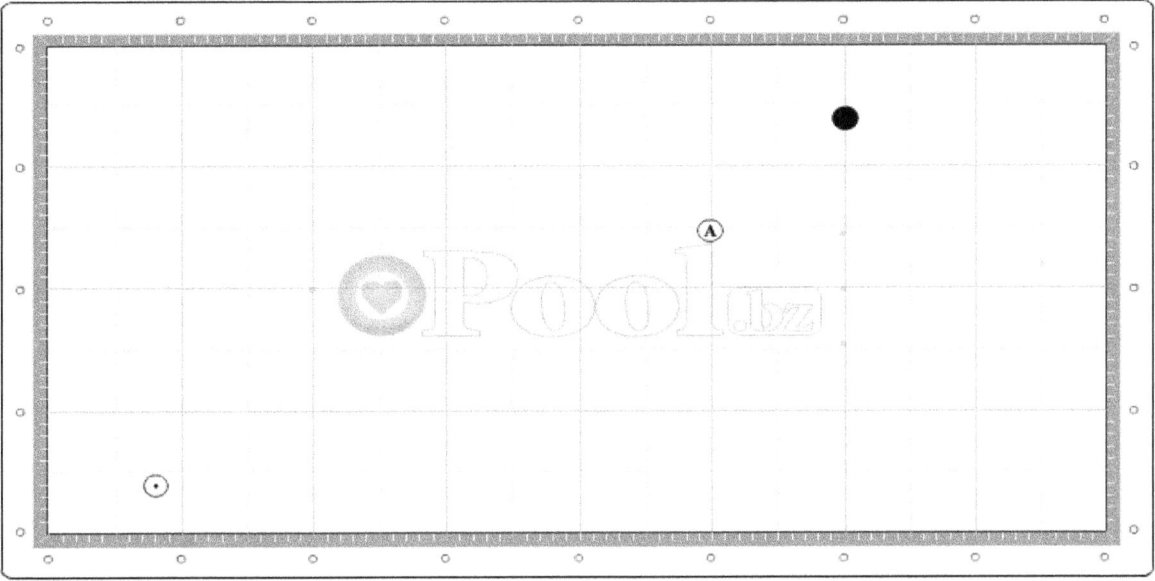

Notes et idées:

Modèle de balle

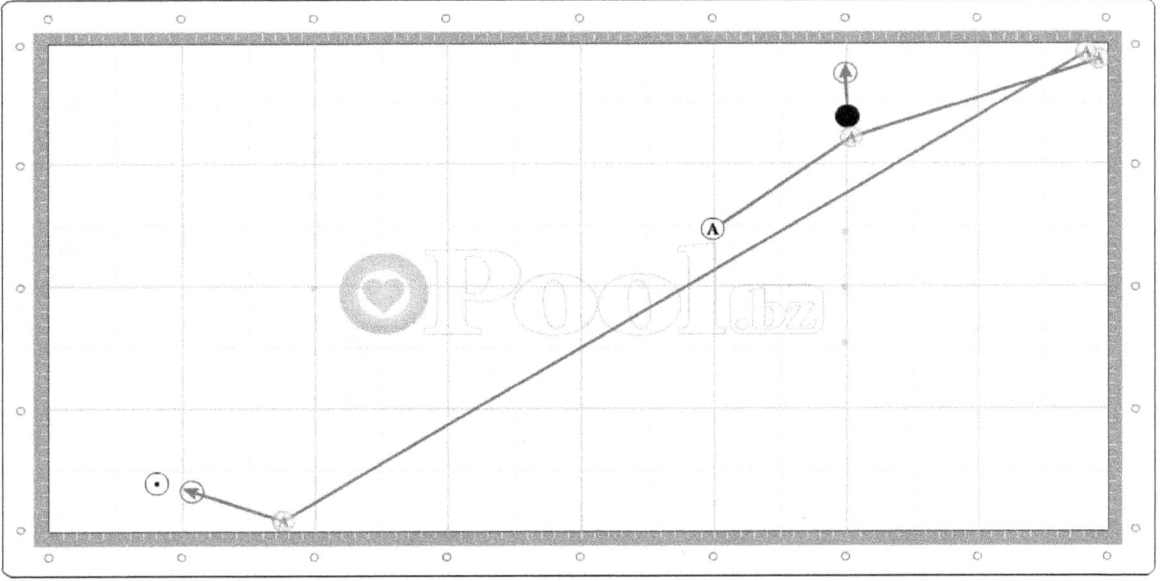

B:2b – Installer

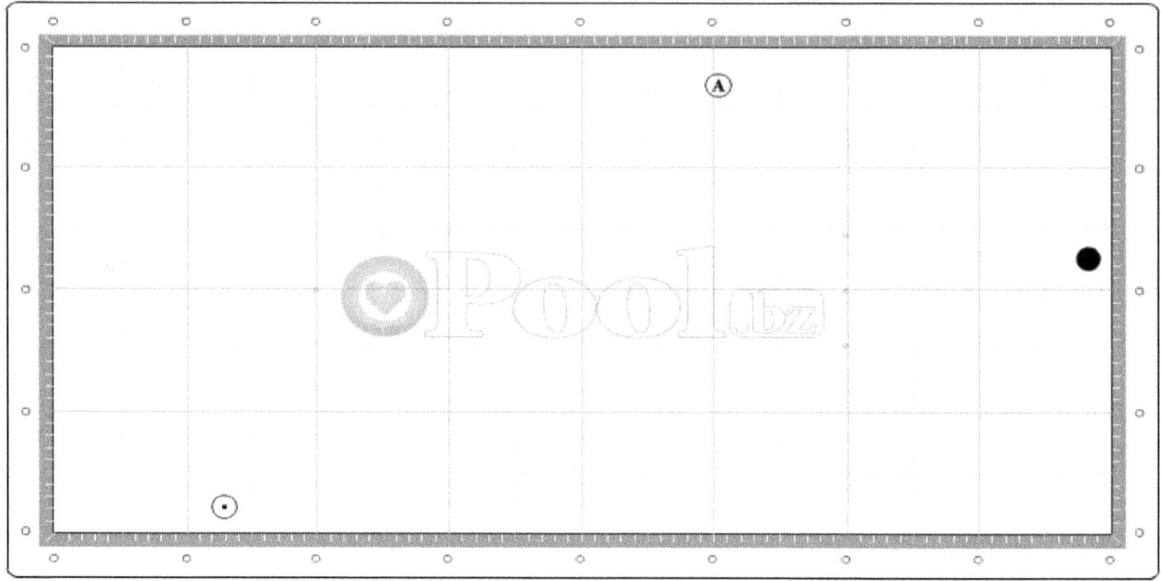

Notes et idées:

Modèle de balle

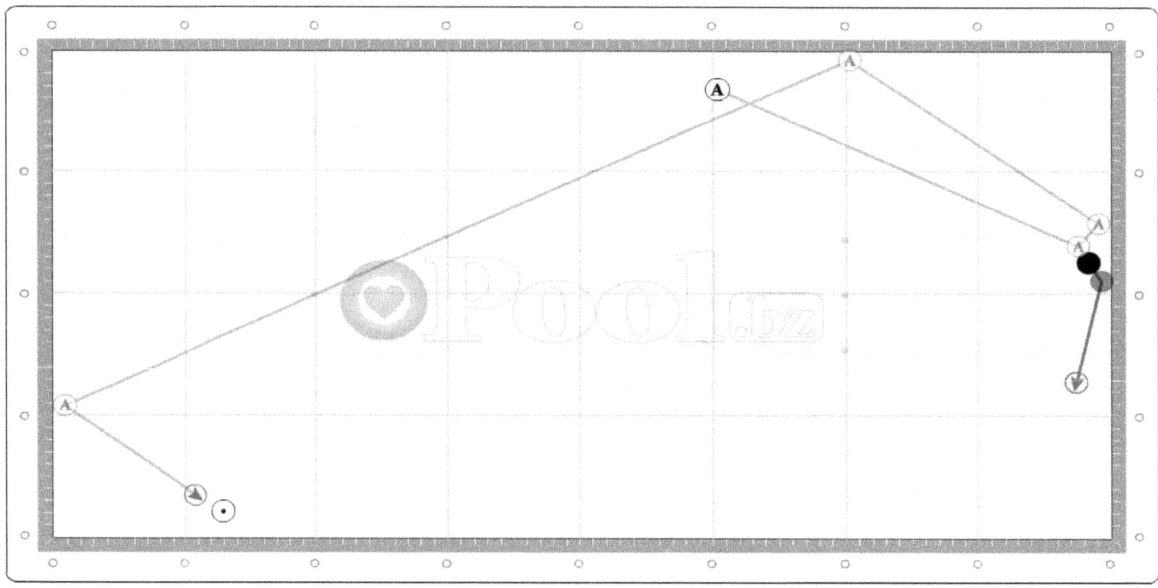

B:2c – Installer

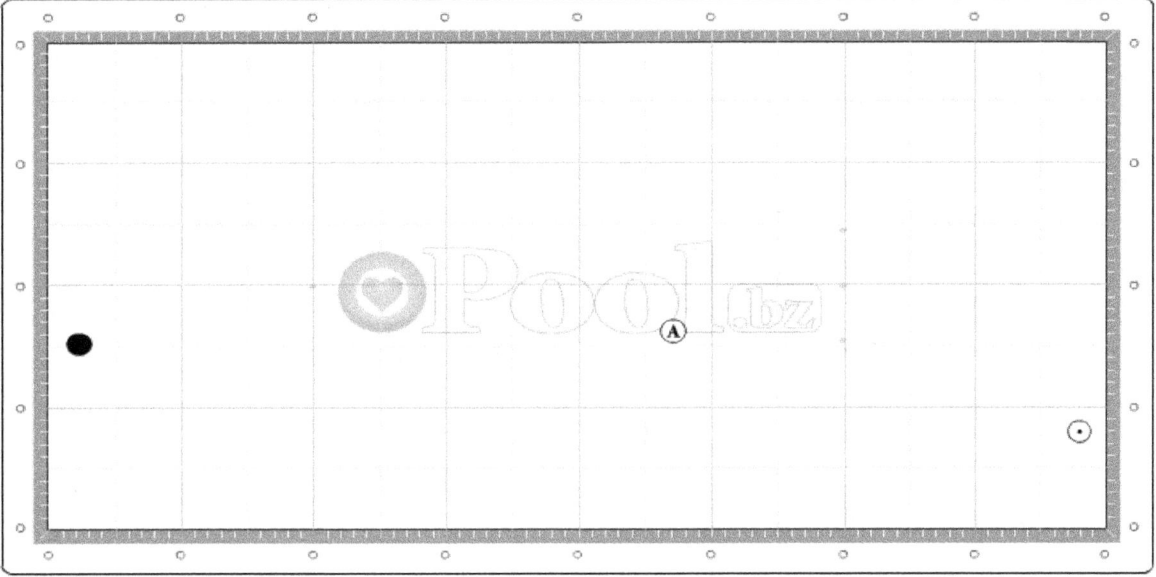

Notes et idées:

Modèle de balle

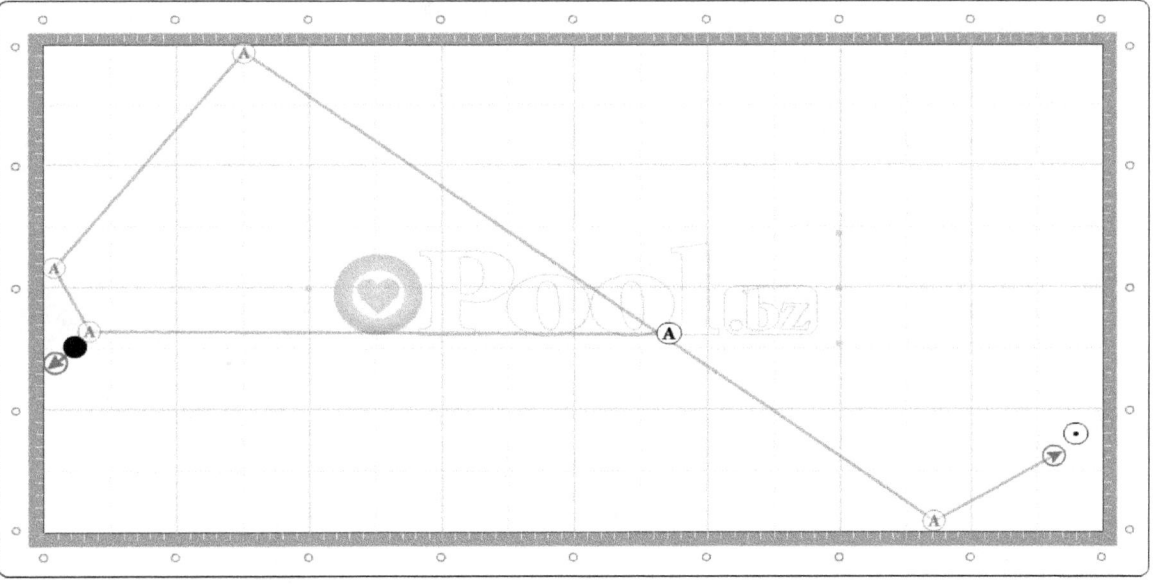

B:2d – Installer

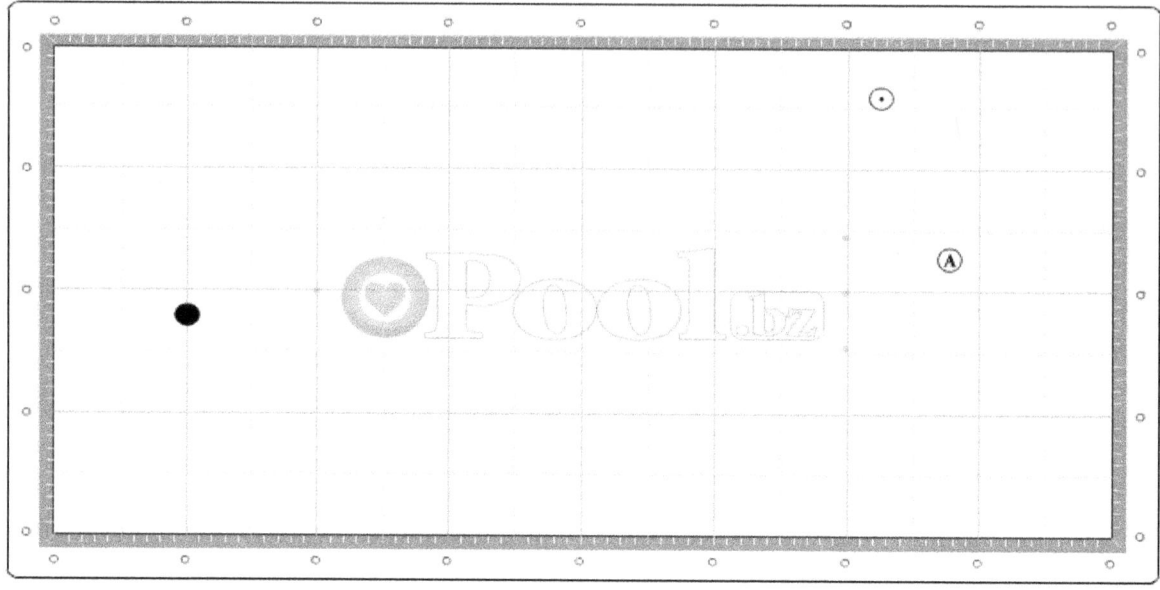

Notes et idées:

Modèle de balle

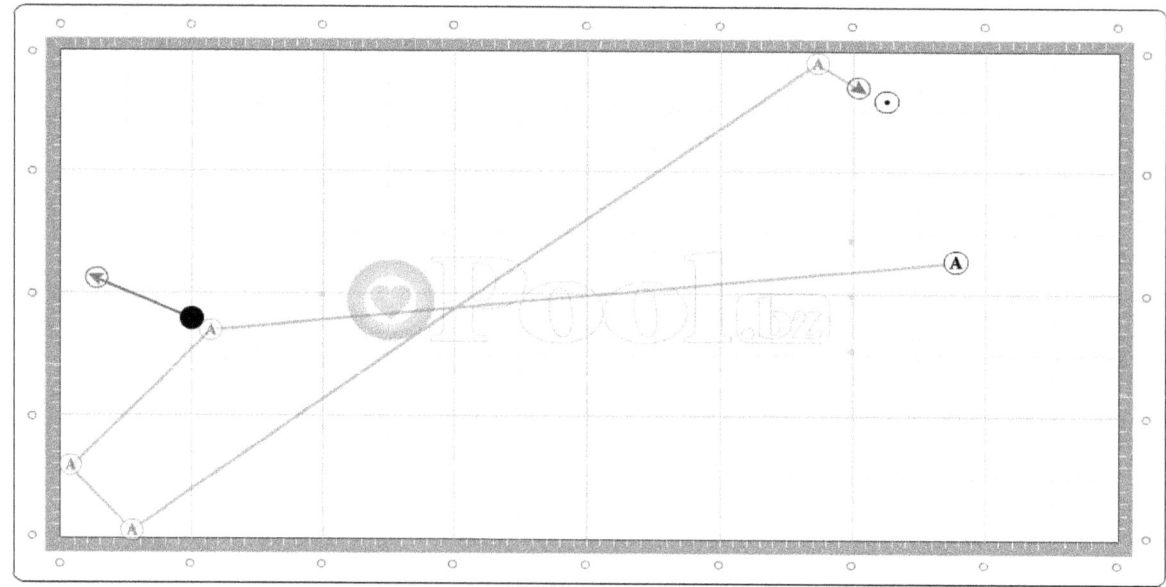

B: Groupe 3

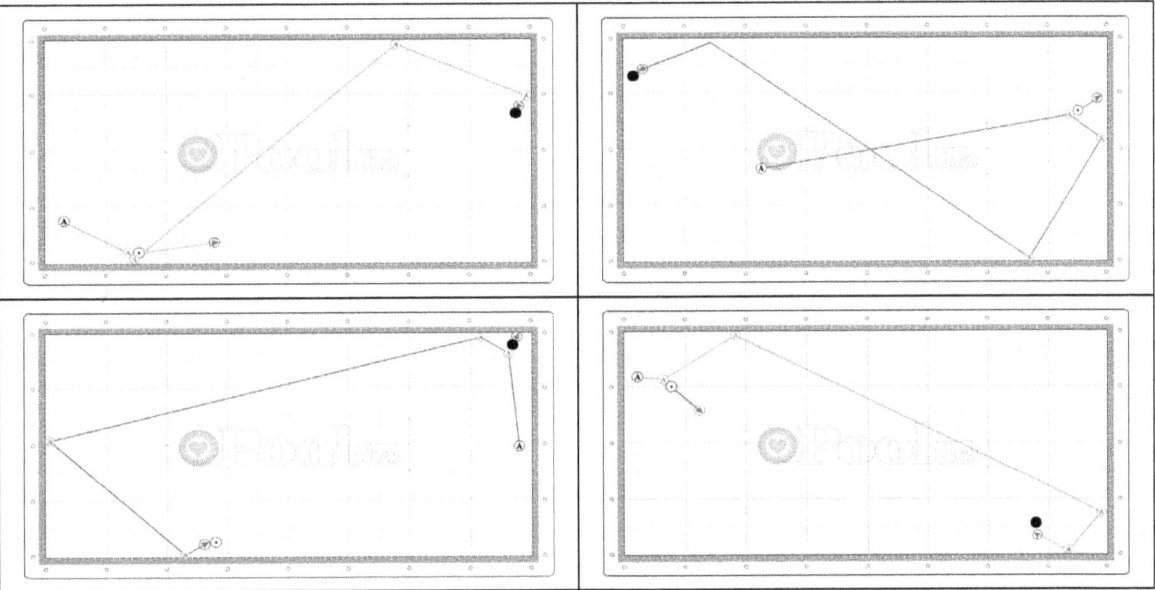

Une analyse:

B:3a. _____

B:3b. _____

B:3c. _____

B:3d. _____

B:3a – Installer

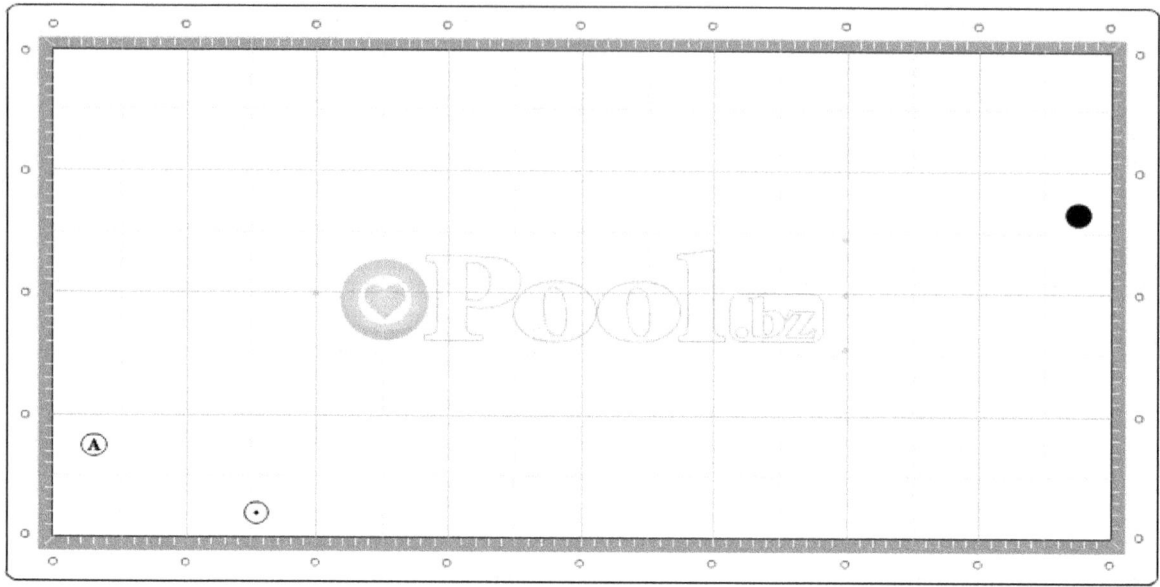

Notes et idées:

Modèle de balle

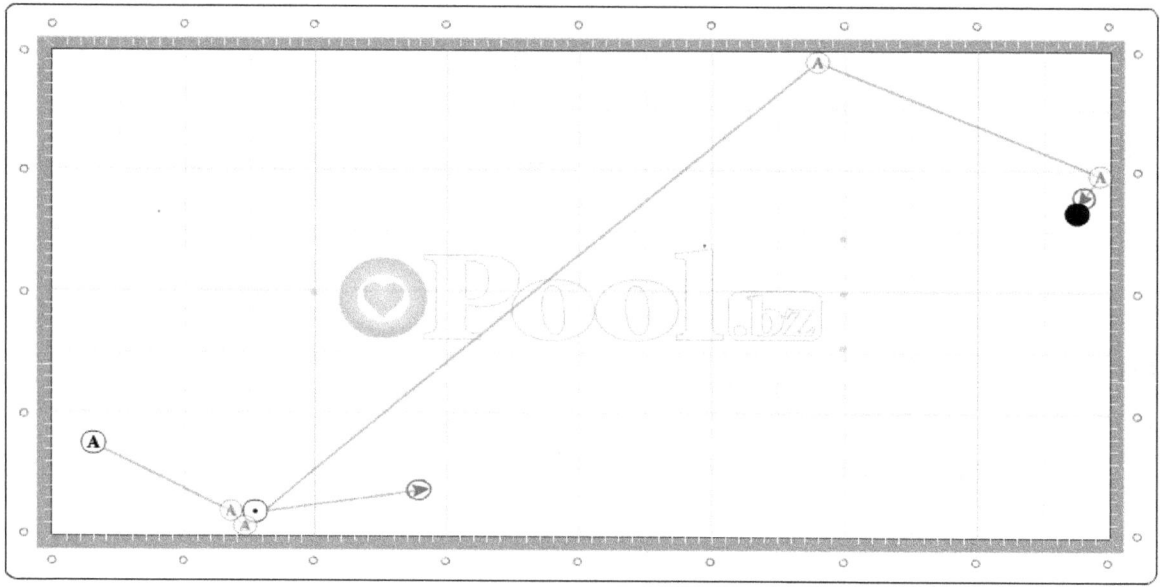

B:3b – Installer

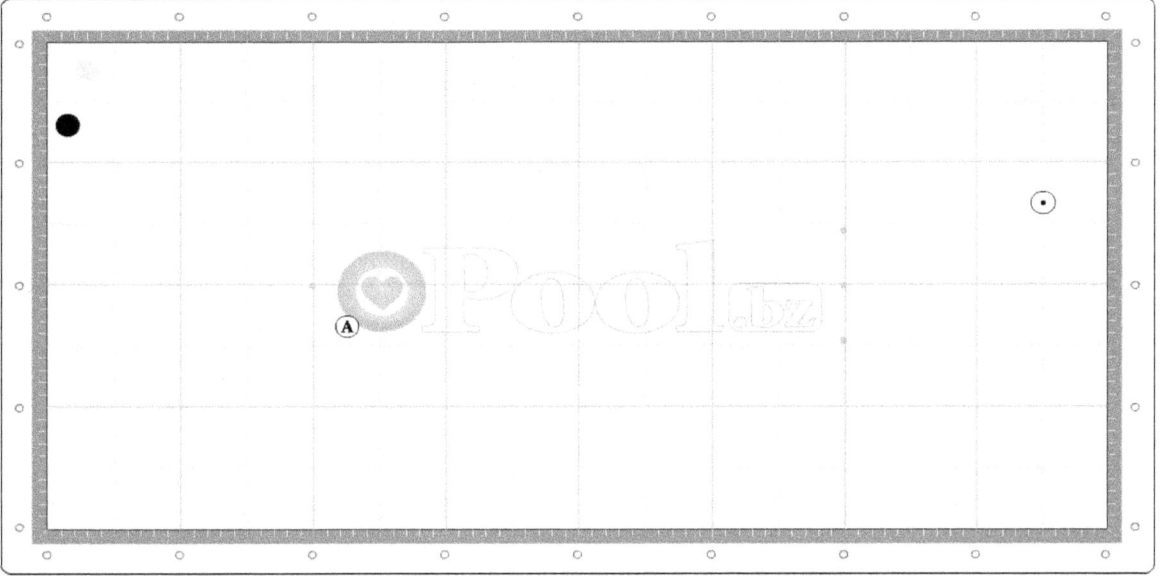

Notes et idées:

Modèle de balle

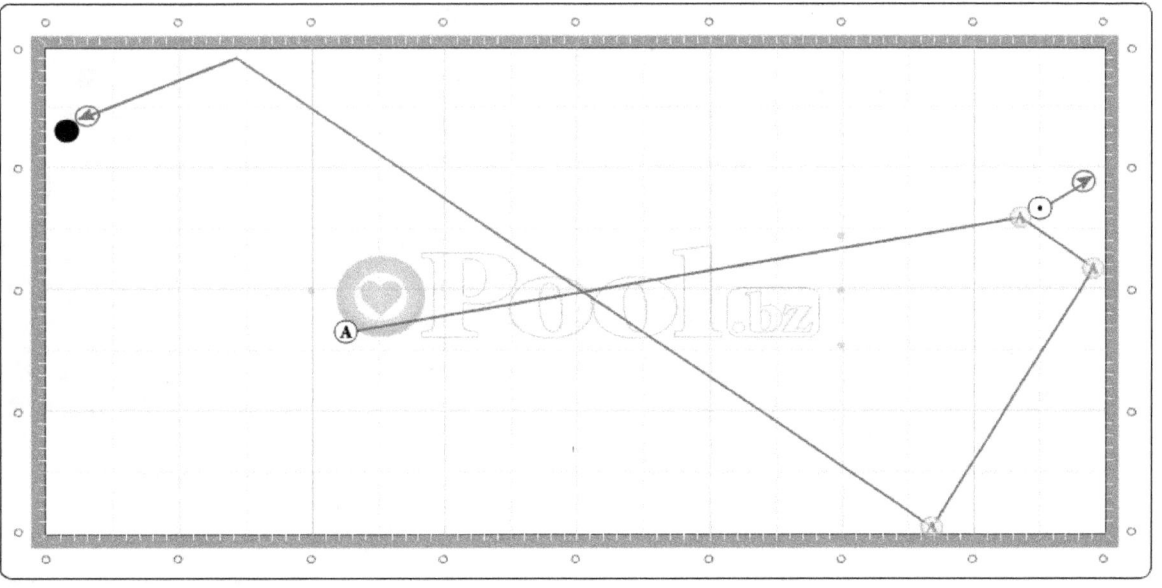

B:3c – Installer

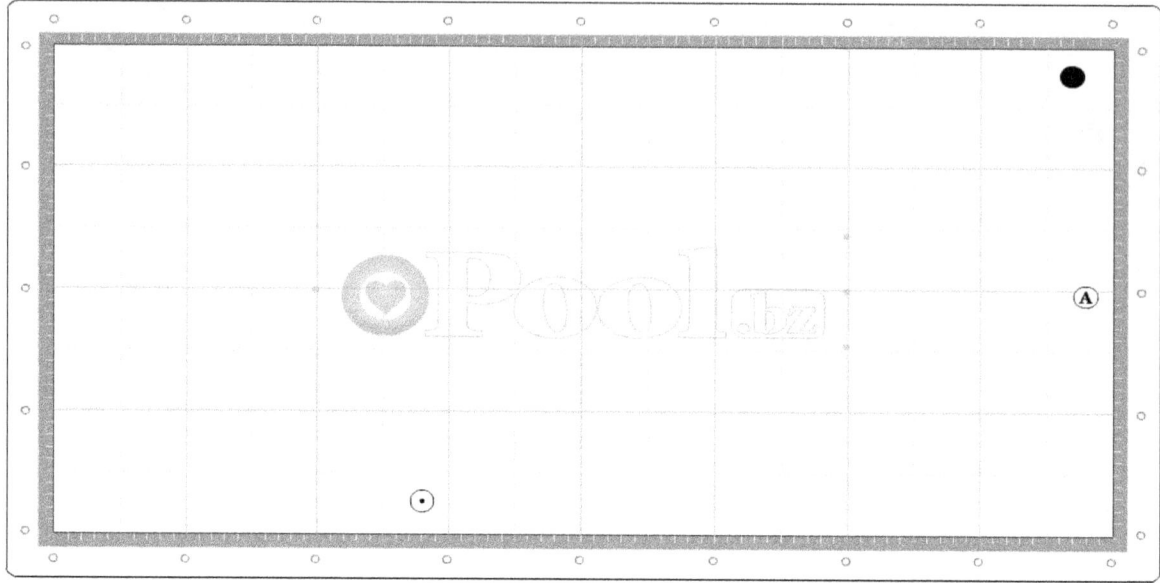

Notes et idées:

Modèle de balle

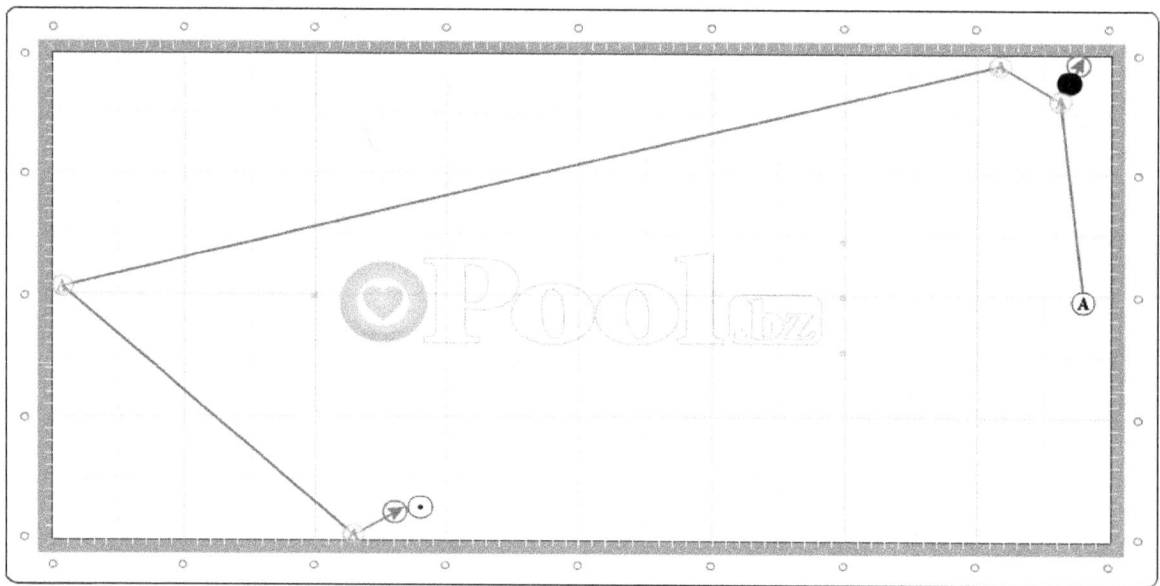

B:3d – Installer

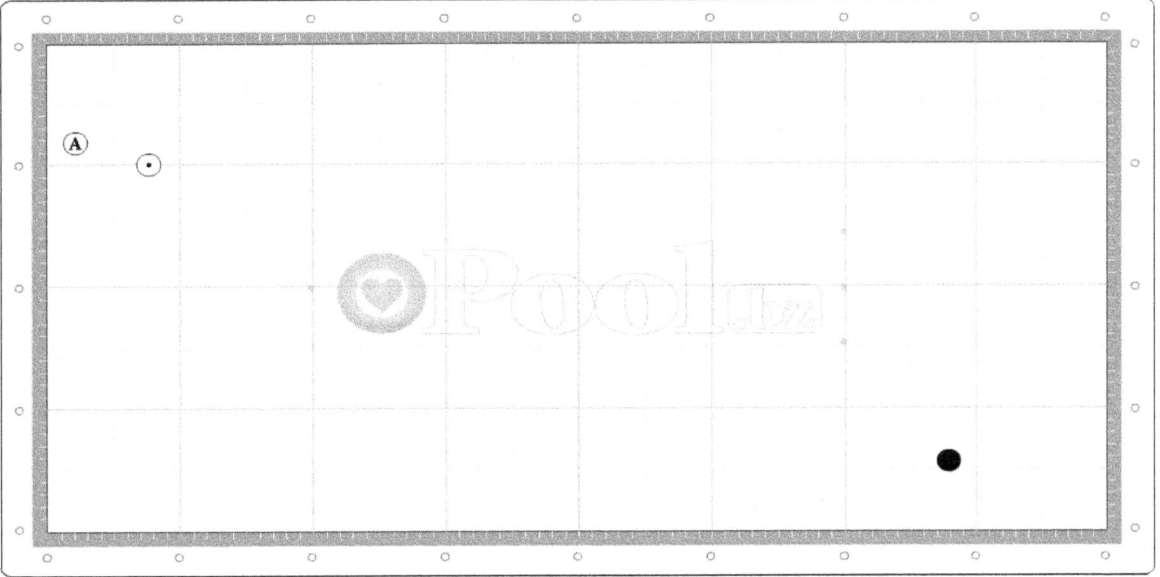

Notes et idées:

Modèle de balle

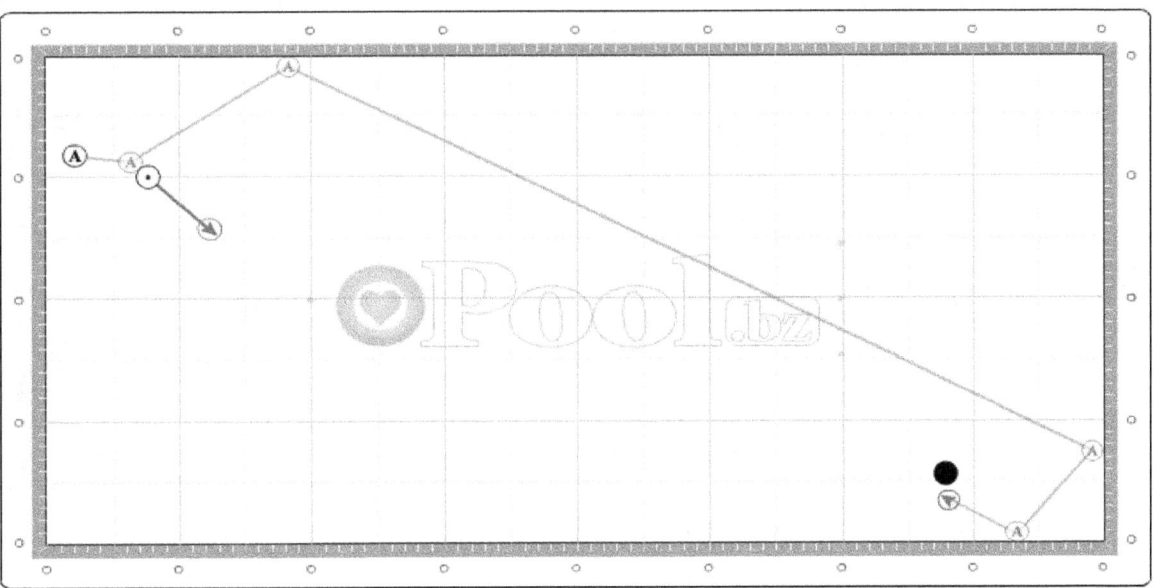

C: Diagonales parallèles

Le (CB) se détache du premier (OB) et se déplace vers le coin opposé puis revient dans un chemin parallèle pour entrer en contact avec l'autre (OB).

Ⓐ (CB) (votre balle) - ⊙ (OB) (balle de l'adversaire) – ● (OB) Balle rouge

C: Groupe 1

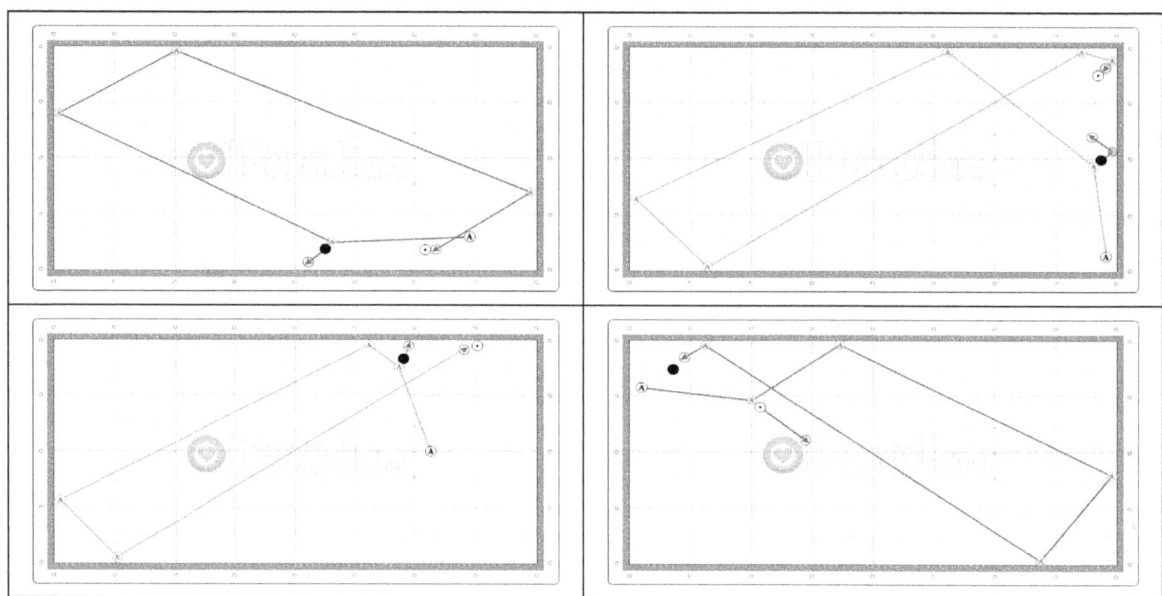

Une analyse:

C:1a. _____

C:1b. _____

C:1c. _____

C:1d. _____

C:1a – Installer

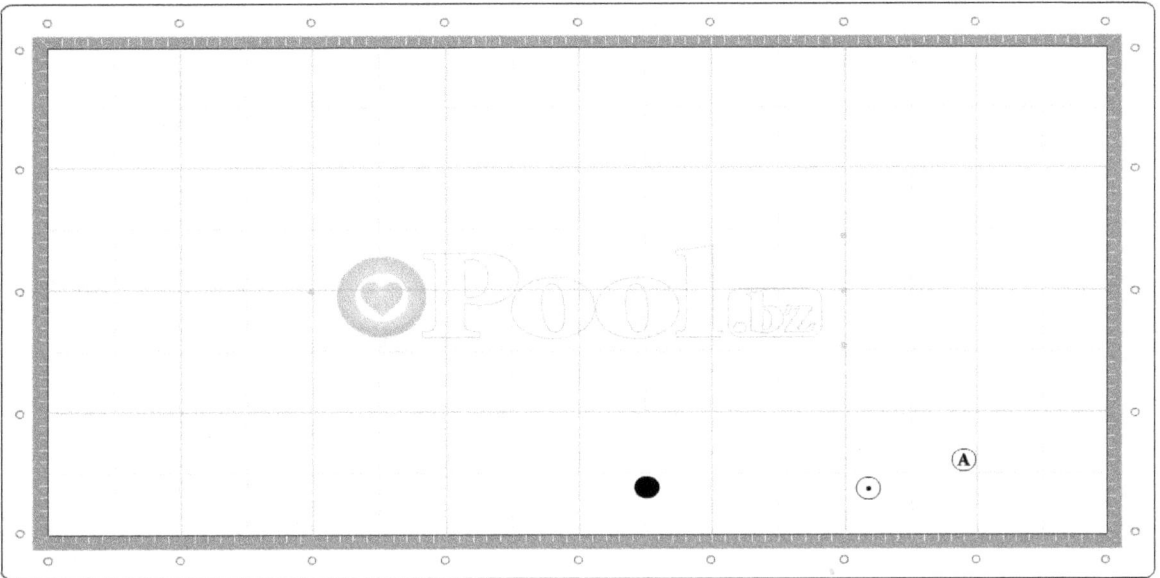

Notes et idées:

Modèle de balle

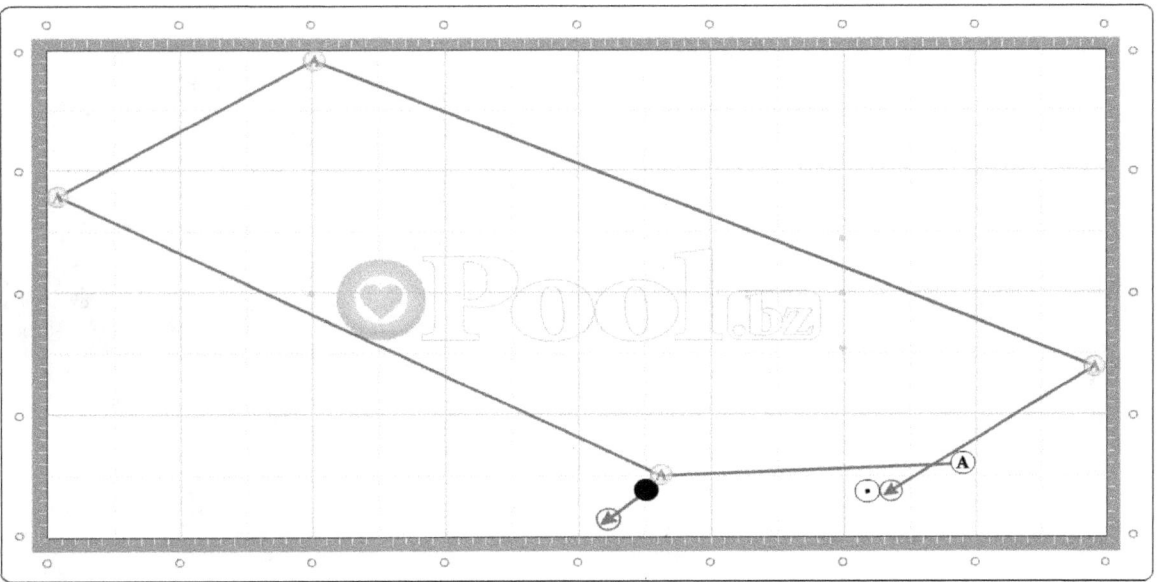

C:1b – Installer

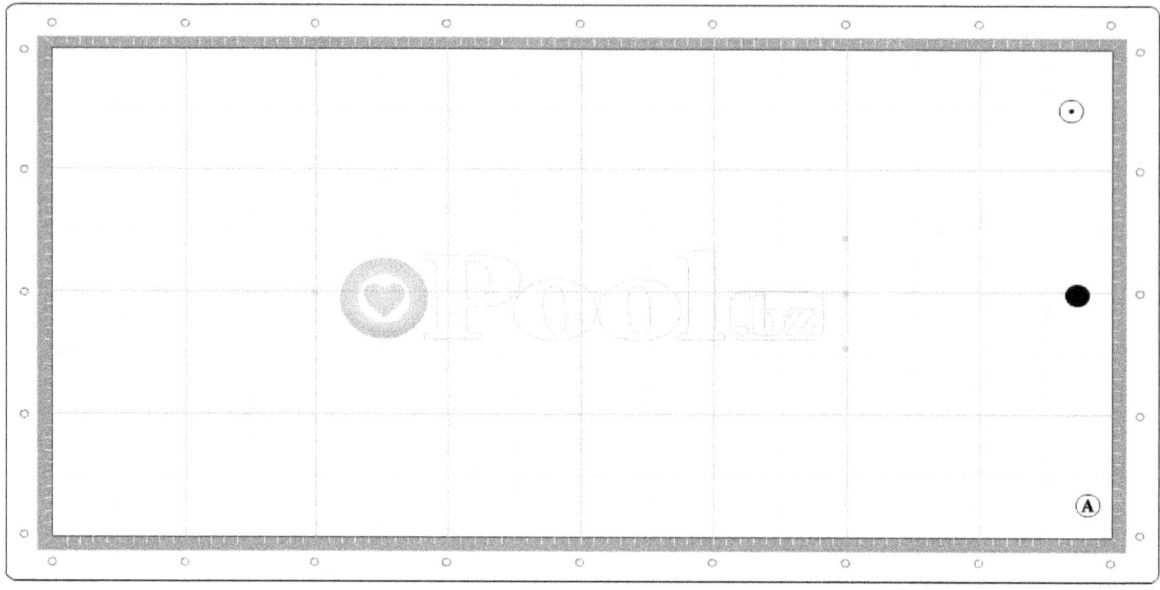

Notes et idées:

Modèle de balle

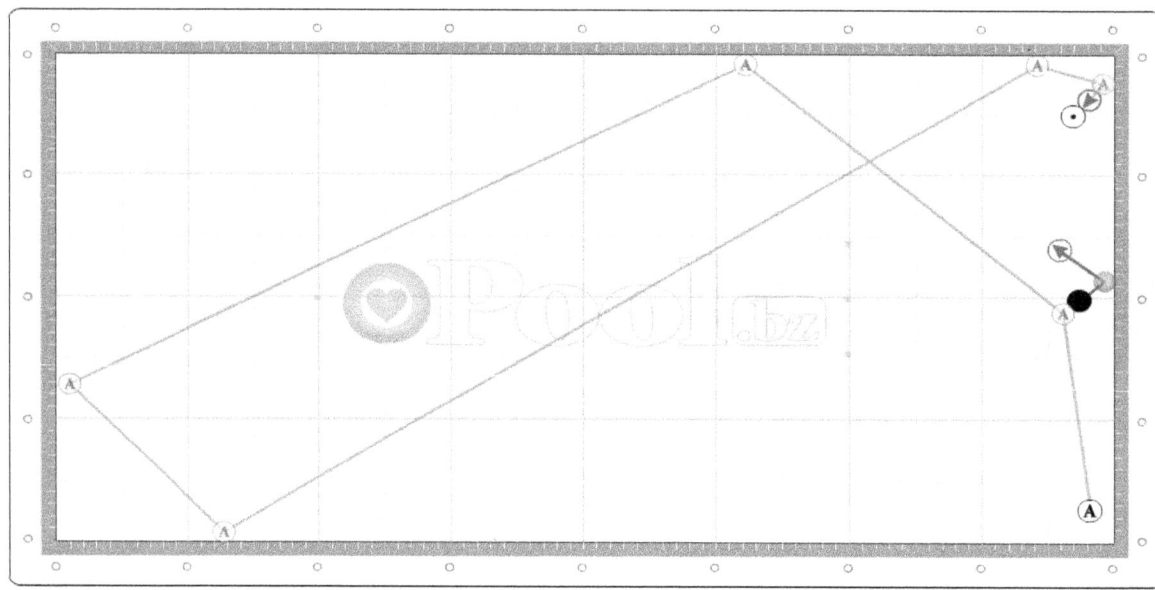

C:1c – Installer

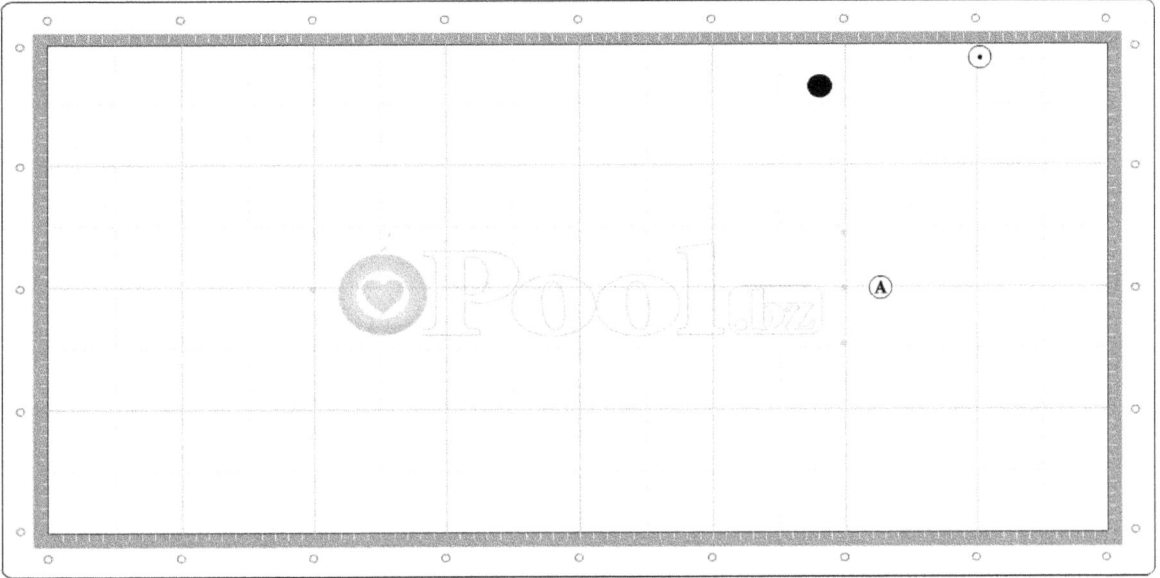

Notes et idées:

Modèle de balle

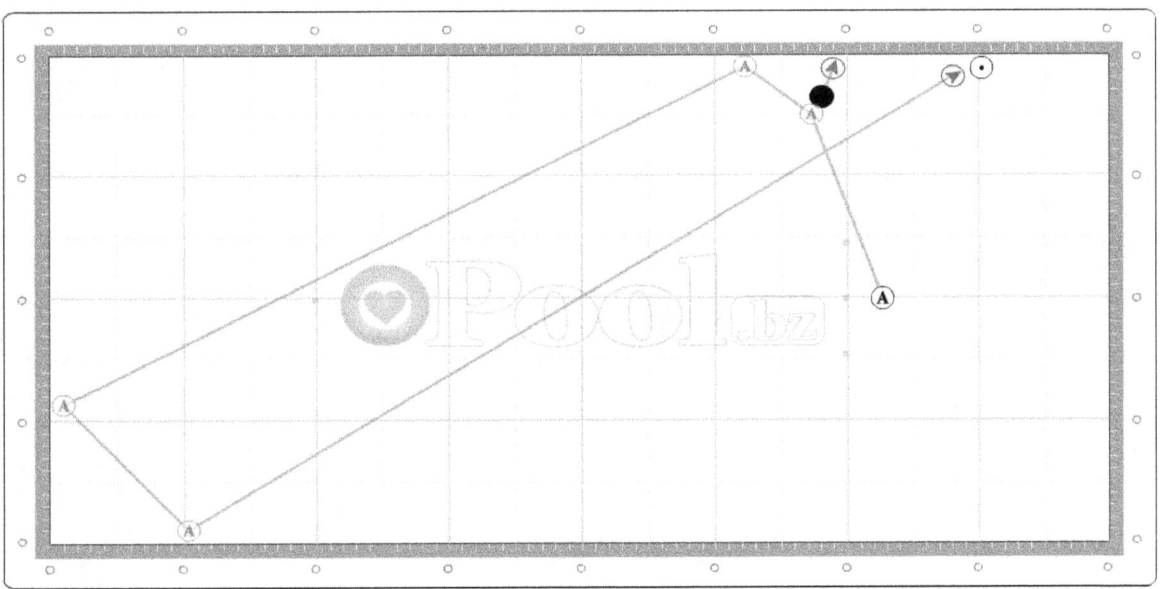

C:1d – Installer

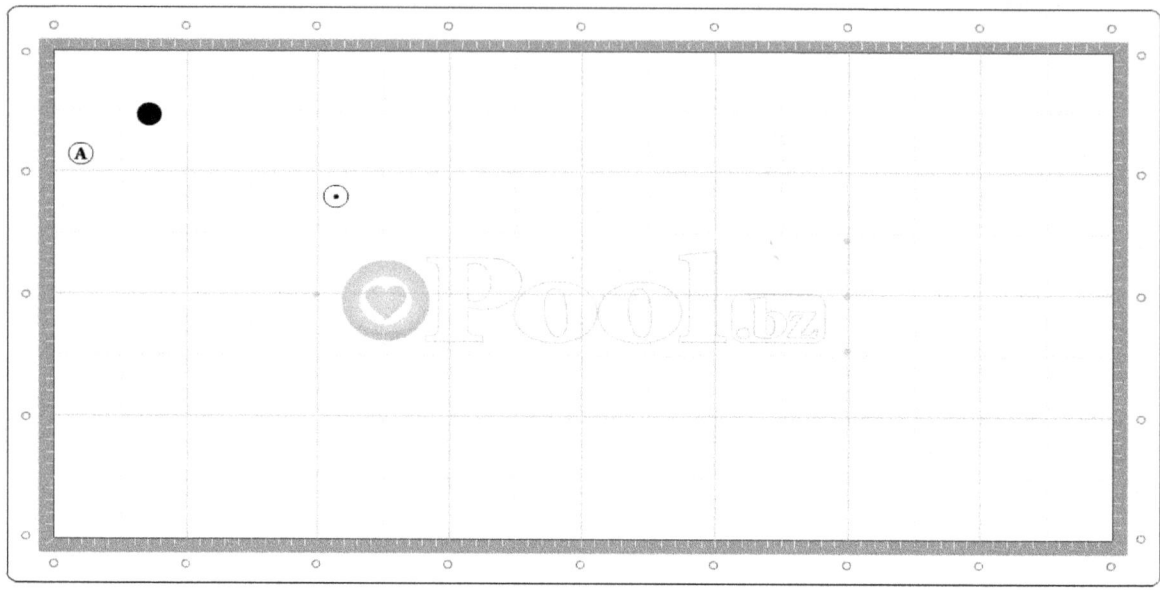

Notes et idées:

Modèle de balle

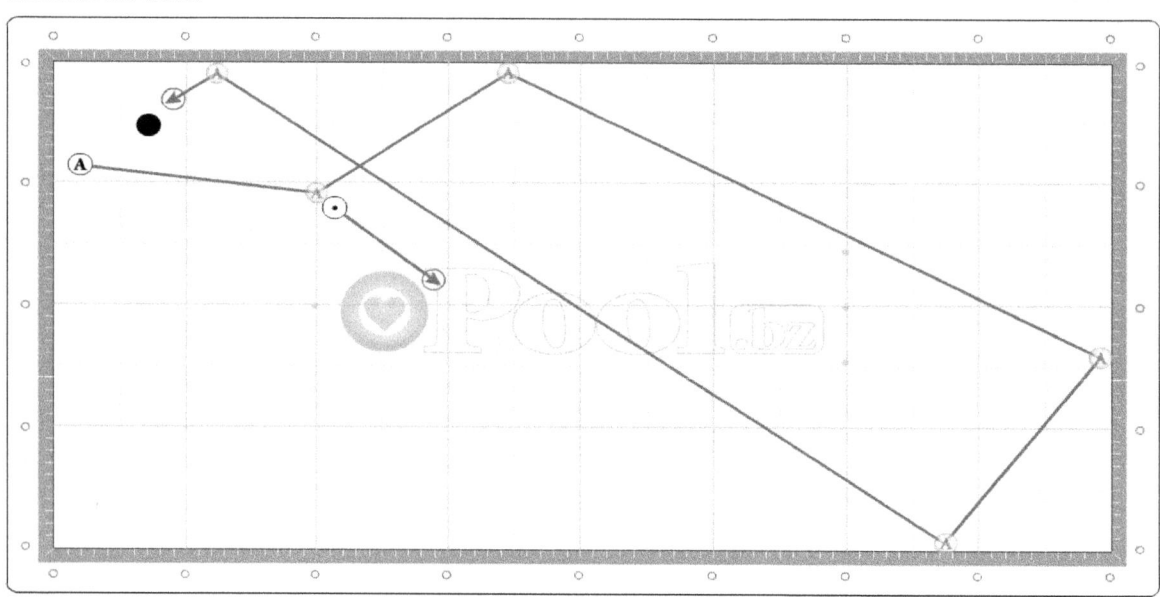

C: Groupe 2

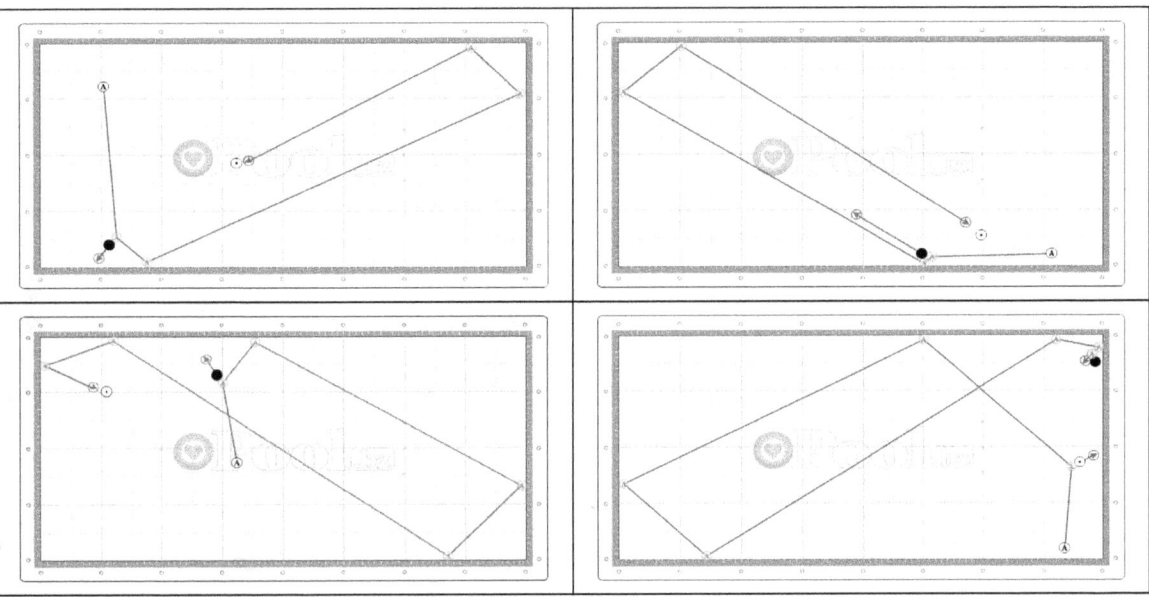

Une analyse:

C:2a. _____

C:2b. _____

C:2c. _____

C:2d. _____

C:2a – Installer

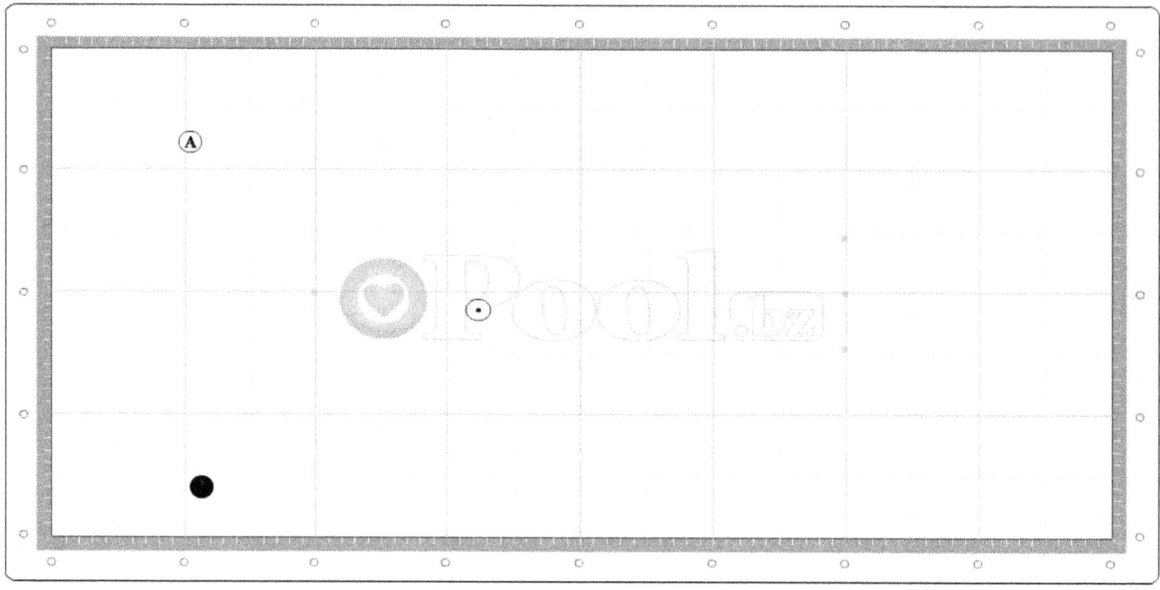

Notes et idées:

Modèle de balle

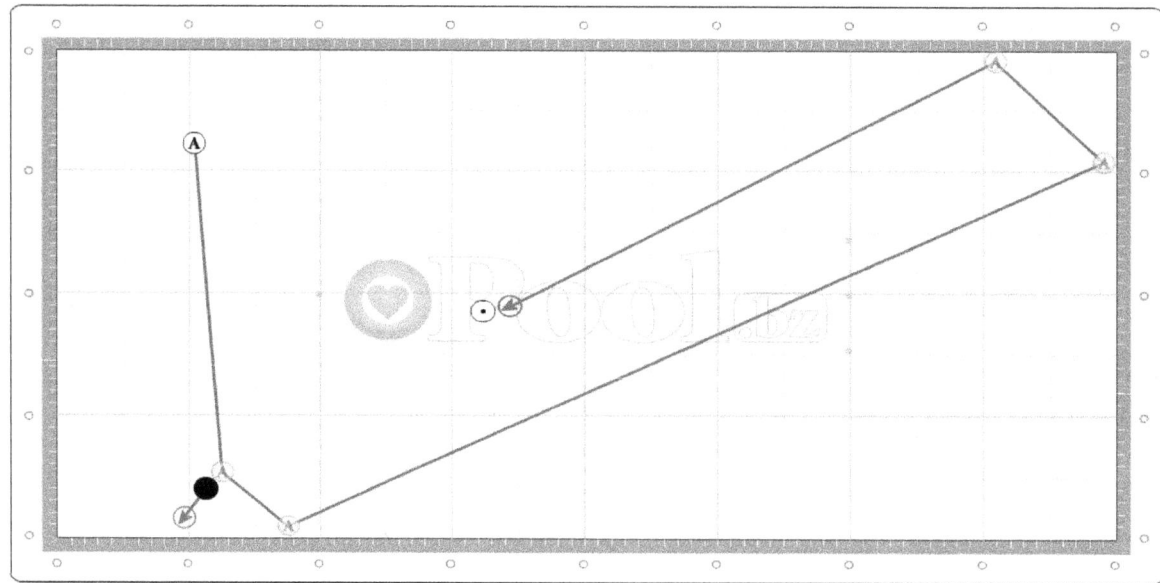

C:2b – Installer

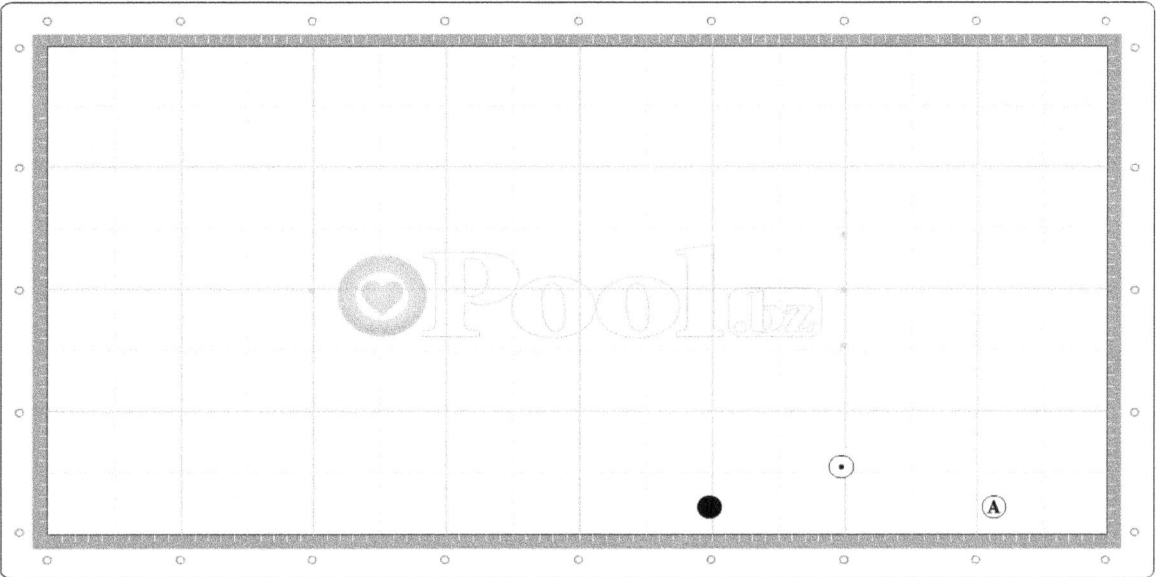

Notes et idées:

Modèle de balle

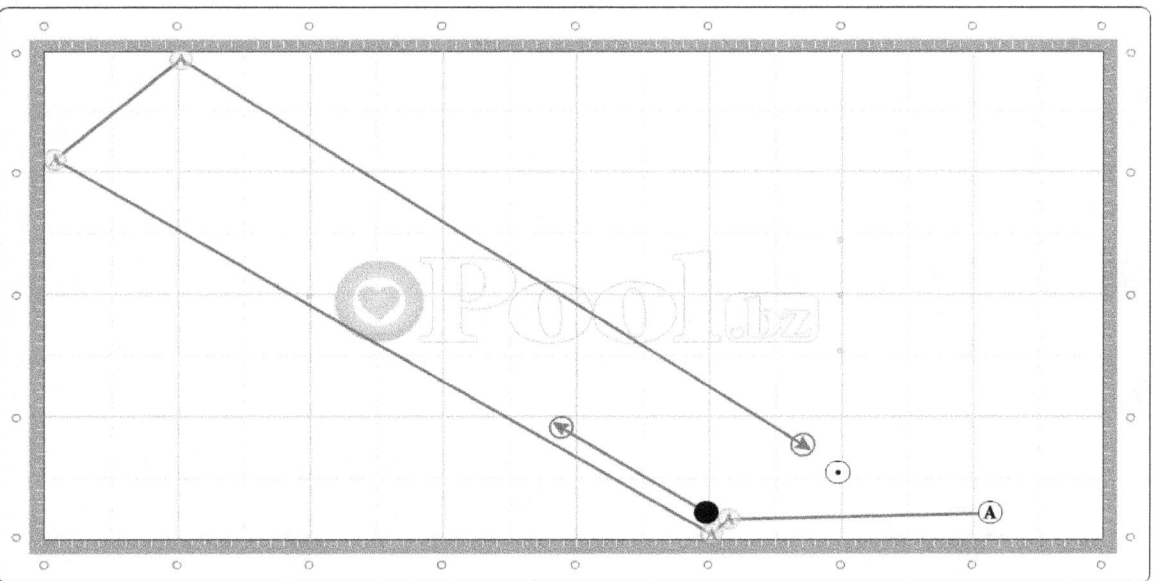

C:2c – Installer

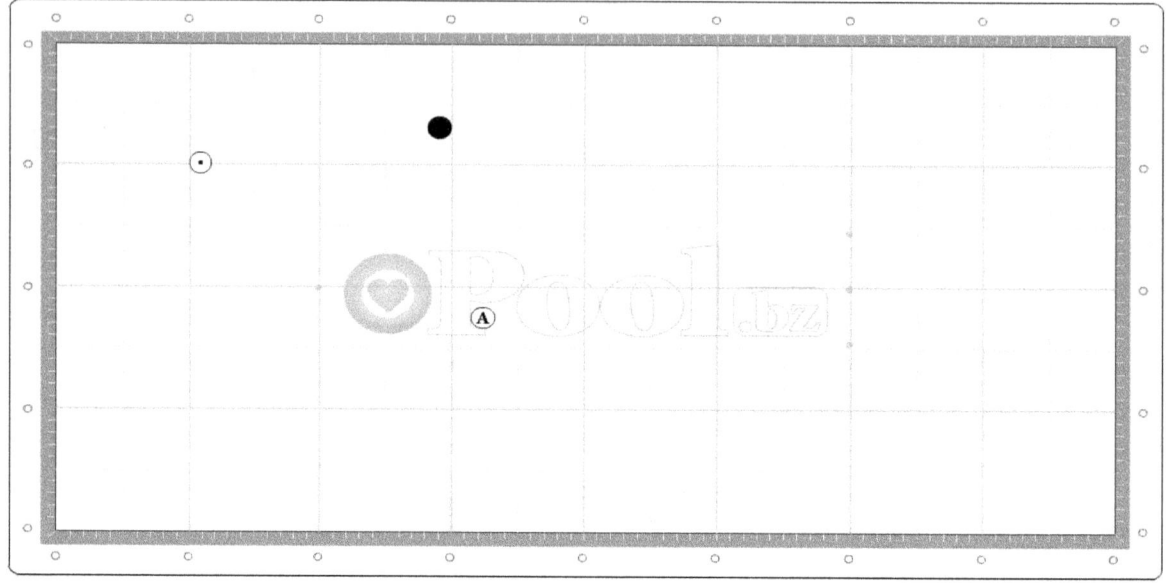

Notes et idées:

Modèle de balle

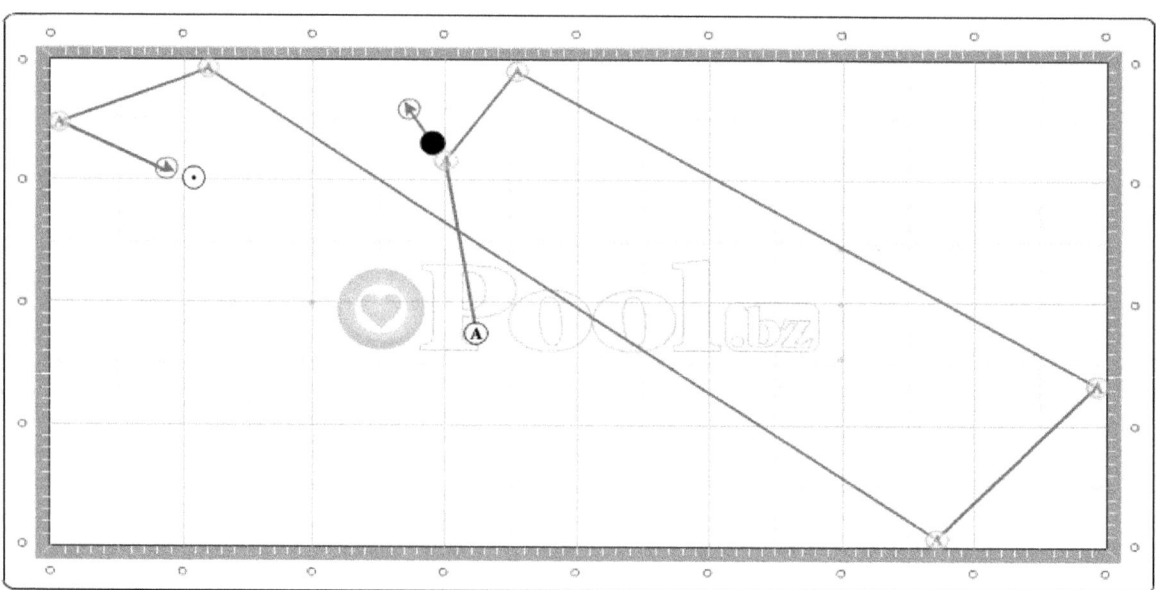

C:2d – Installer

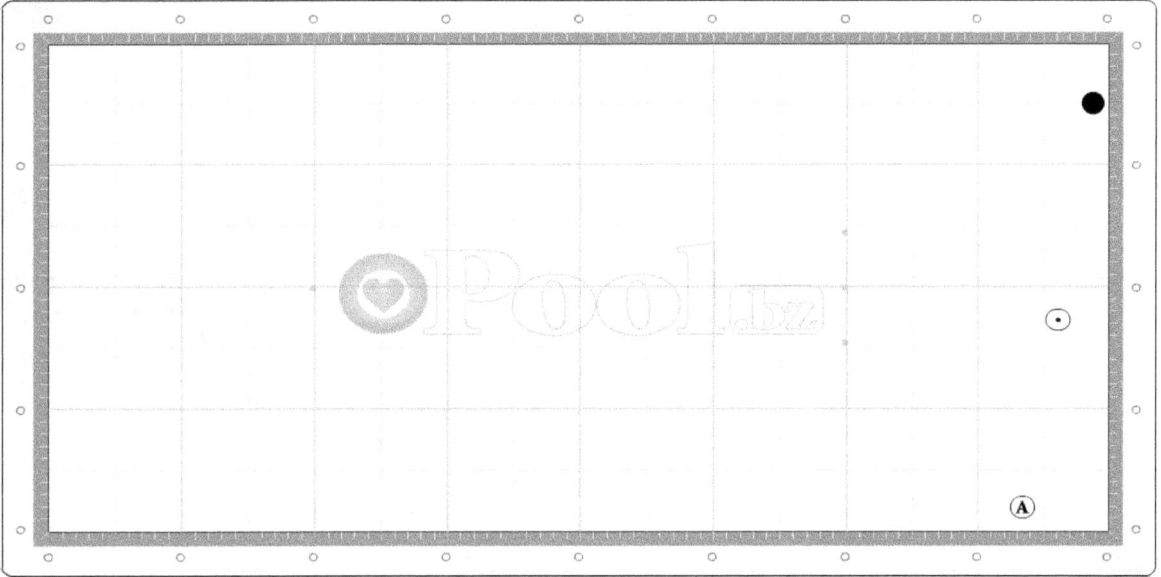

Notes et idées:

Modèle de balle

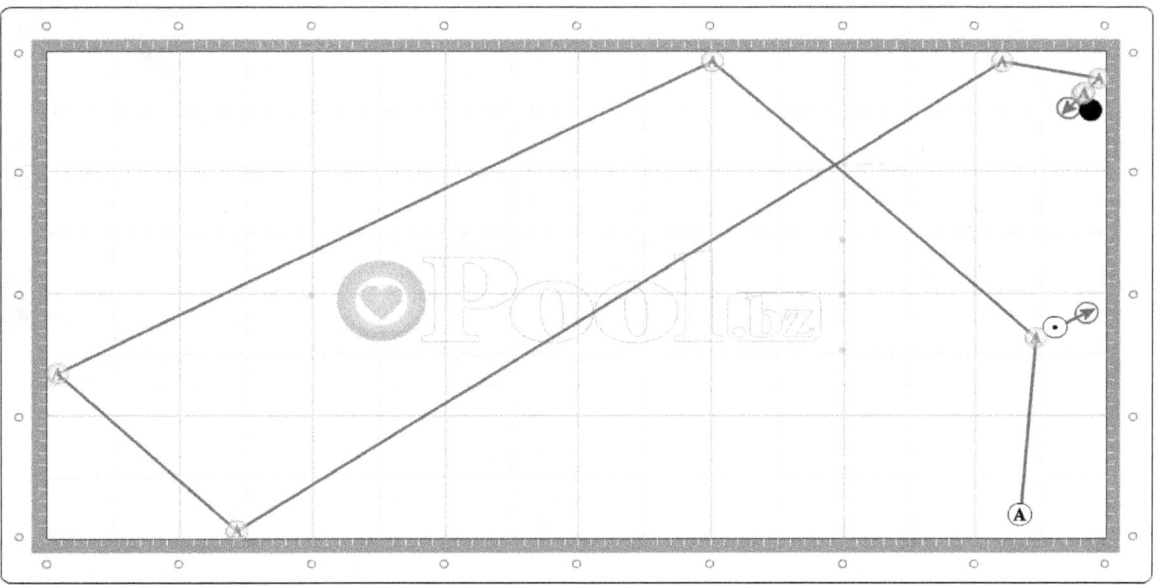

C: Groupe 3

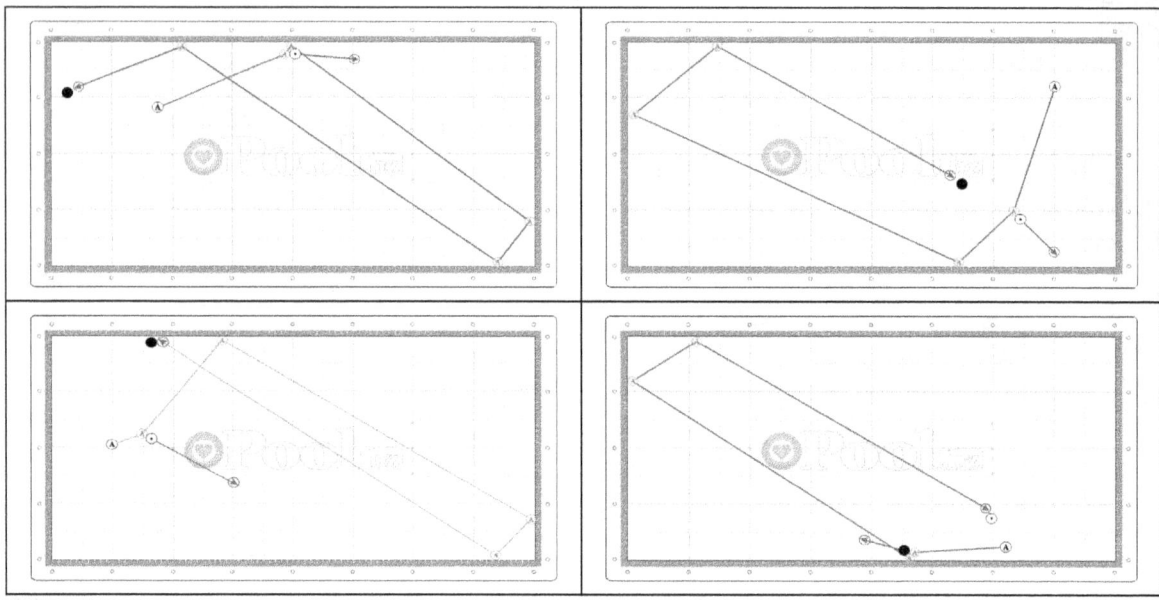

Une analyse:

C:3a. _____

C:3b. _____

C:3c. _____

C:3d. _____

C:3a – Installer

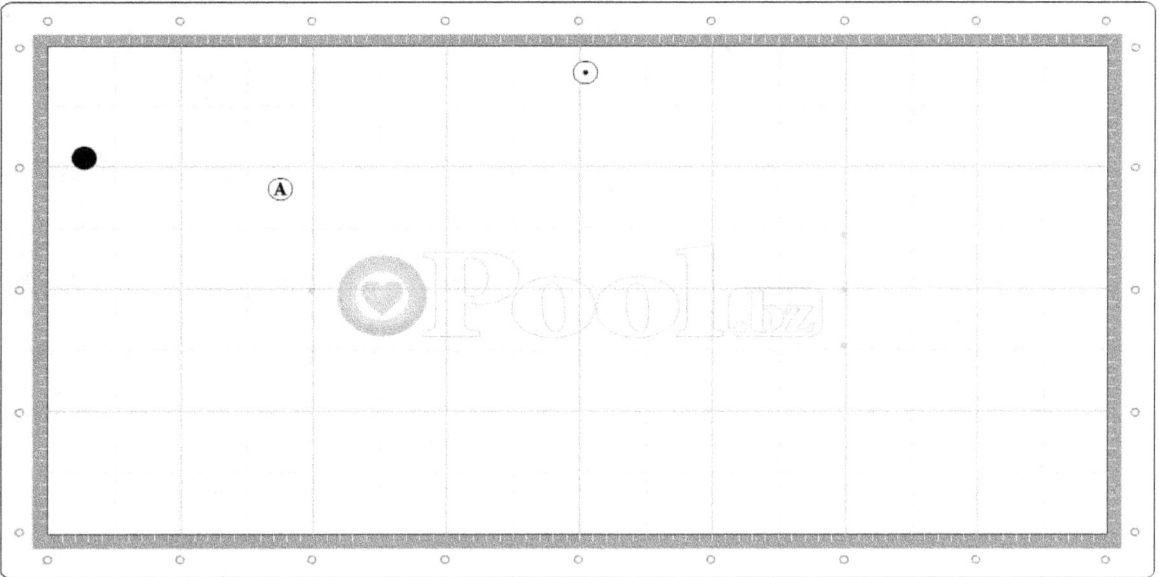

Notes et idées:

Modèle de balle

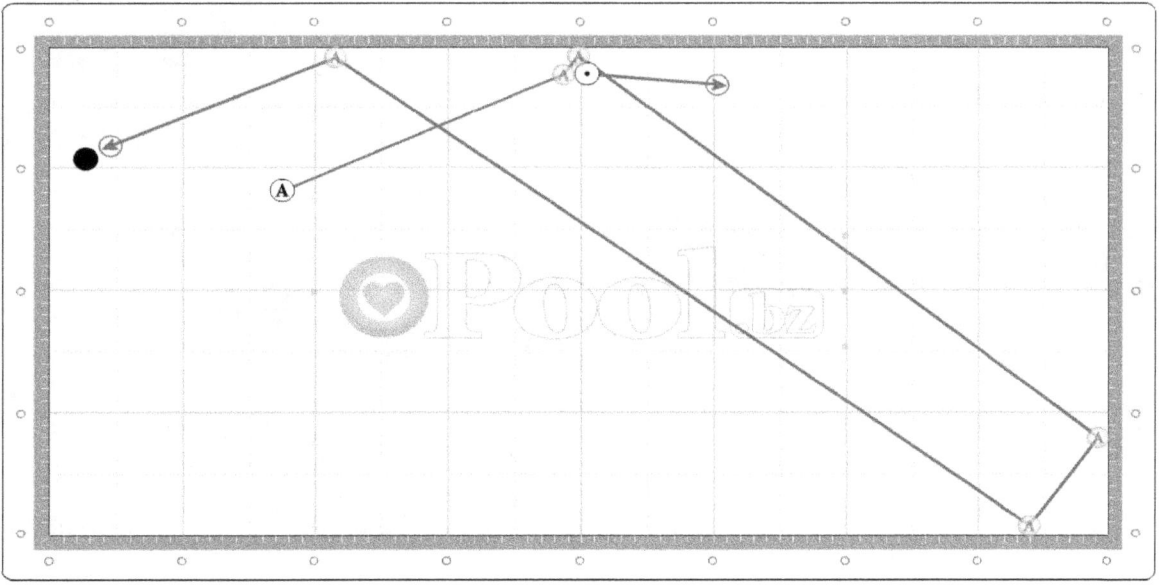

C:3b – Installer

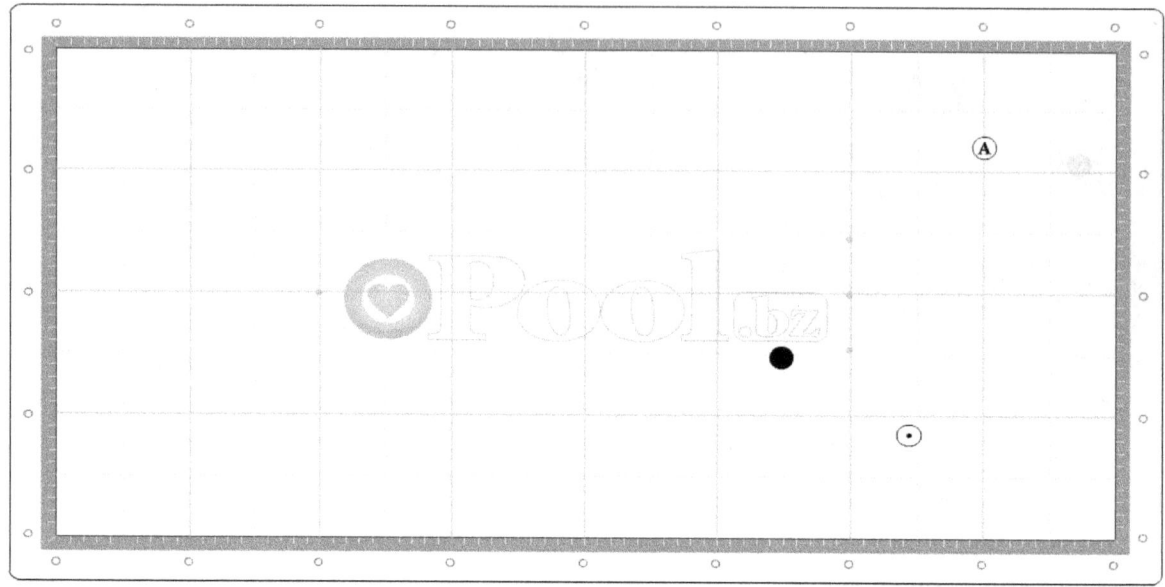

Notes et idées:

Modèle de balle

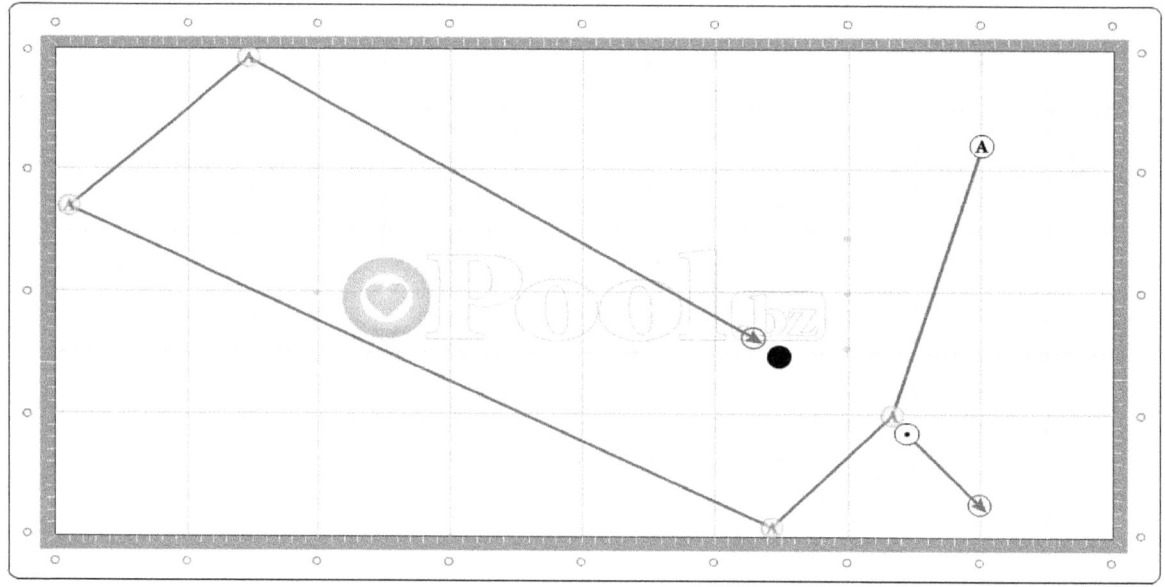

C:3c – Installer

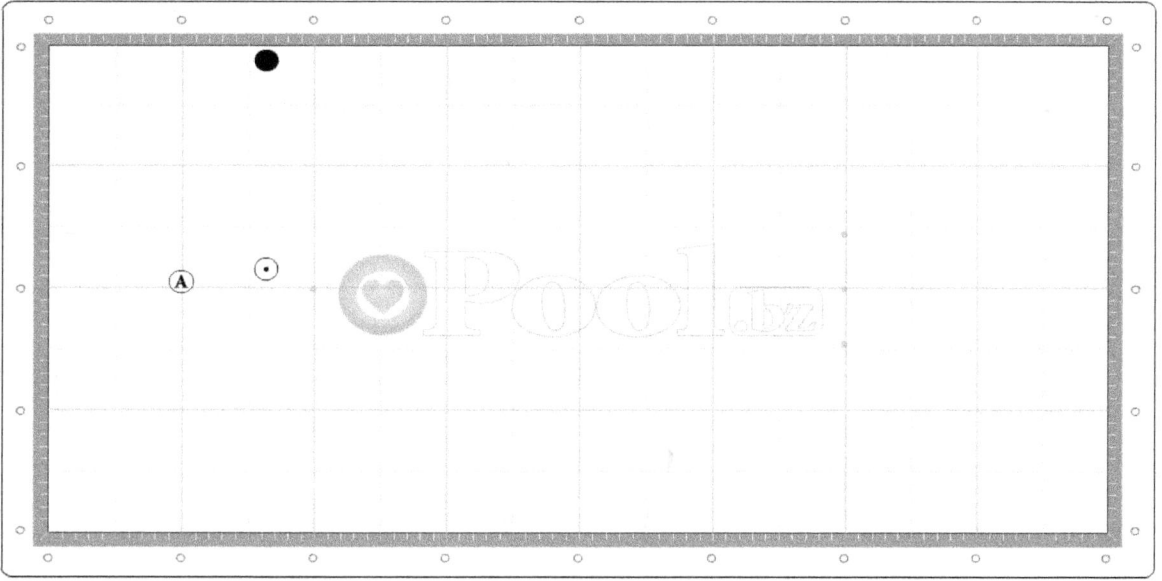

Notes et idées:

Modèle de balle

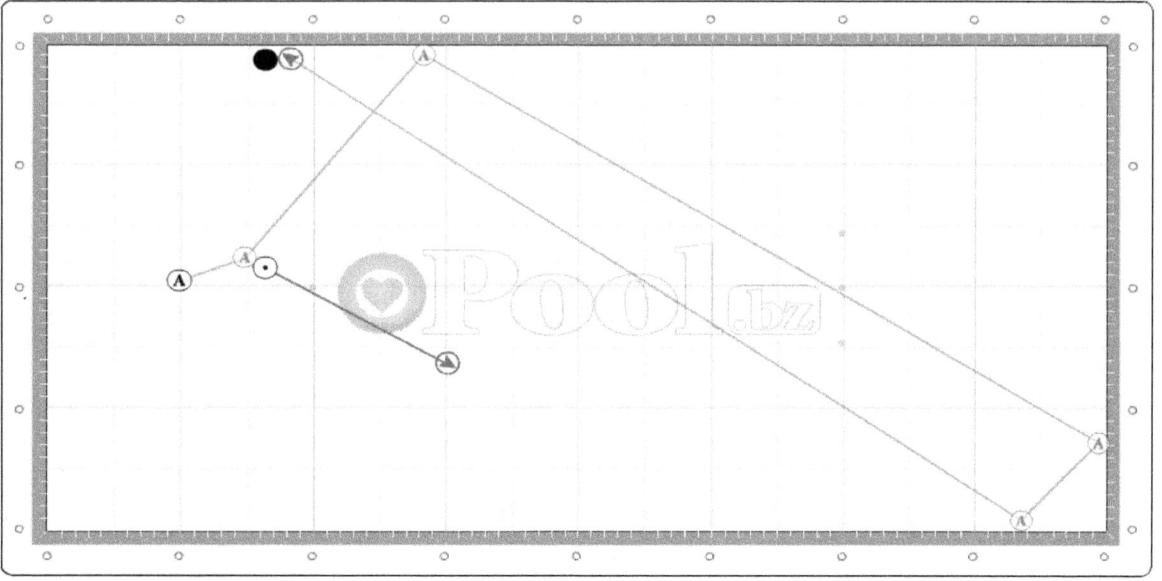

C:3d – Installer

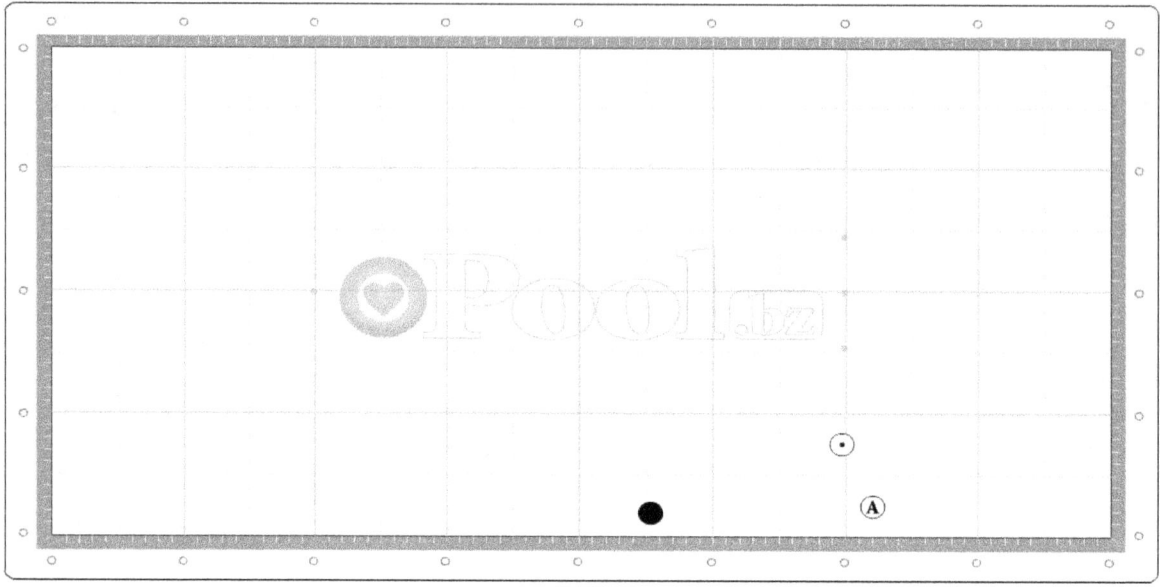

Notes et idées:

Modèle de balle

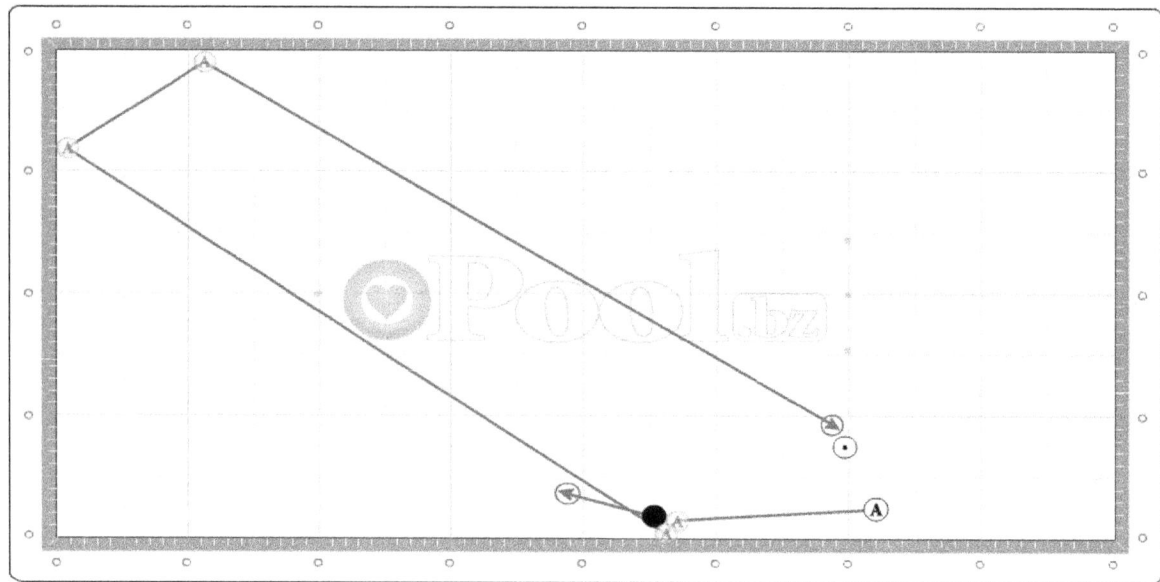

C: Groupe 4

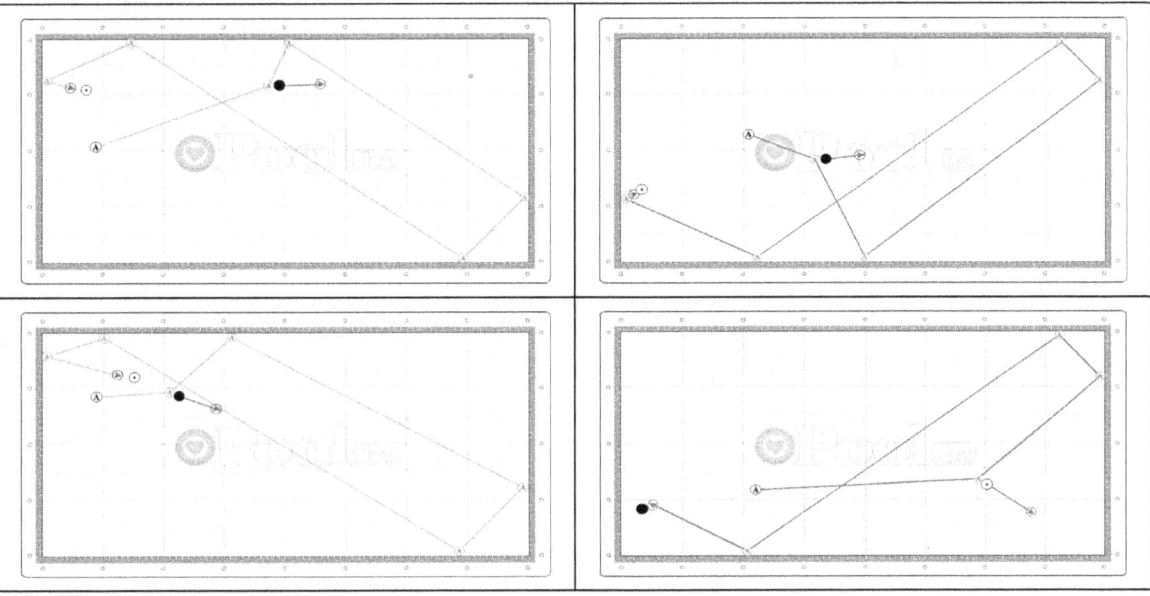

Une analyse:

C:4a. _____

C:4b. _____

C:4c. _____

C:4d. _____

C:4a – Installer

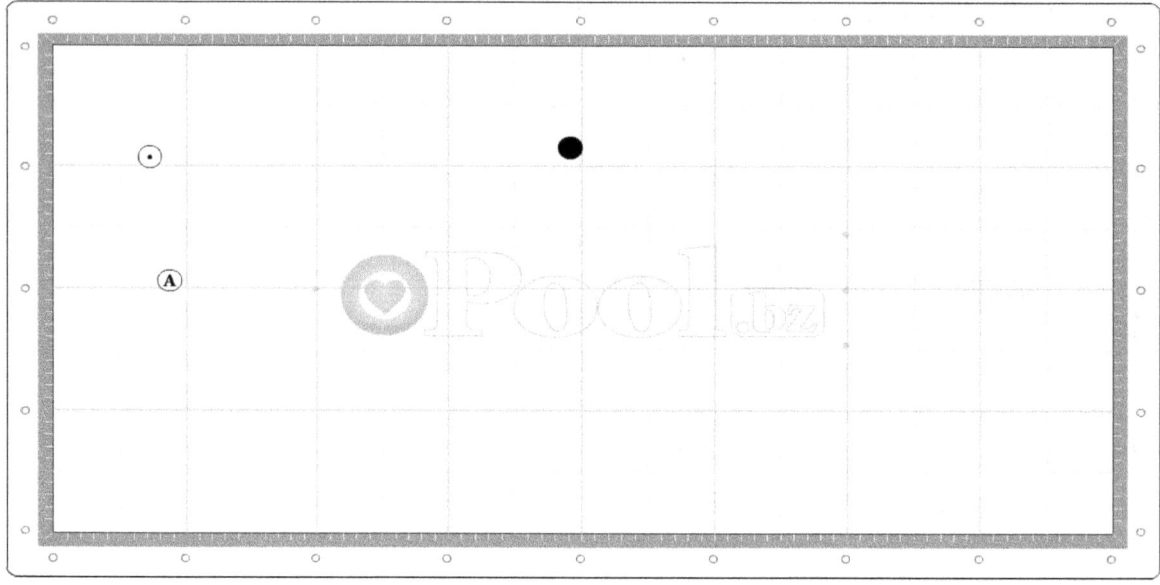

Notes et idées:

Modèle de balle

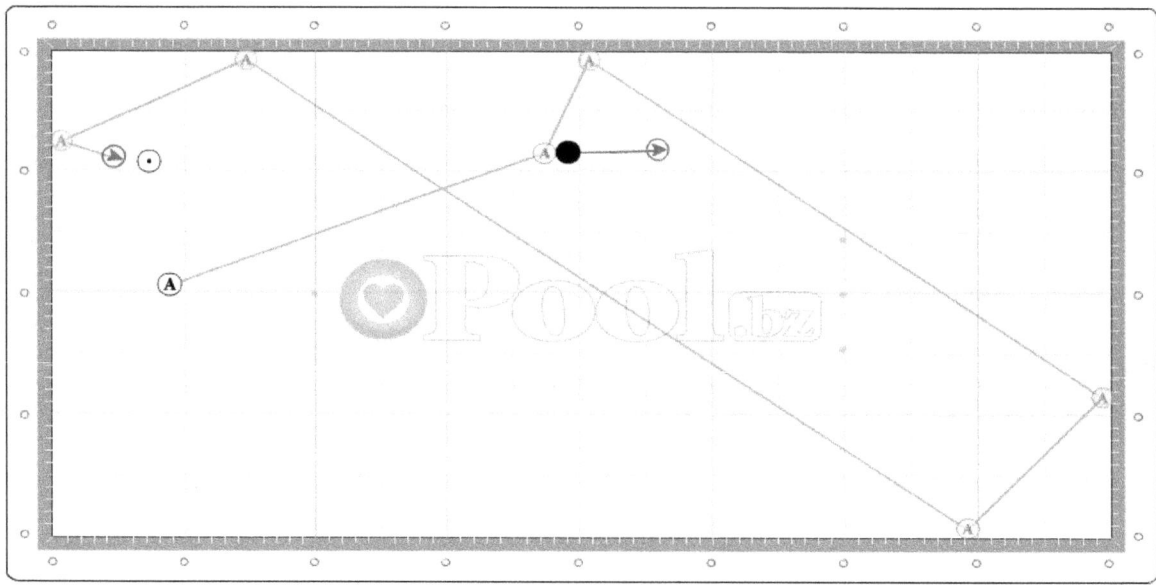

C:4b – Installer

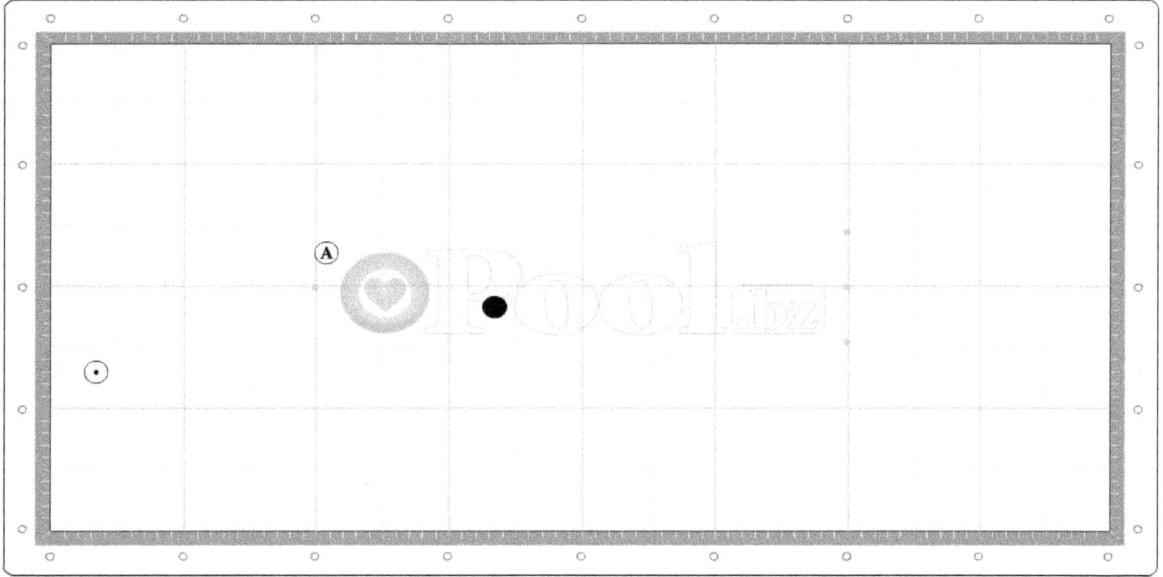

Notes et idées:

Modèle de balle

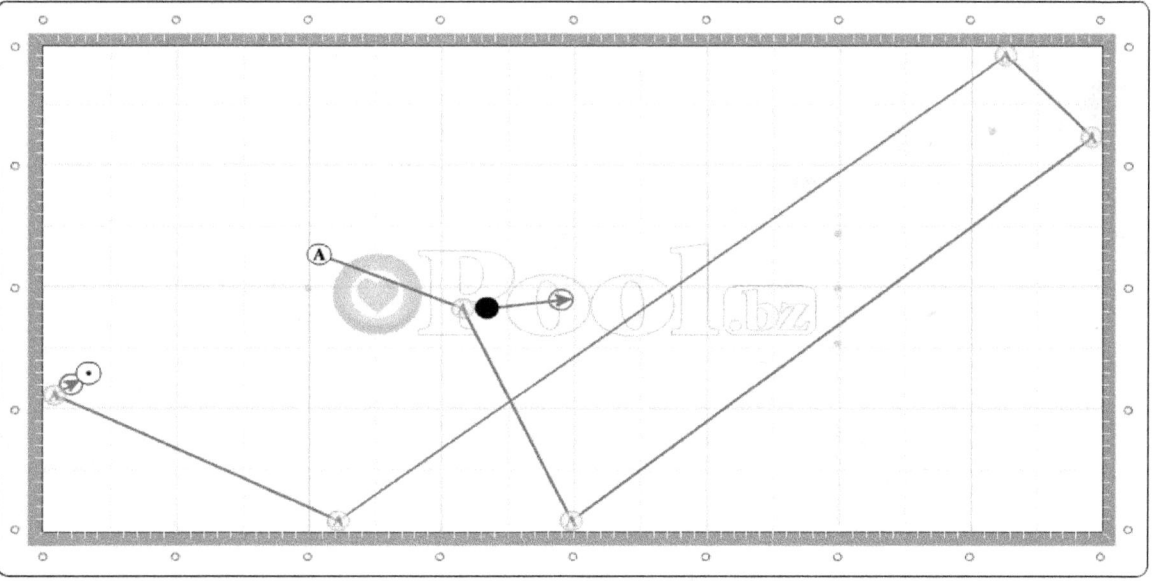

C:4c – Installer

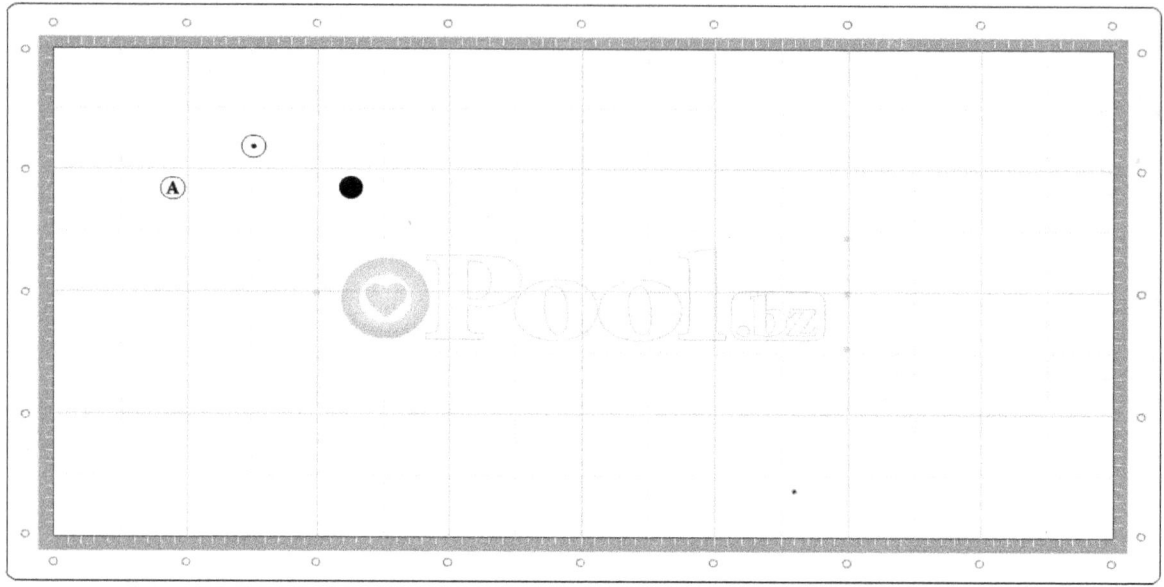

Notes et idées:

Modèle de balle

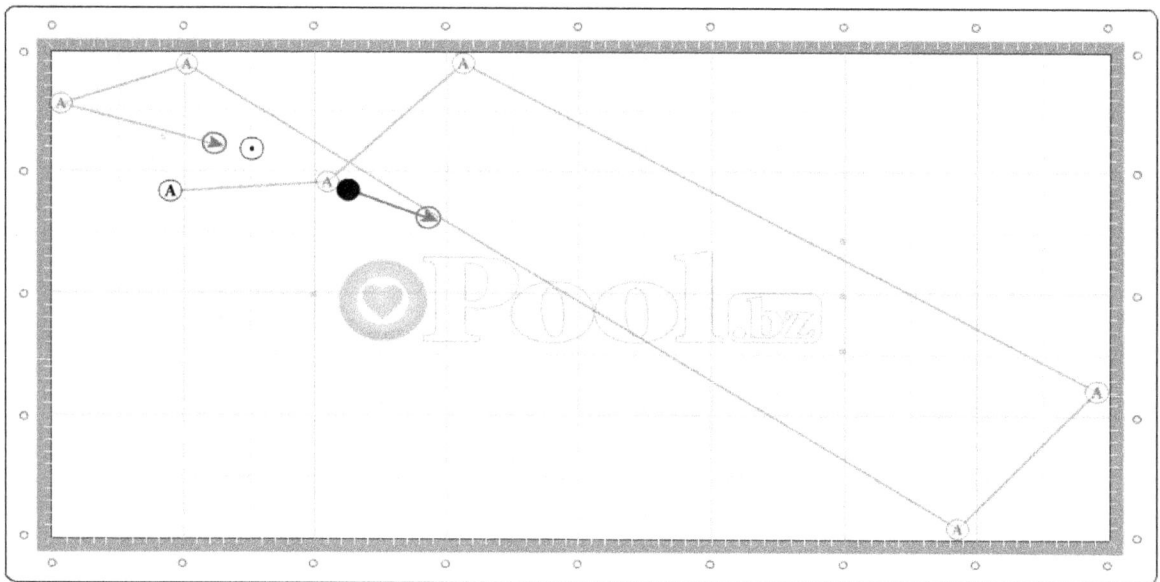

C:4d – Installer

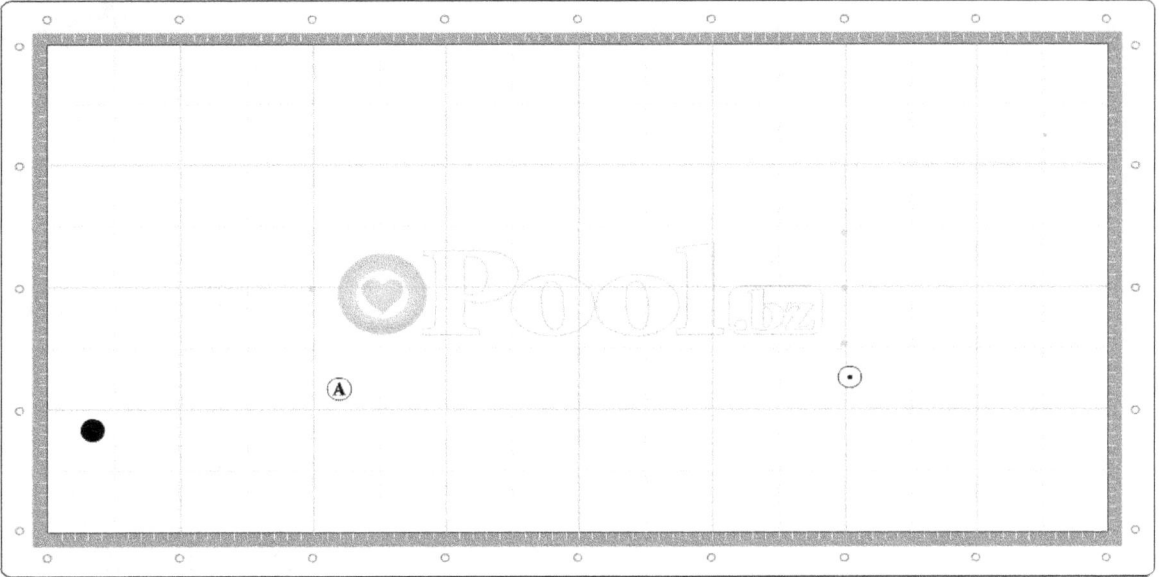

Notes et idées:

Modèle de balle

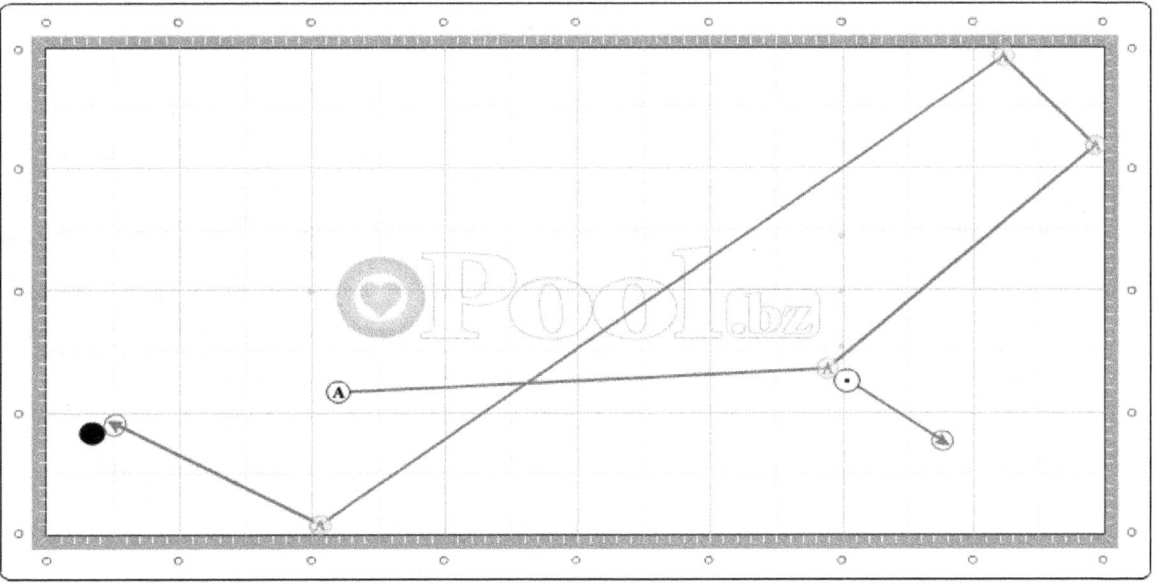

C: Groupe 5

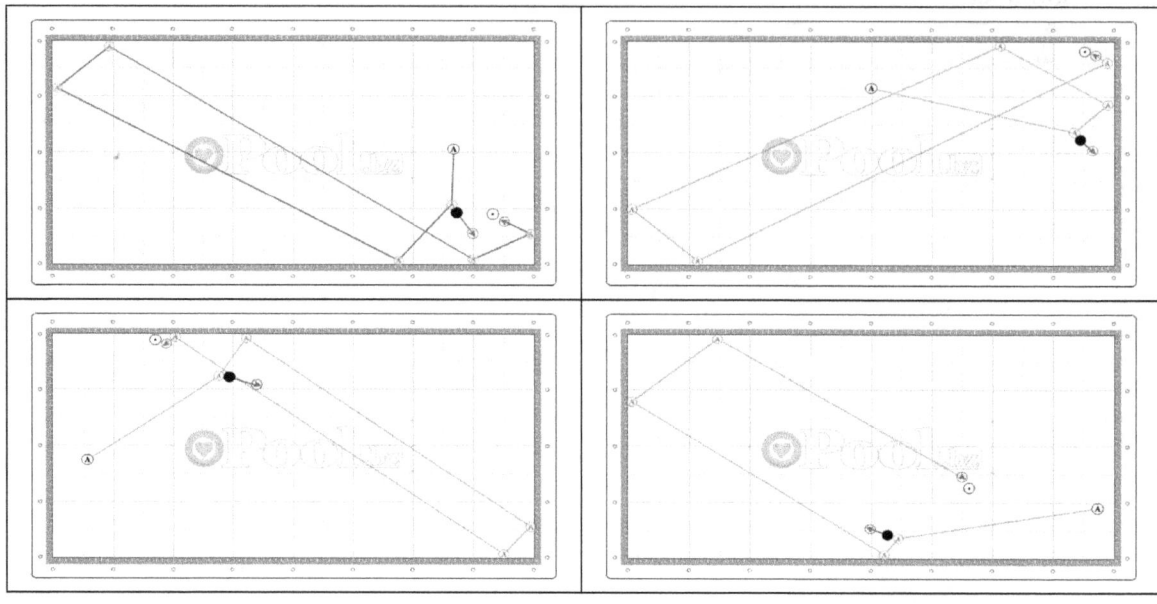

Une analyse:

C:5a. _____

C:5b. _____

C:5c. _____

C:5d. _____

C:5a – Installer

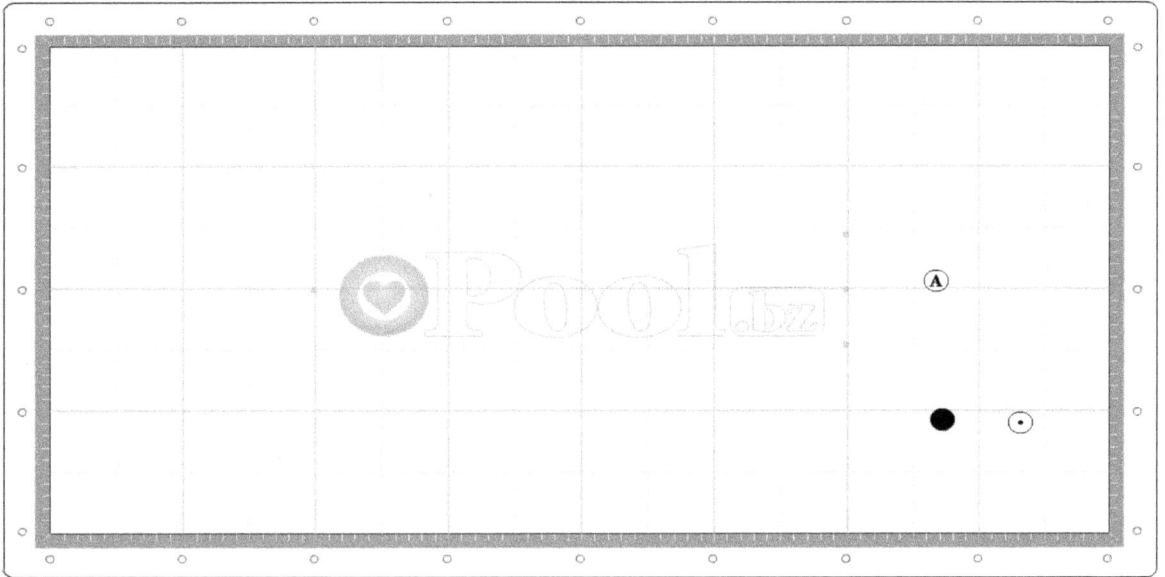

Notes et idées:

Modèle de balle

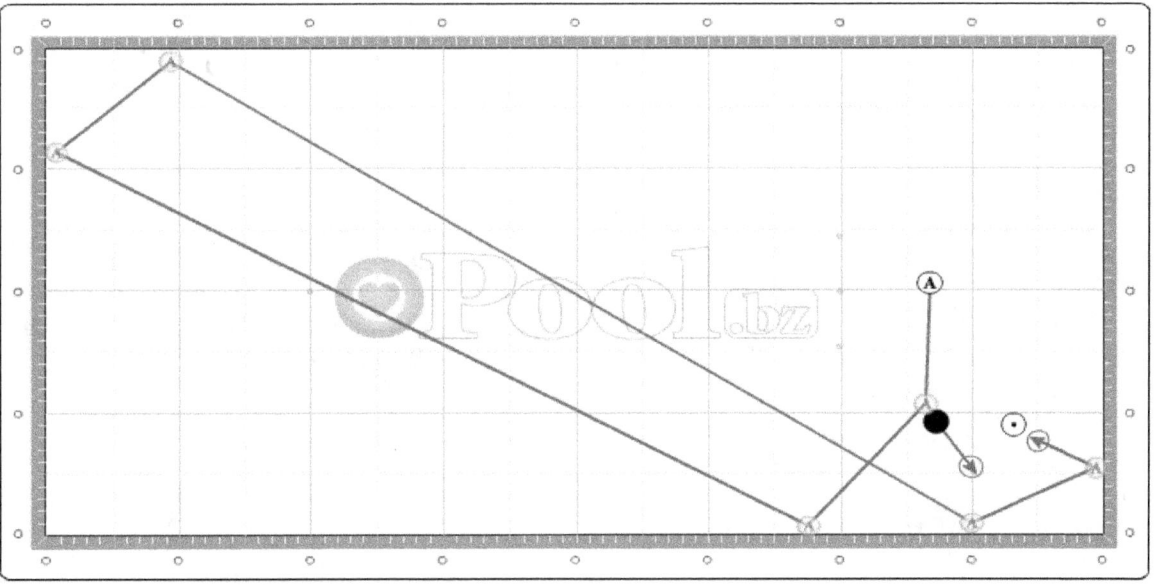

C:5b – Installer

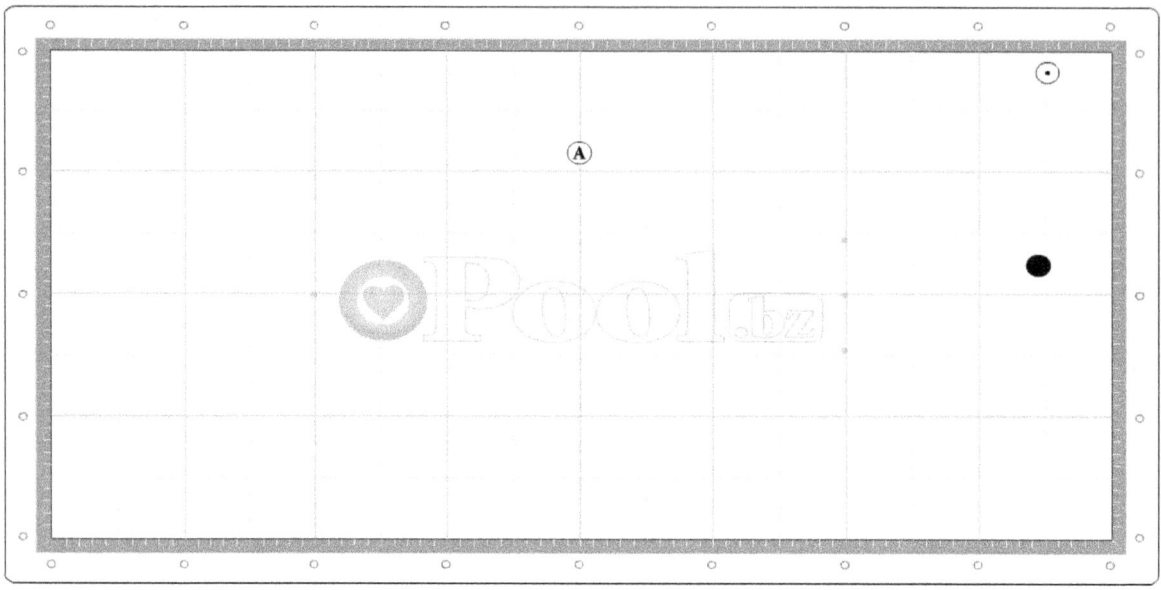

Notes et idées:

Modèle de balle

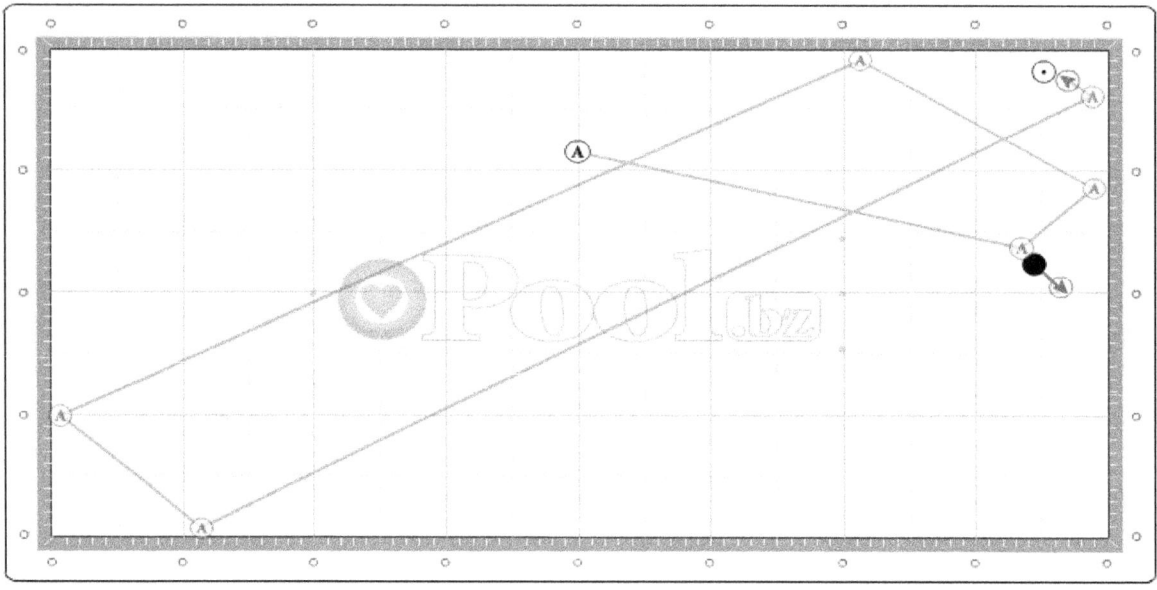

C:5c – Installer

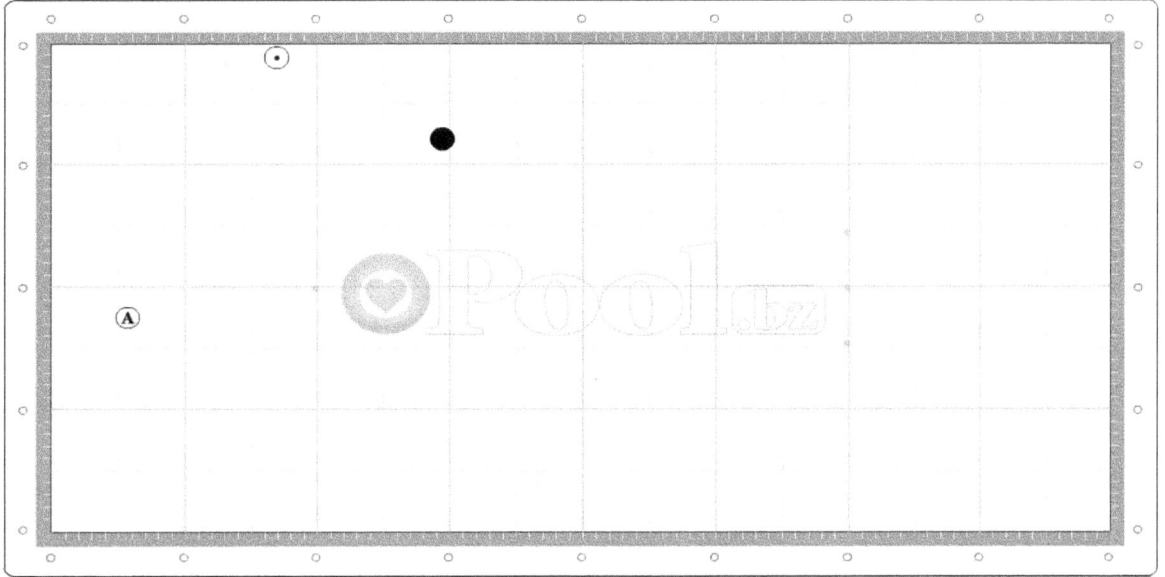

Notes et idées:

Modèle de balle

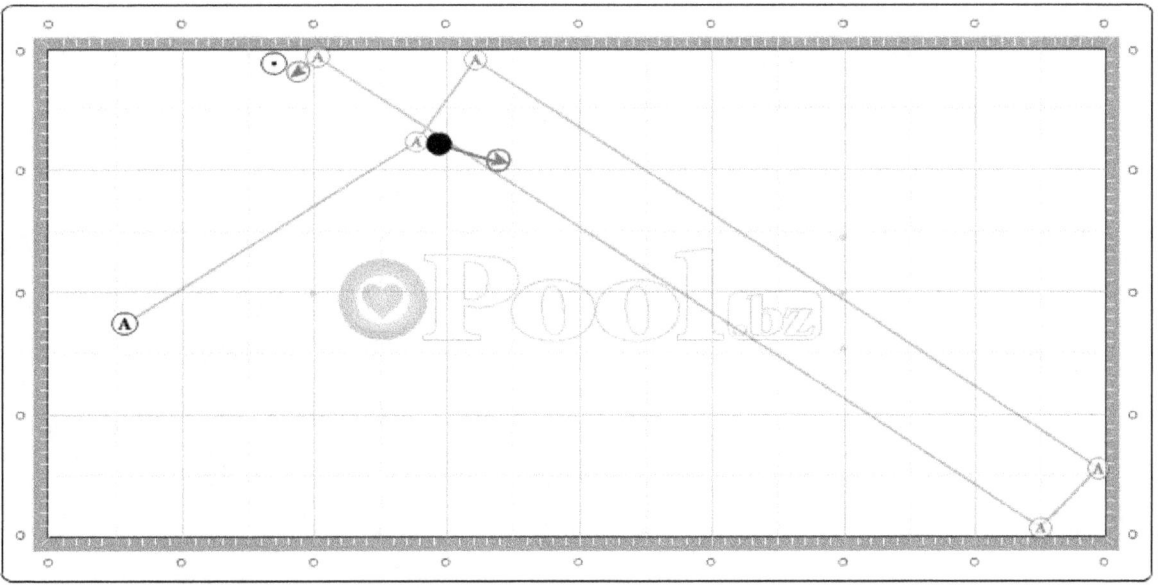

C:5d – Installer

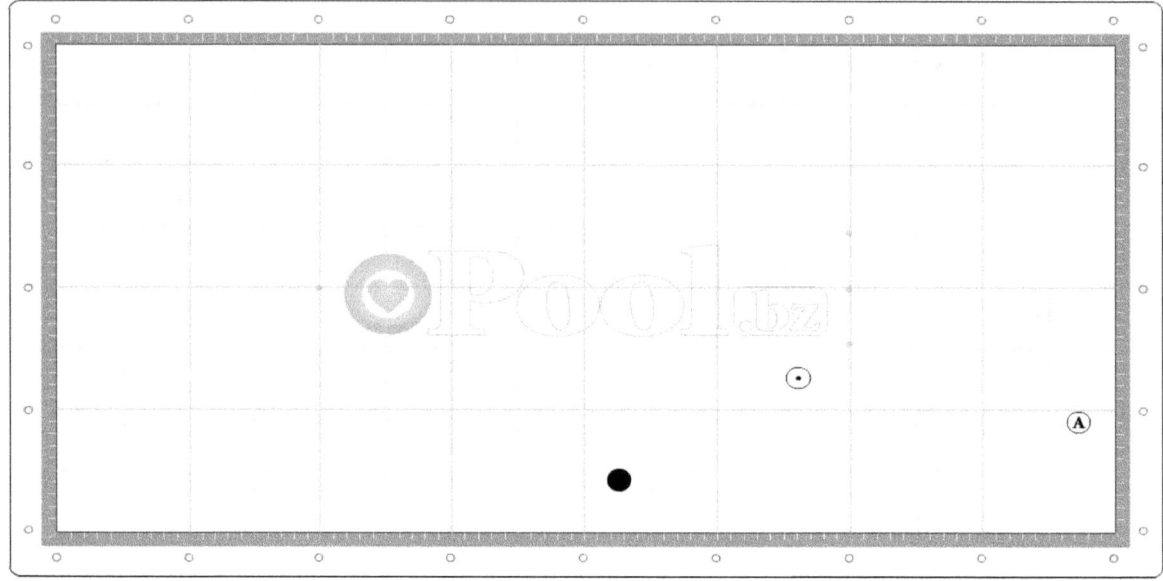

Notes et idées:

Modèle de balle

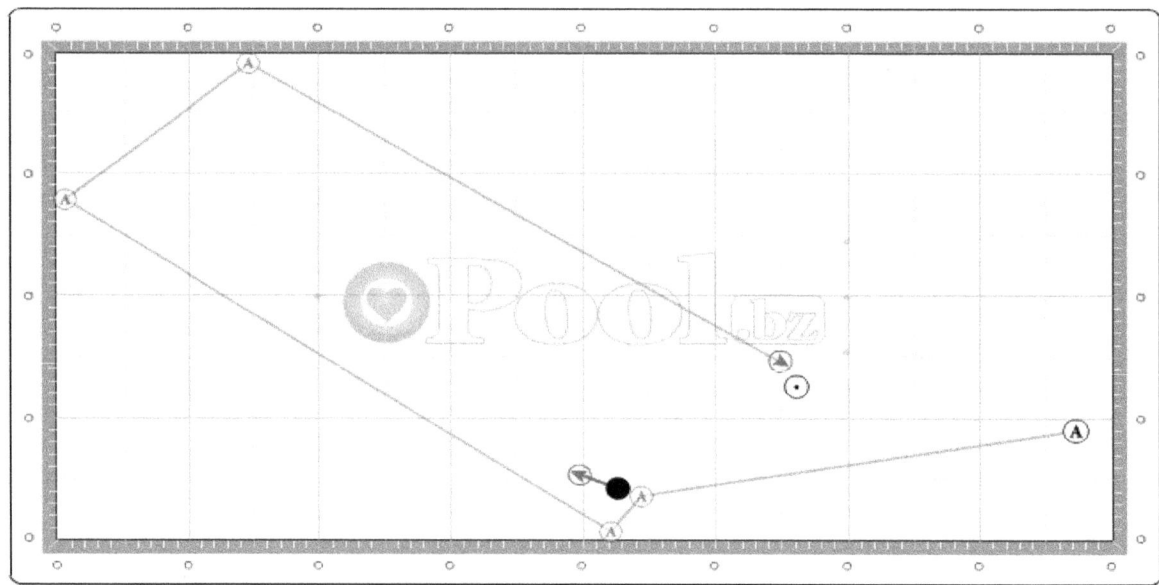

D: Doubles diagonales

Le (CB) sort du premier (OB) dans l'un des coins. Il sort et se dirige vers le coin opposé. Les chemins entrants et sortants ne sont pas parallèles.

Ⓐ (CB) (votre balle) - ⊙ (OB) (balle de l'adversaire) – ● (OB) Balle rouge

D: Groupe 1

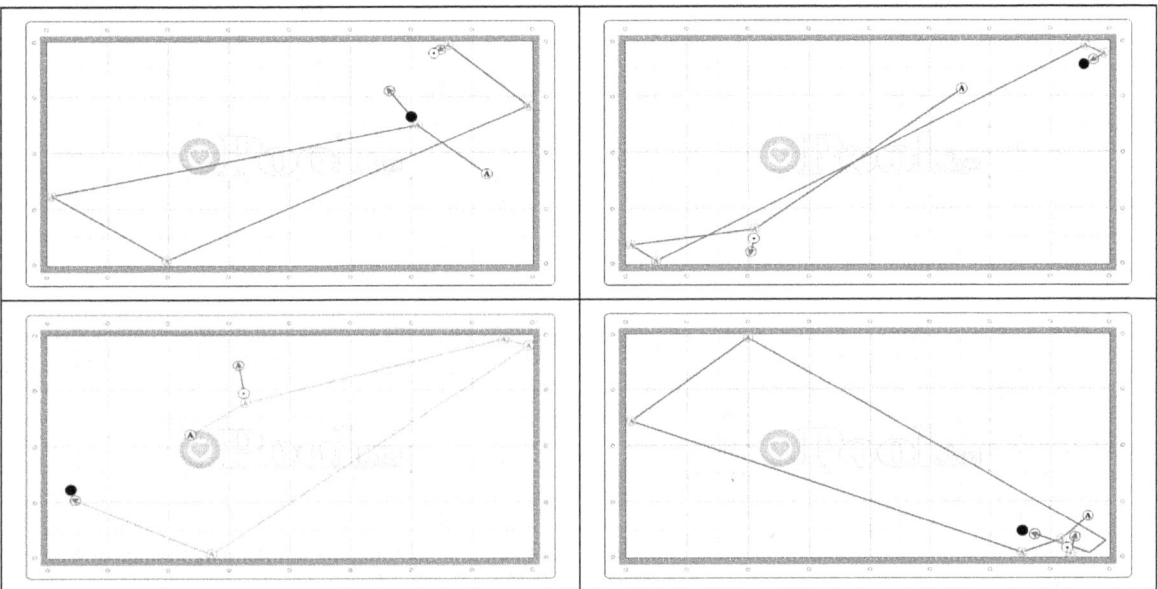

Une analyse:

D:1a. _____

D:1b. _____

D:1c. _____

D:1d. _____

Billar tres bandas: Modèles diagonaux d'angle à angle

D:1a – Installer

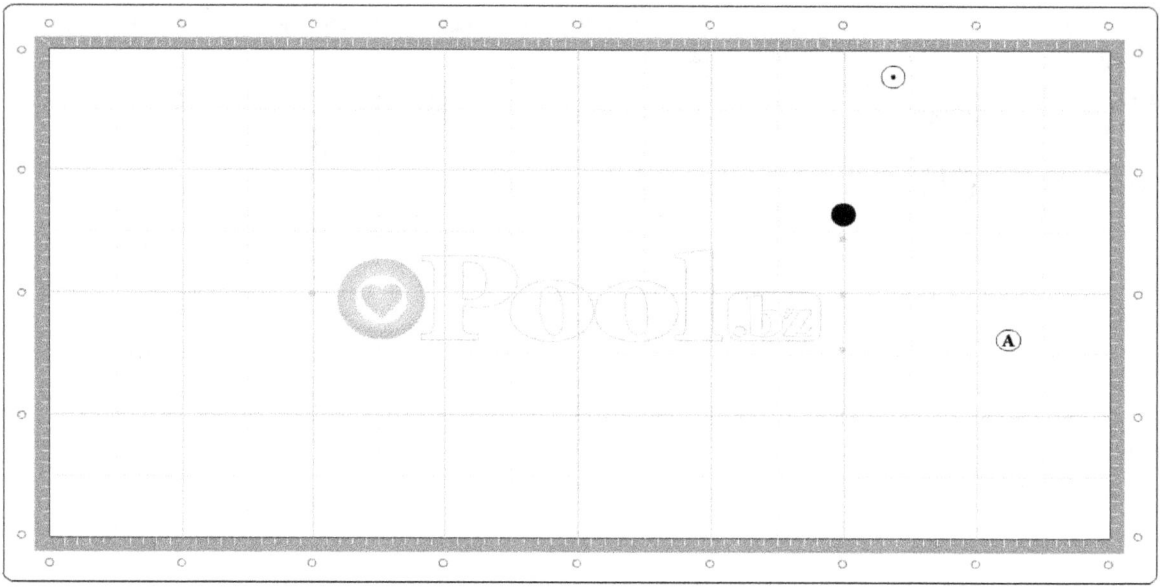

Notes et idées:

Modèle de balle

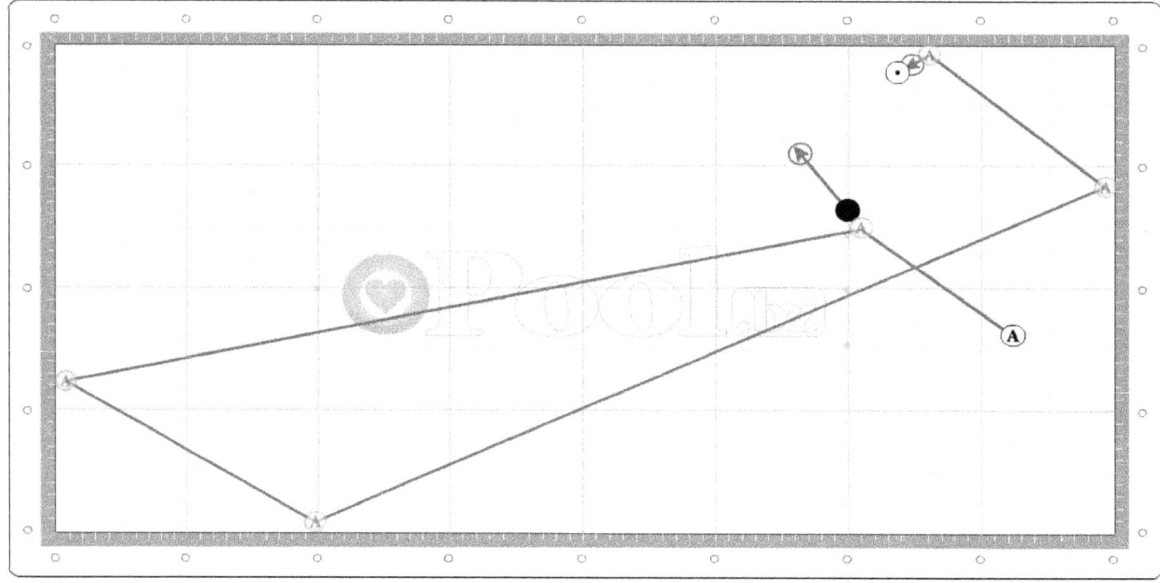

D:1b – Installer

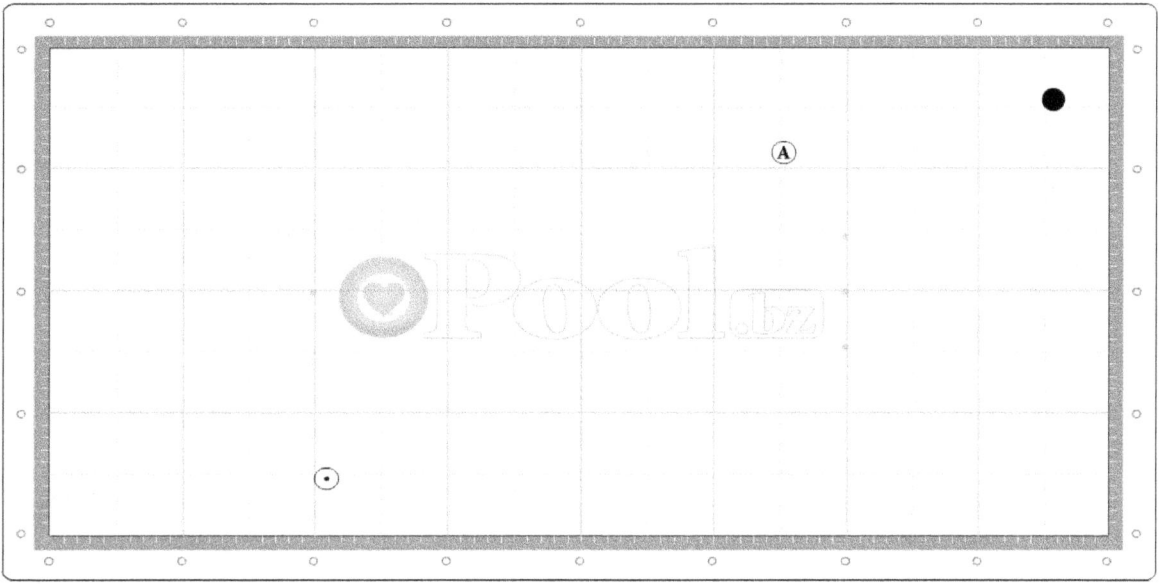

Notes et idées:

Modèle de balle

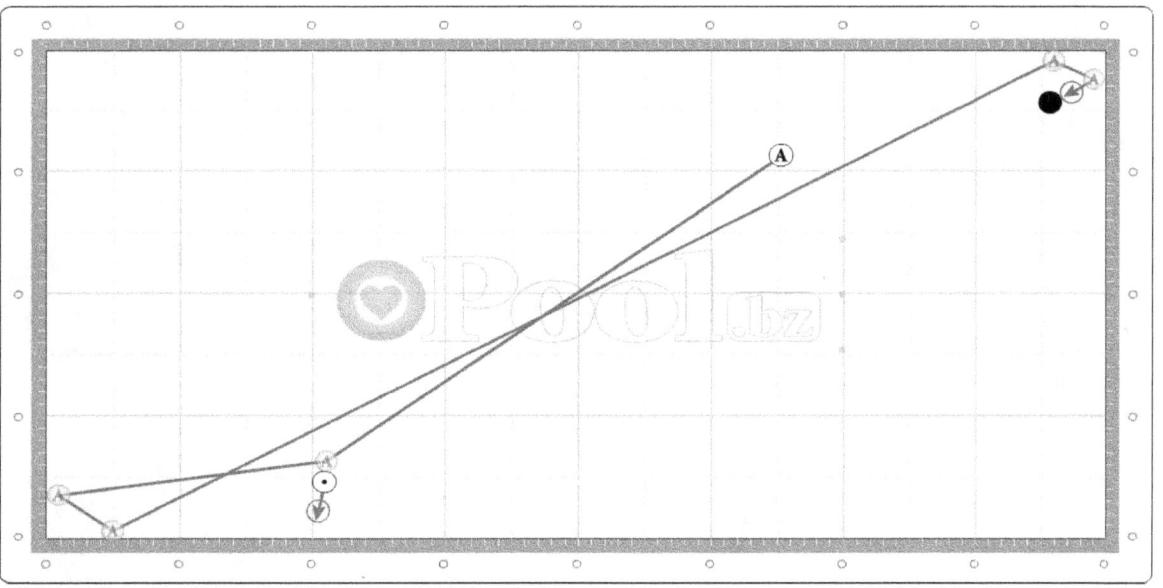

D:1c – Installer

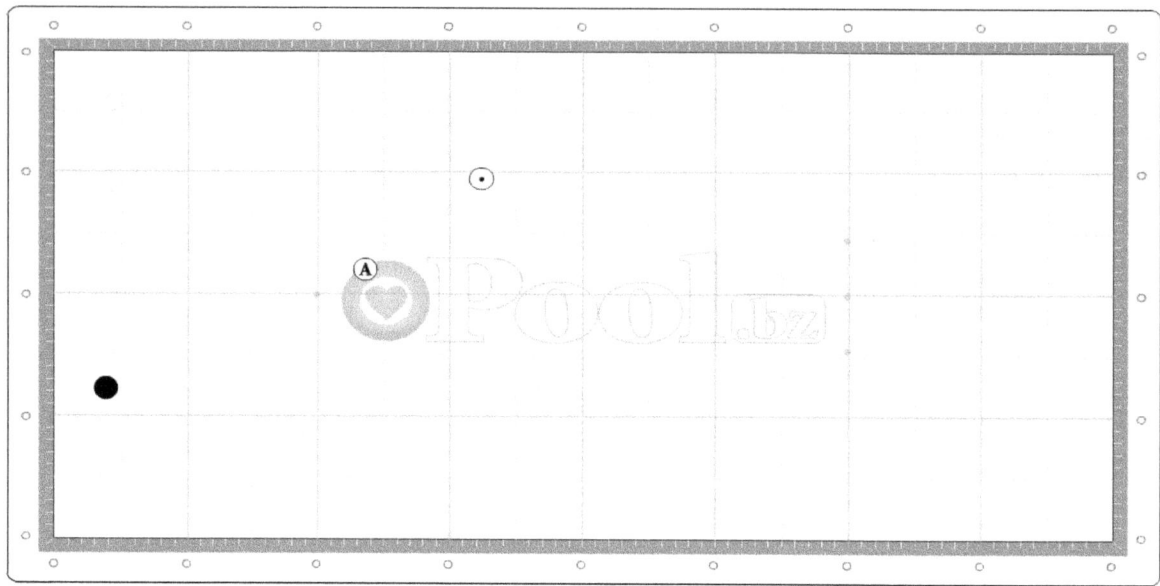

Notes et idées:

Modèle de balle

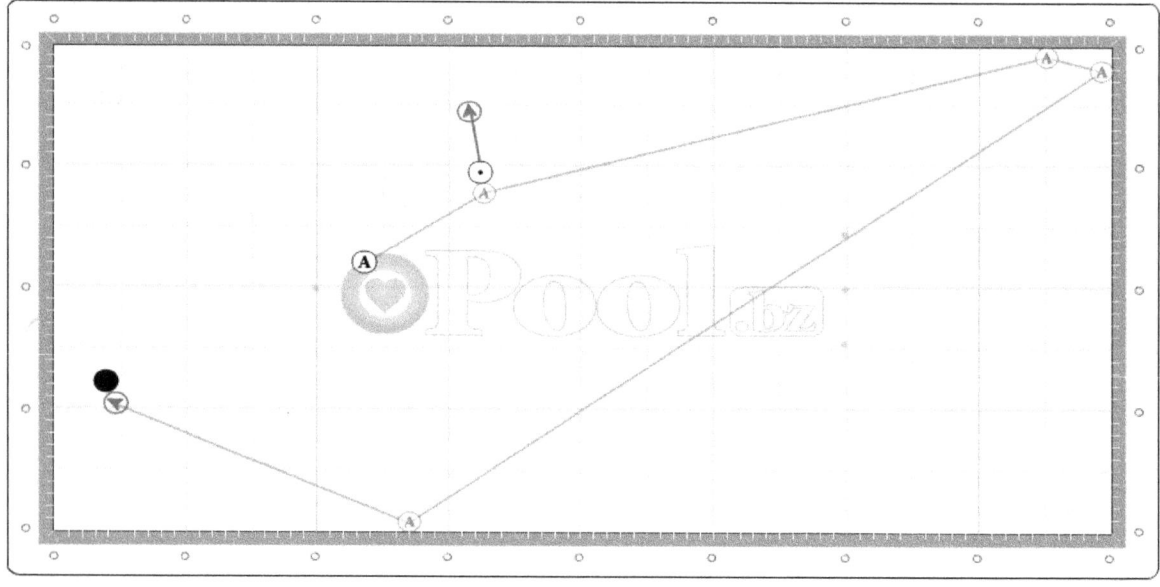

D:1d – Installer

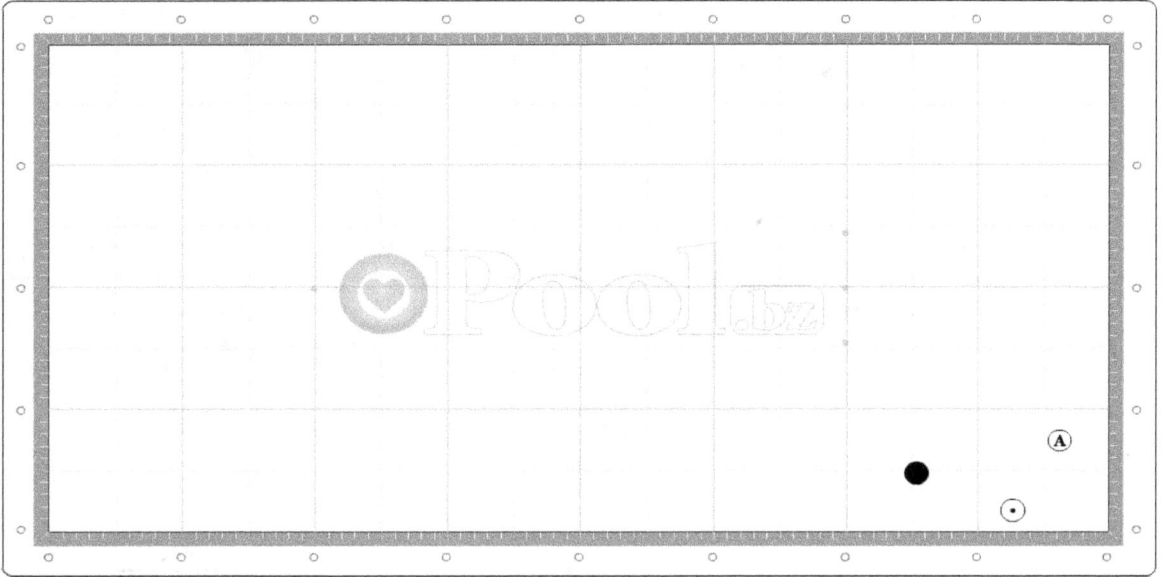

Notes et idées:

Modèle de balle

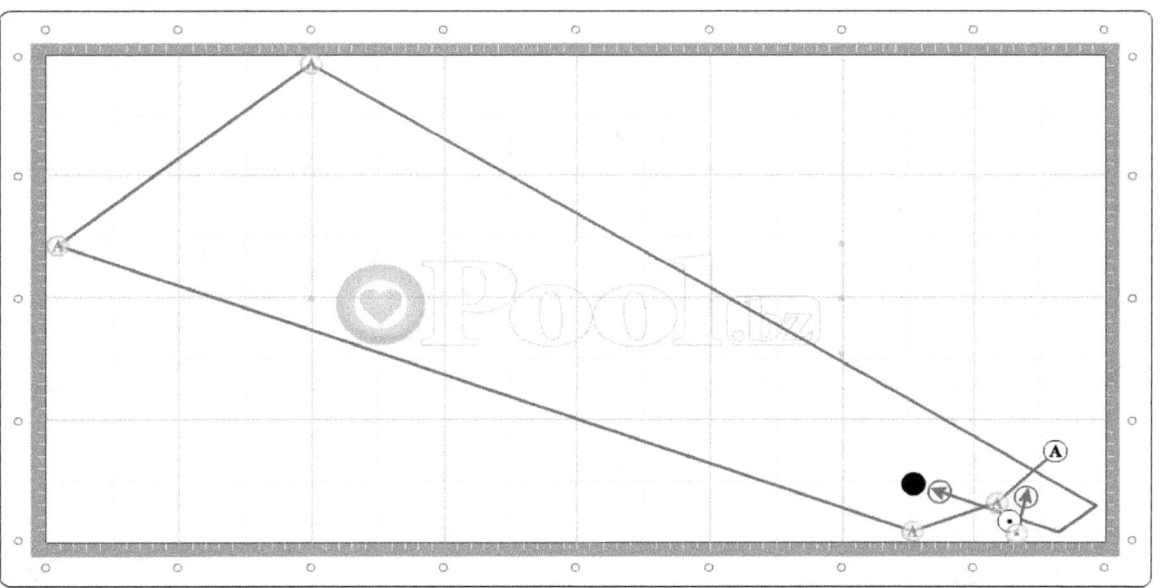

D: Groupe 2

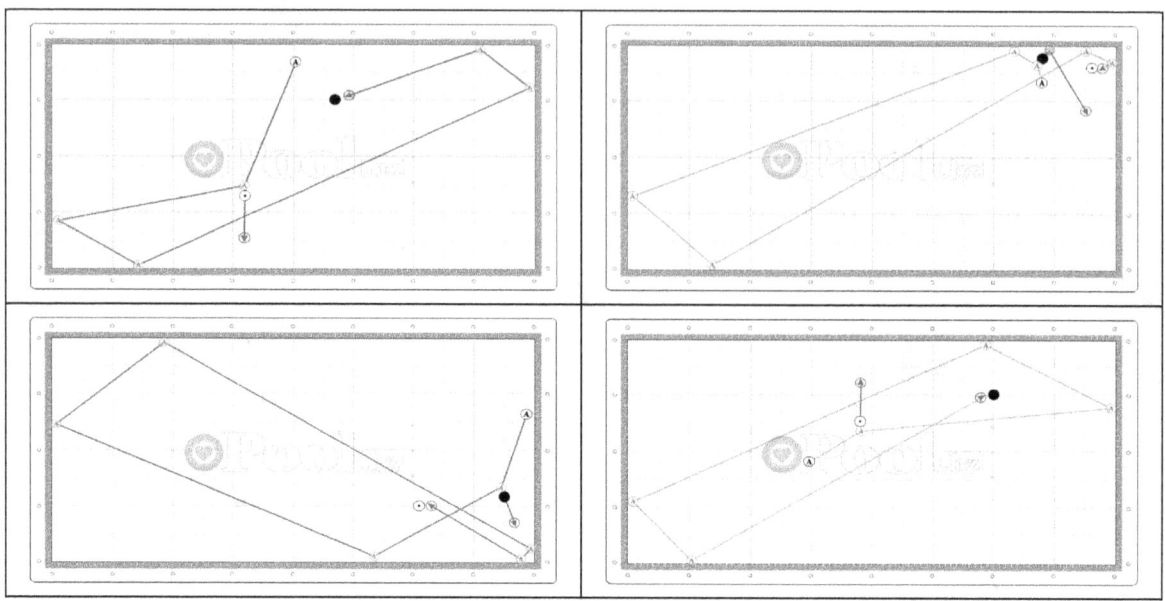

Une analyse:

D:2a. _____

D:2b. _____

D:2c. _____

D:2d. _____

D:2a – Installer

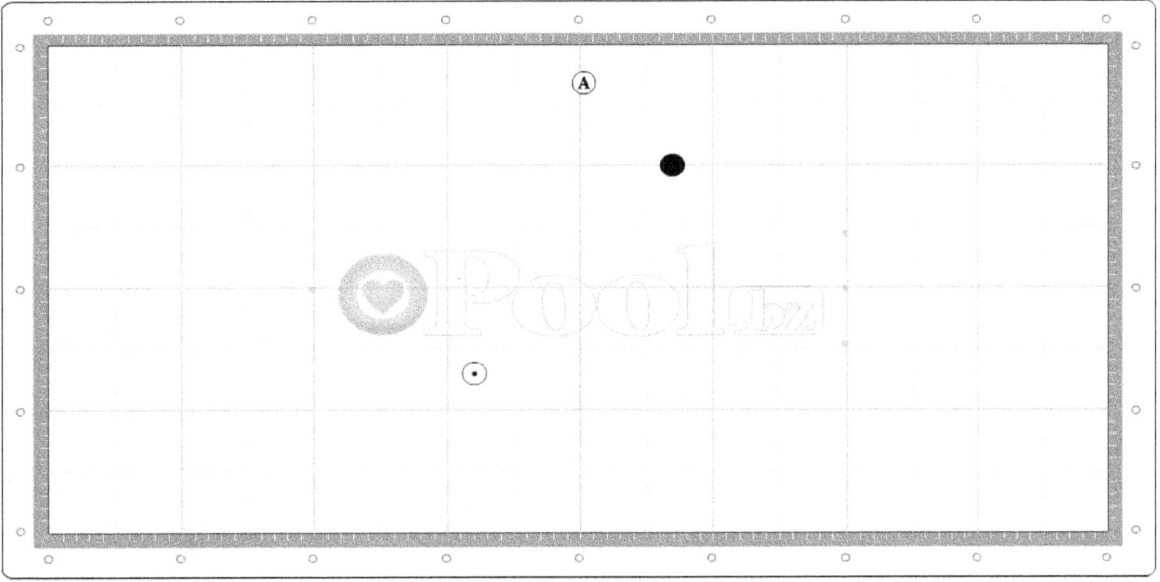

Notes et idées:

Modèle de balle

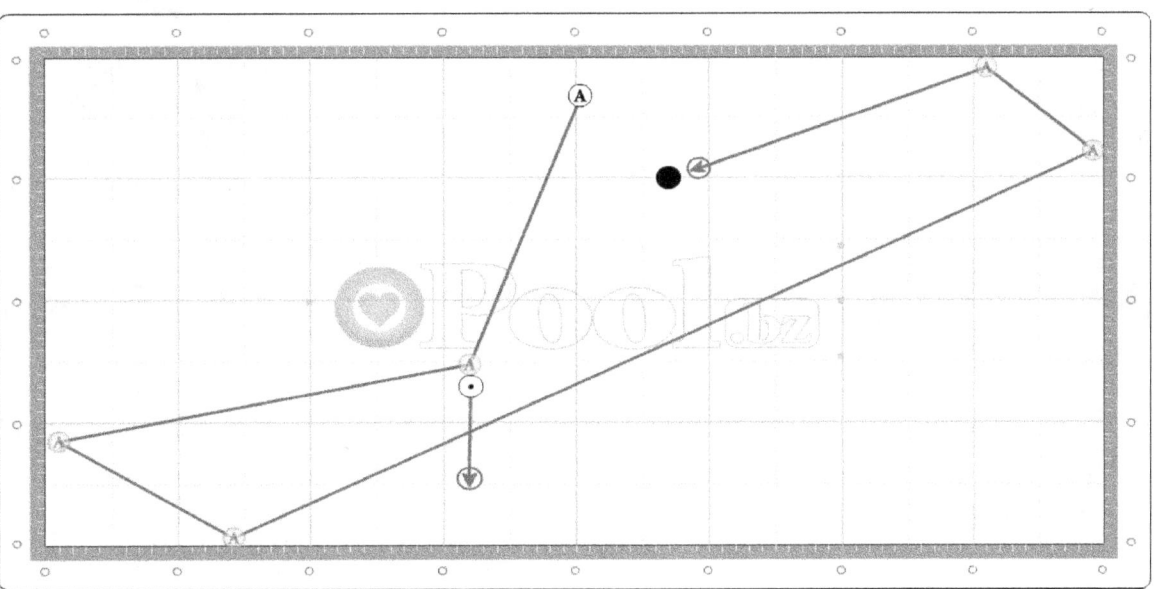

D:2b – Installer

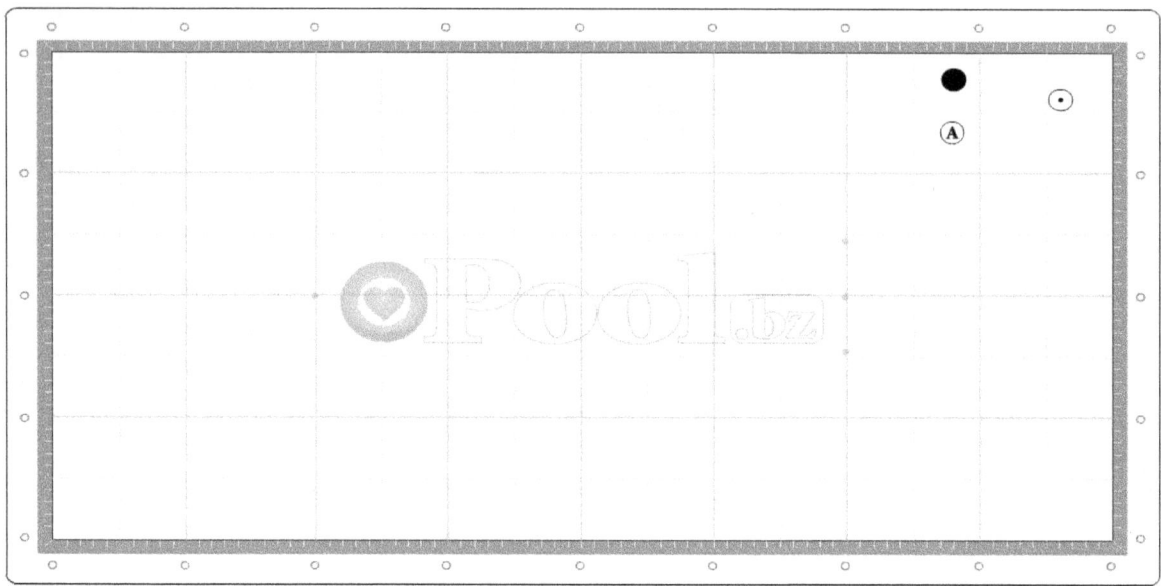

Notes et idées:

Modèle de balle

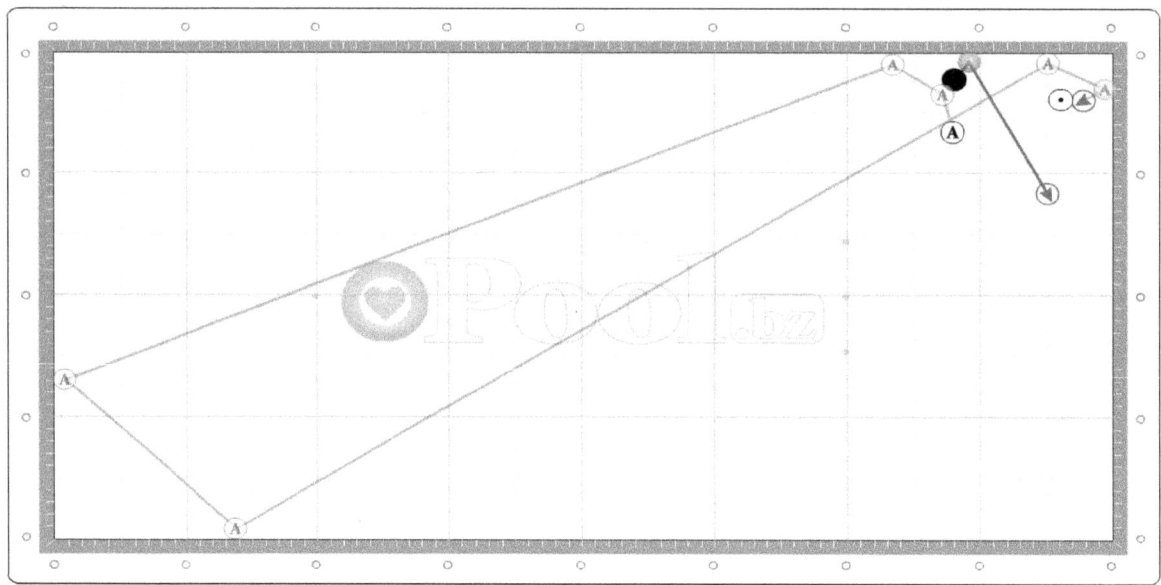

D:2c – Installer

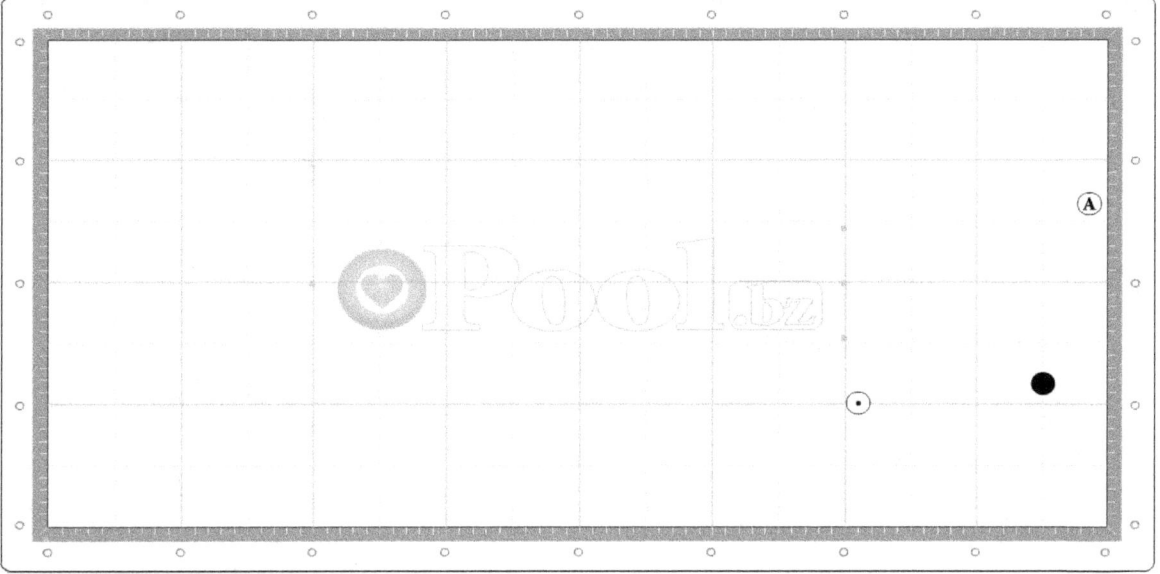

Notes et idées:

Modèle de balle

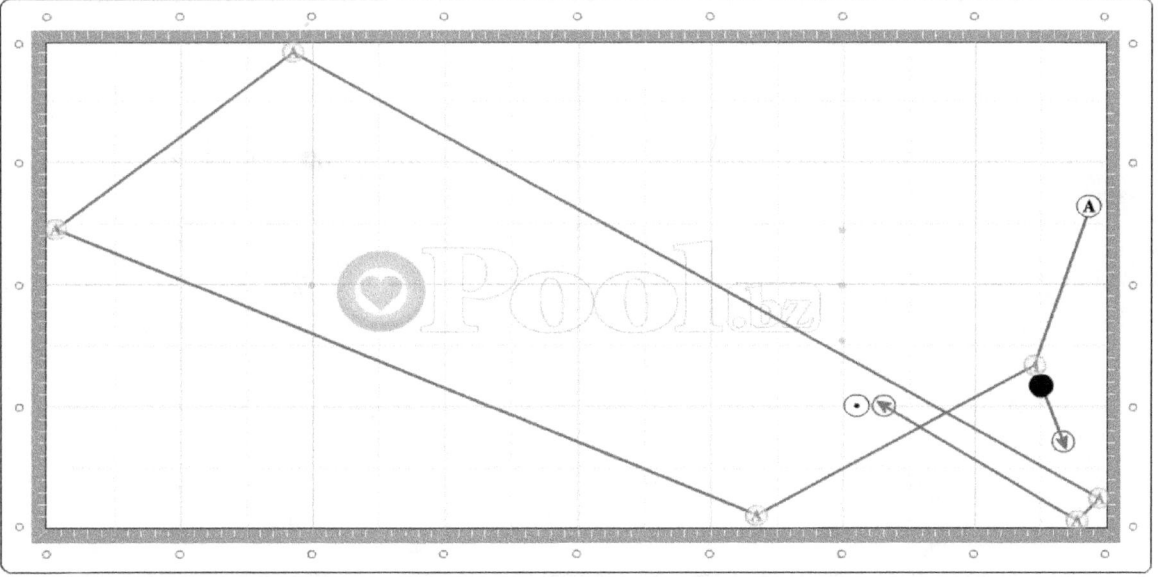

D:2d – Installer

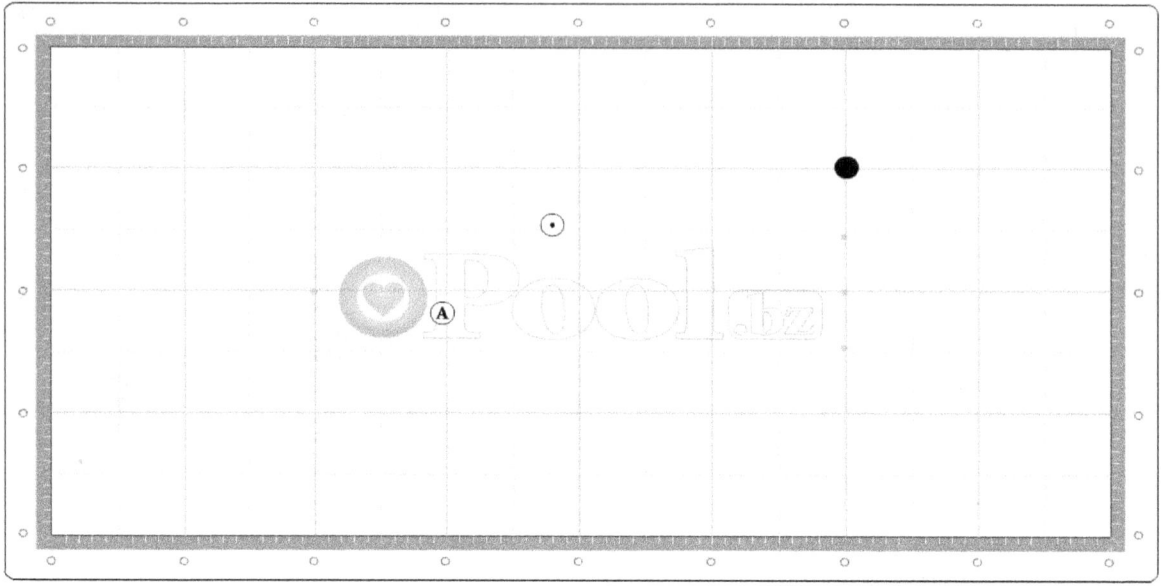

Notes et idées:

Modèle de balle

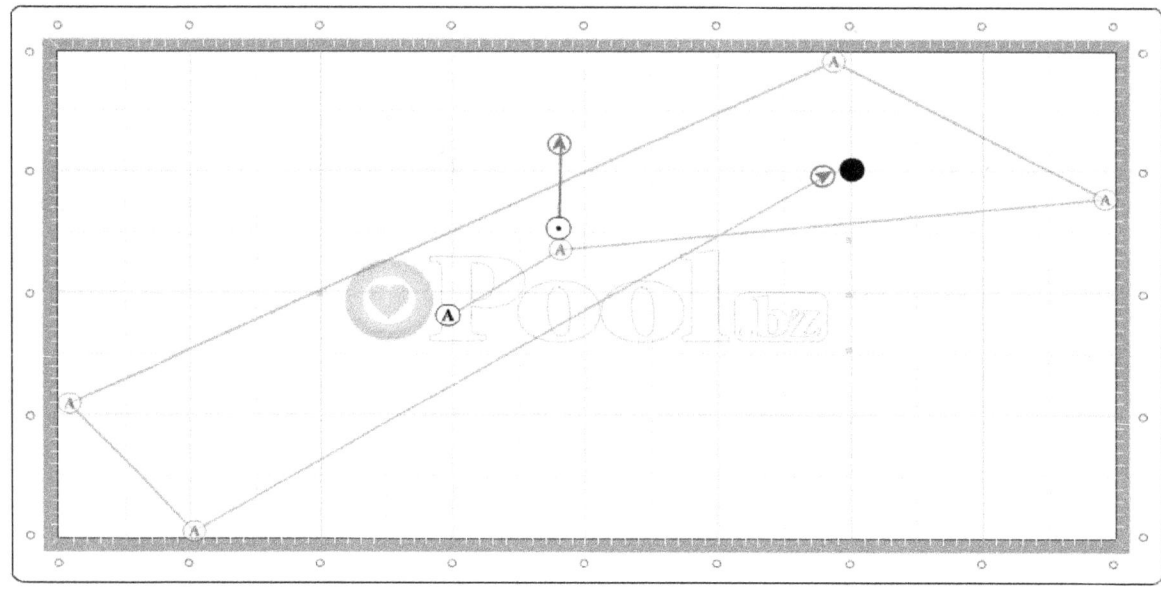

D: Groupe 3

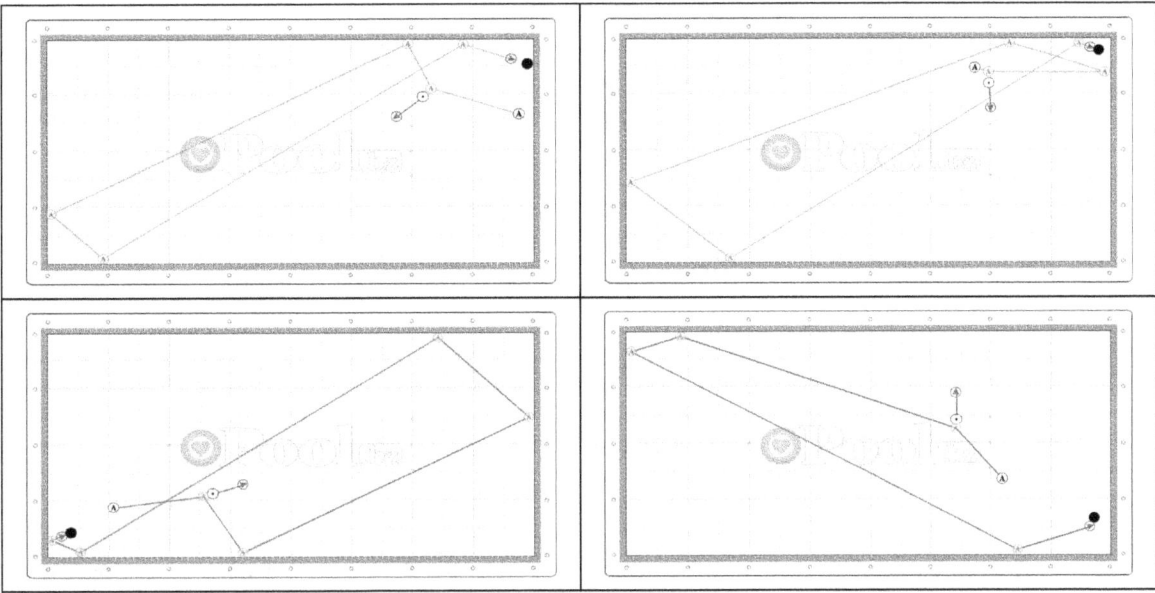

Une analyse:

D:3a. _____

D:3b. _____

D:3c. _____

D:3d. _____

D:3a – Installer

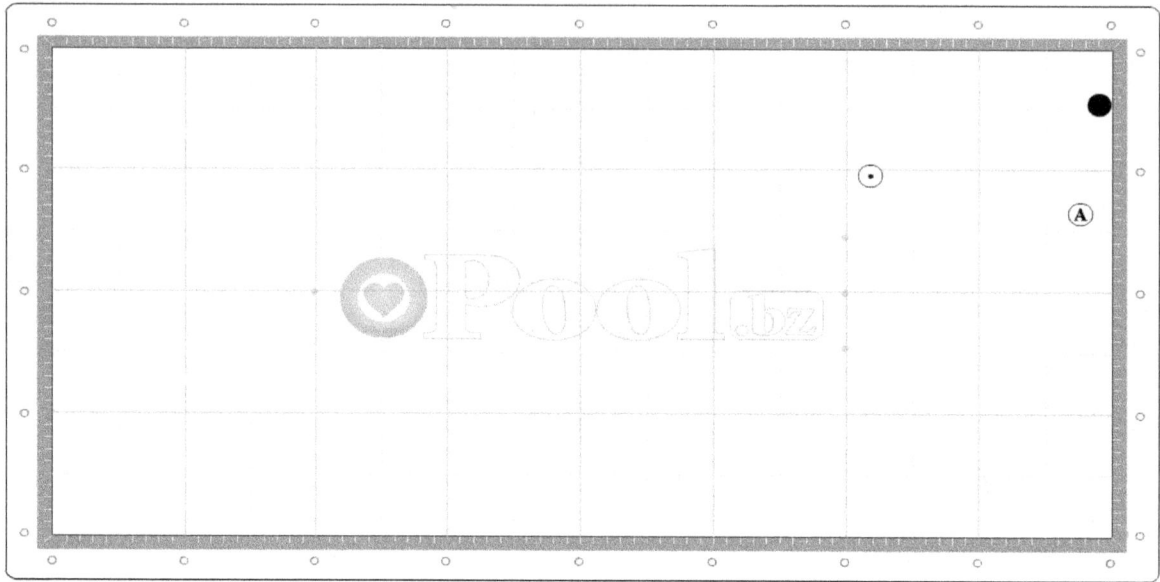

Notes et idées:

Modèle de balle

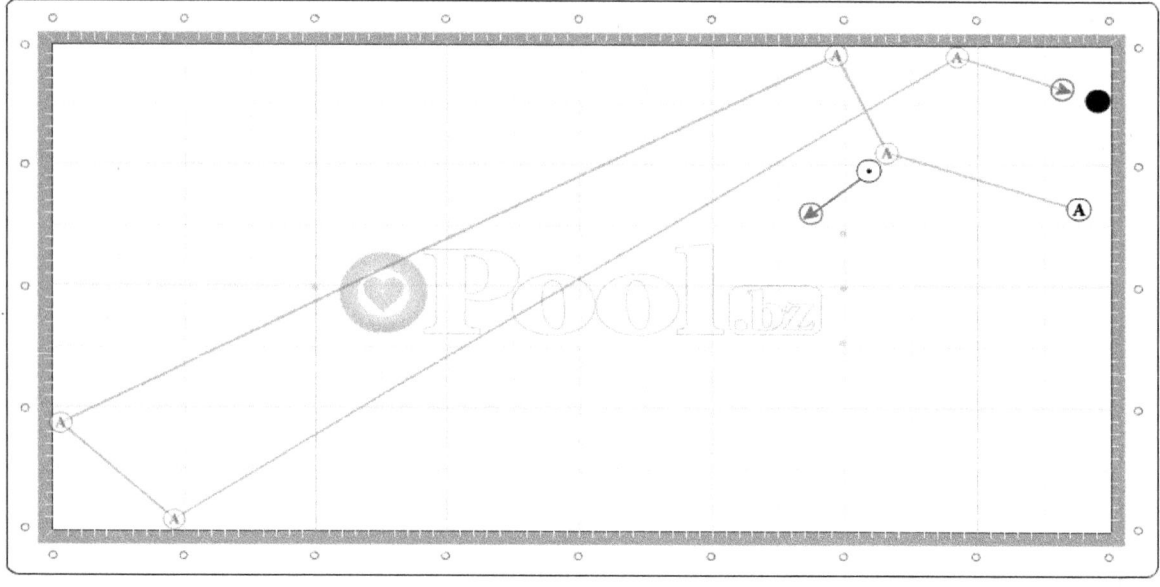

D:3b – Installer

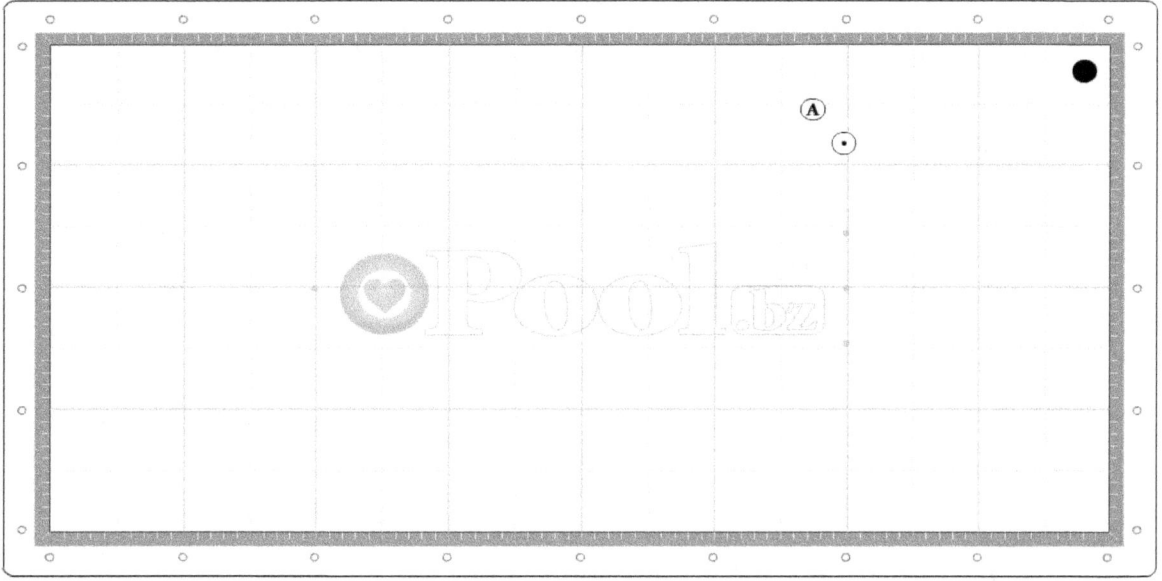

Notes et idées:

Modèle de balle

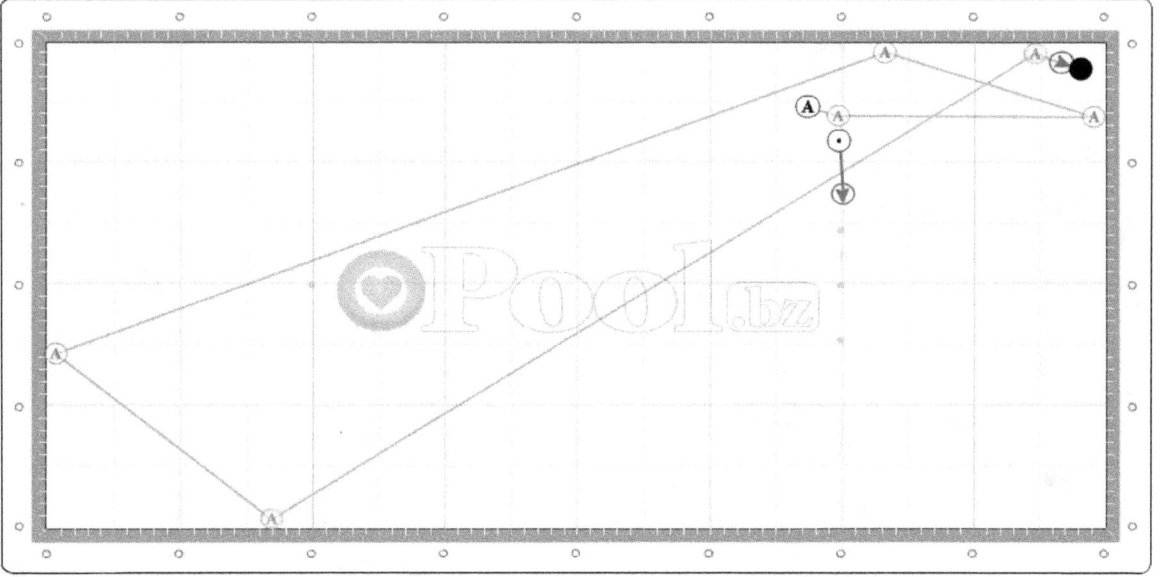

D:3c – Installer

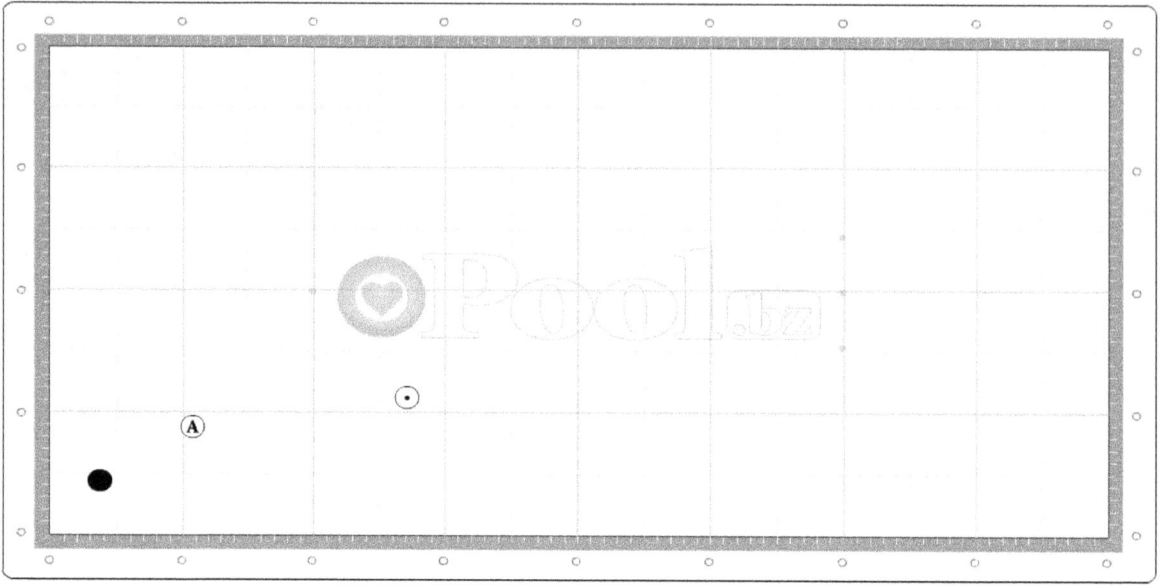

Notes et idées:

Modèle de balle

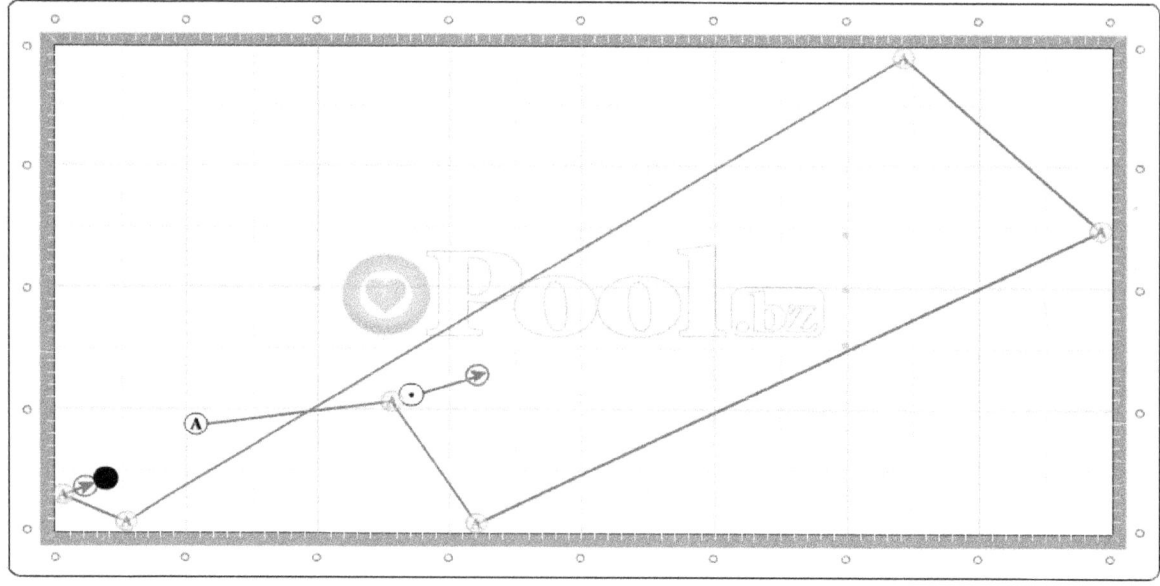

D:3d – Installer

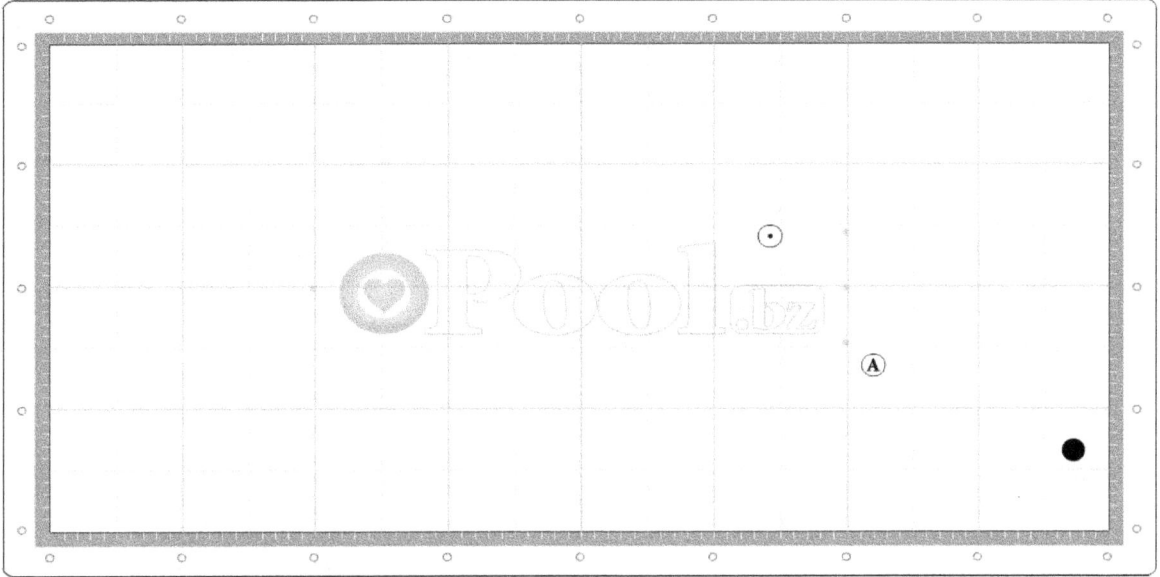

Notes et idées:

Modèle de balle

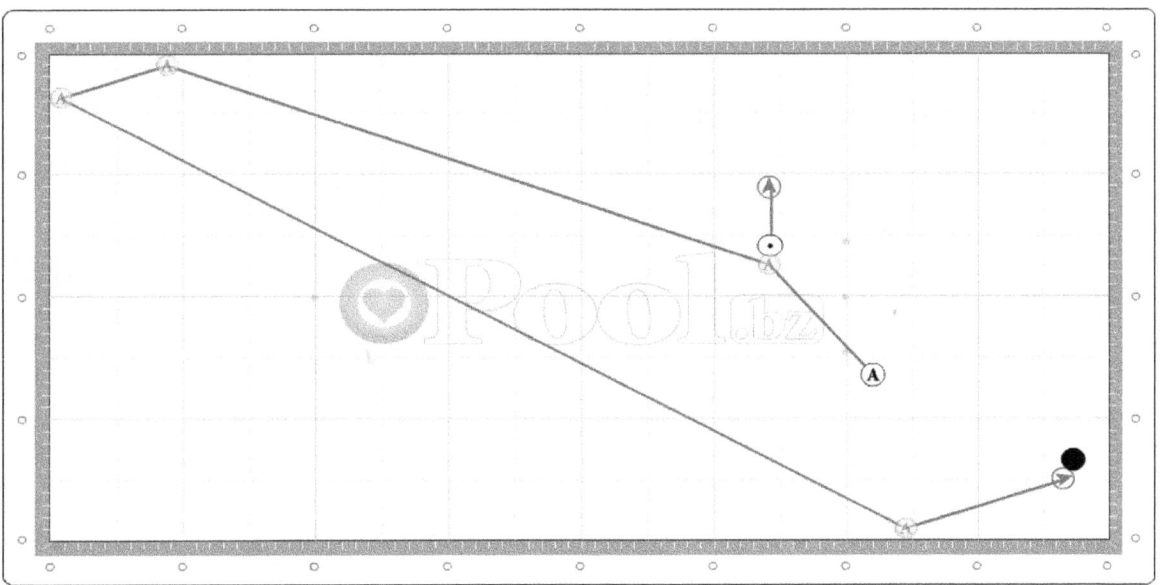

D: Groupe 4

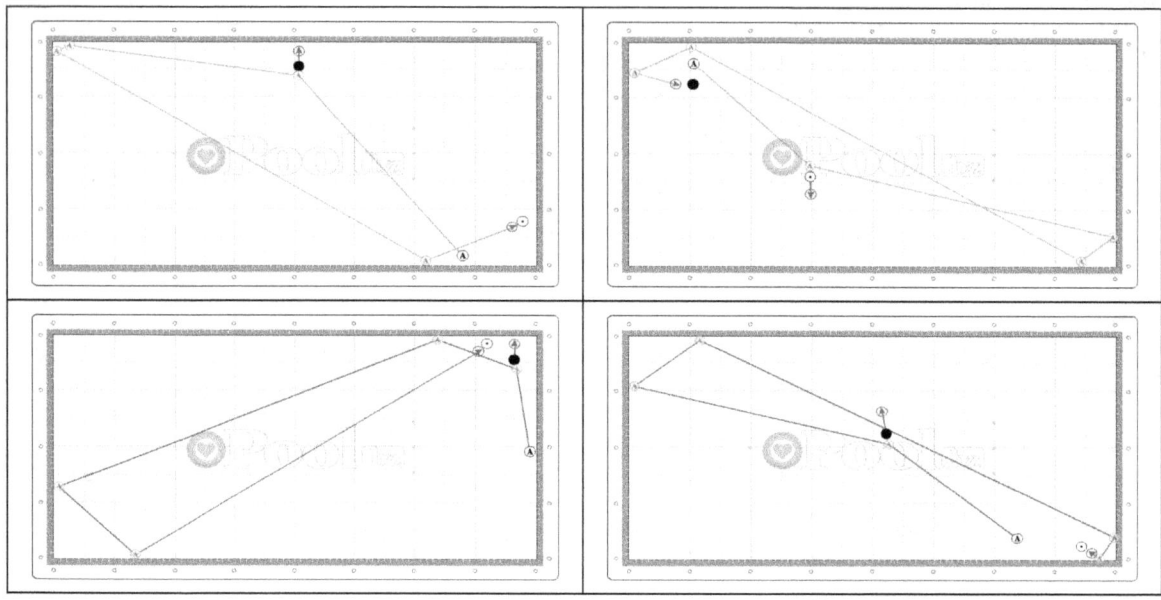

Une analyse:

D:4a. _____

D:4b. _____

D:4c. _____

D:4d. _____

D:4a – Installer

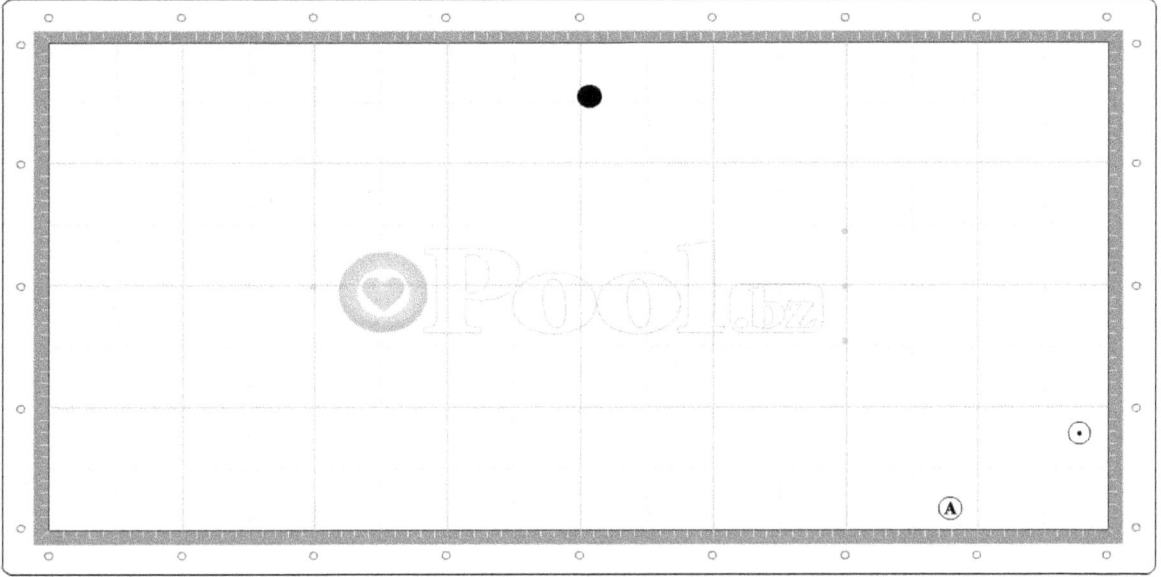

Notes et idées:

Modèle de balle

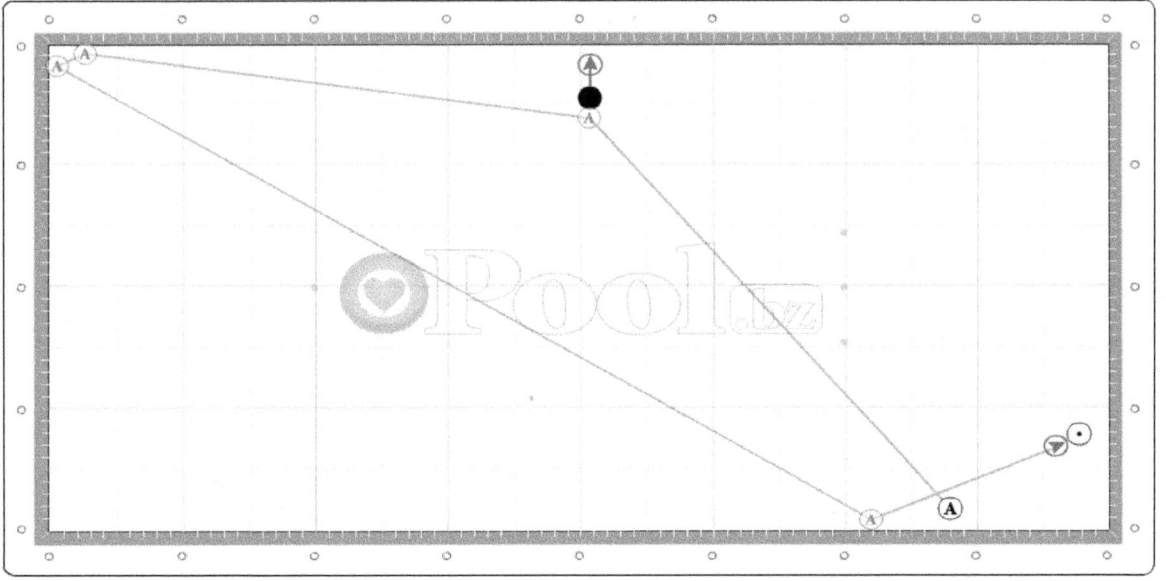

D:4b – Installer

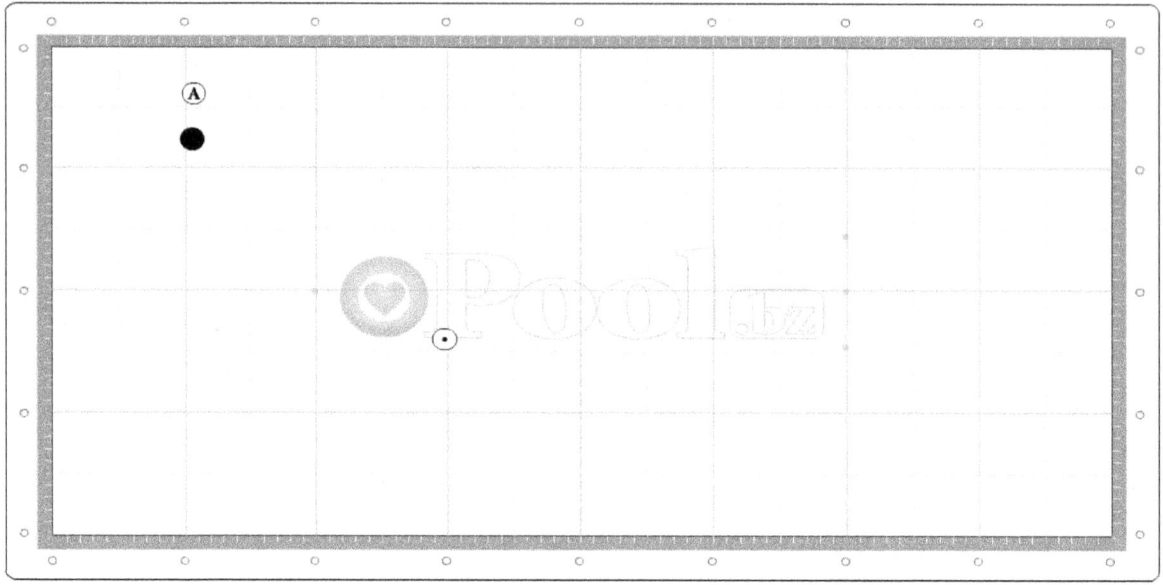

Notes et idées:

Modèle de balle

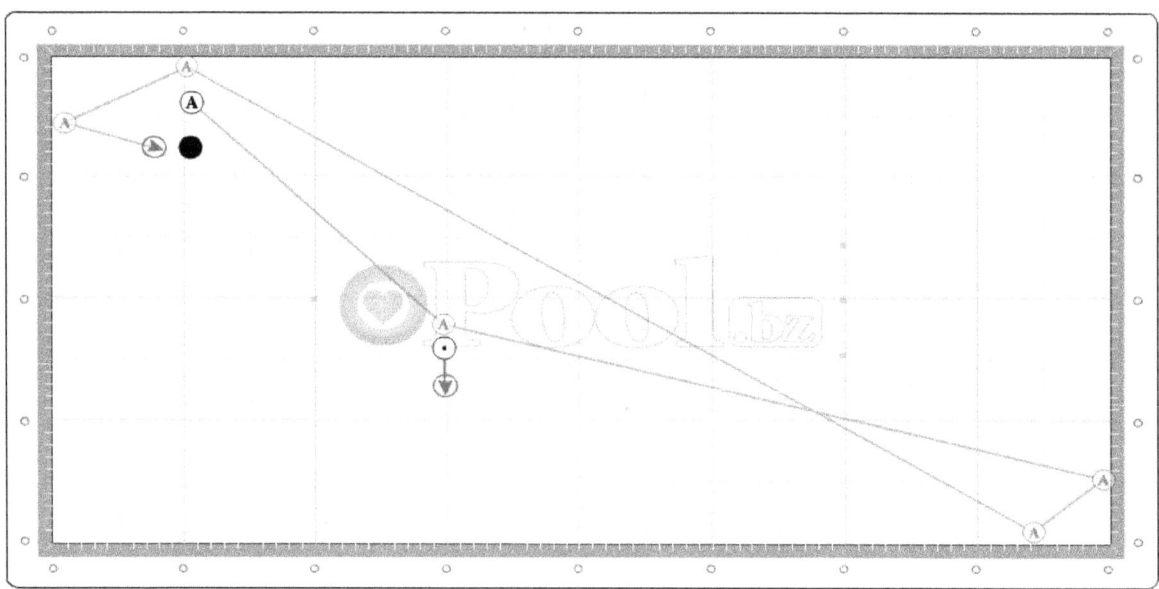

D:4c – Installer

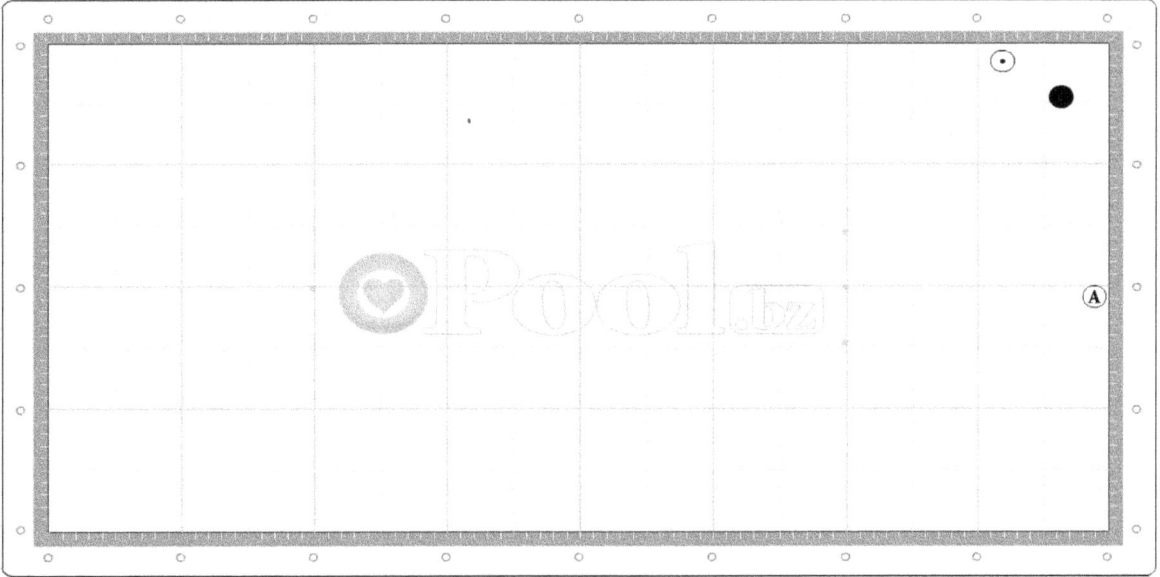

Notes et idées:

Modèle de balle

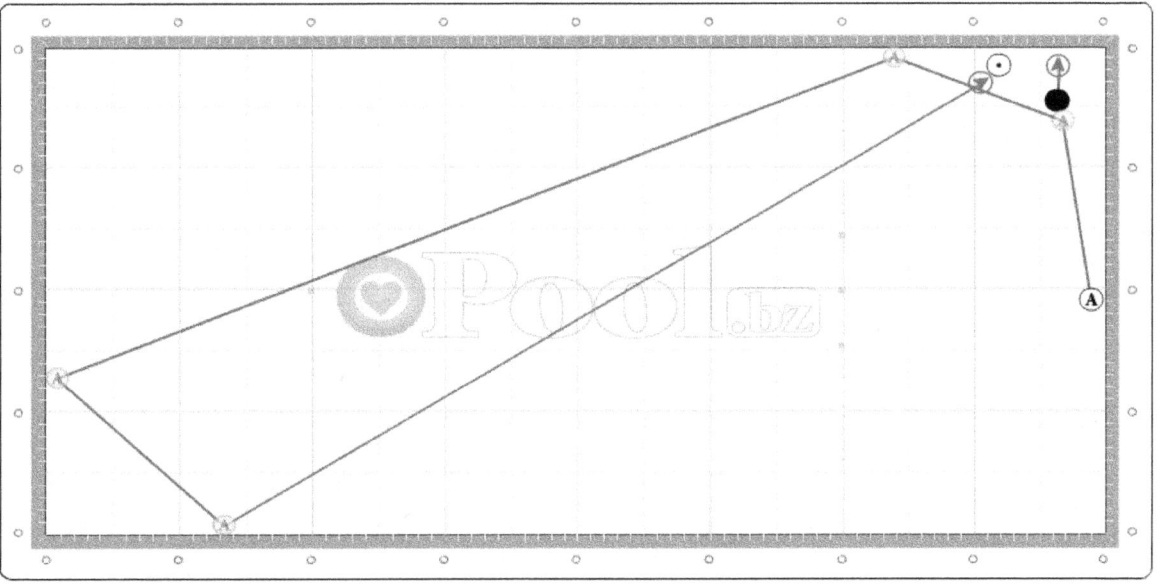

D:4d – Installer

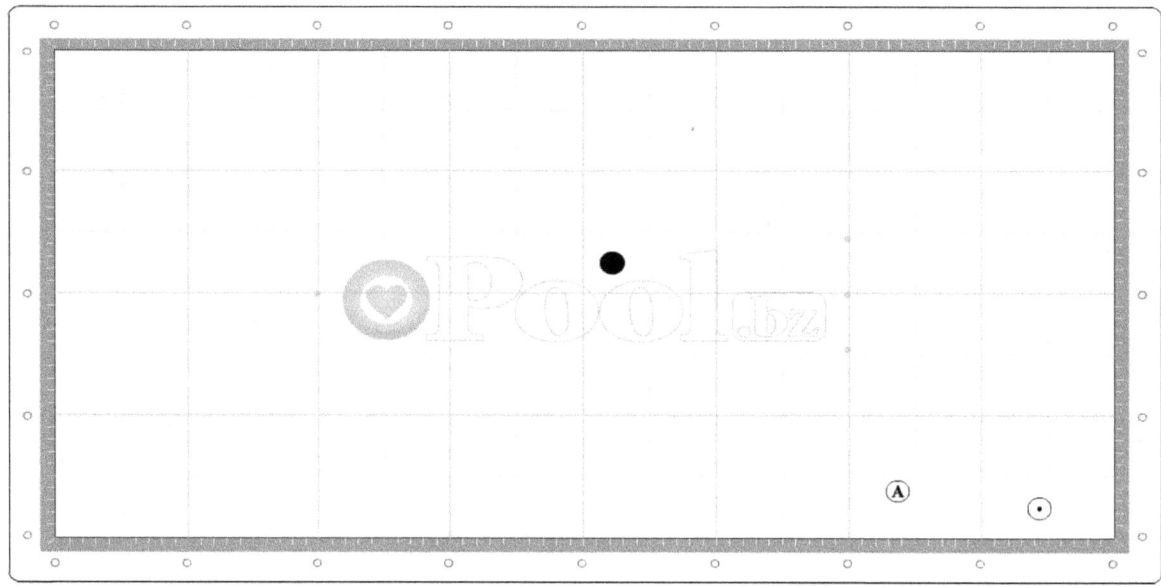

Notes et idées:

Modèle de balle

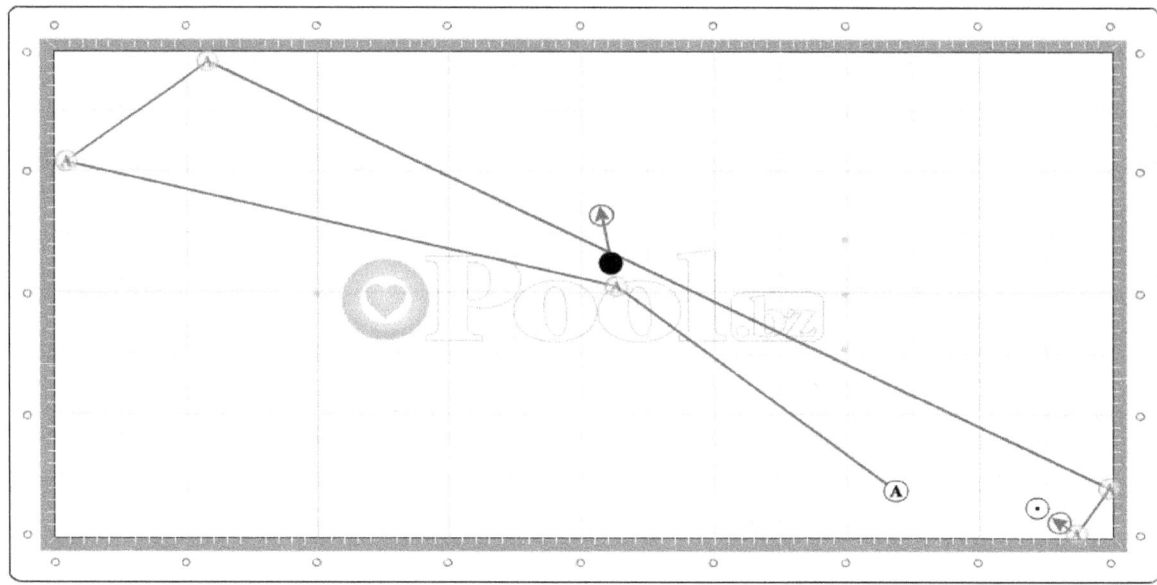

D: Groupe 5

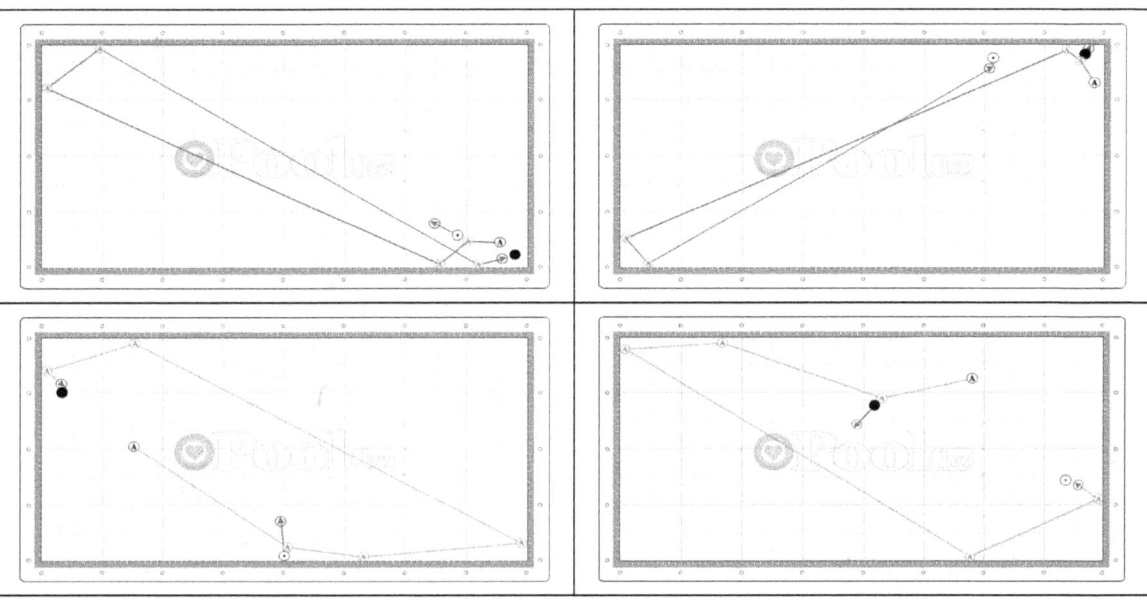

Une analyse:

D:5a. _____

D:5b. _____

D:5c. _____

D:5d. _____

D:5a – Installer

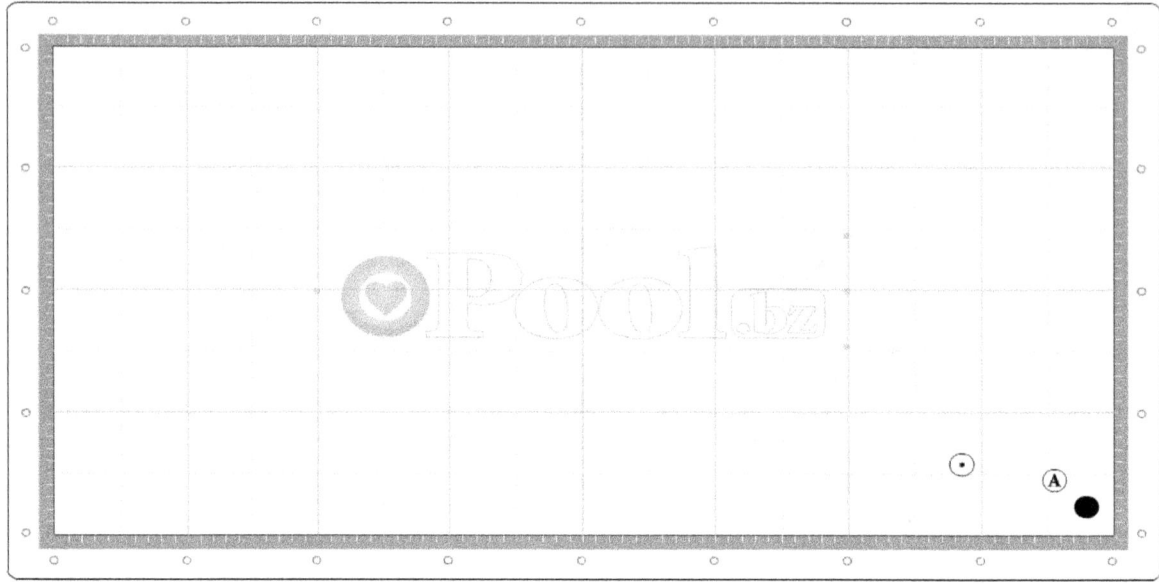

Notes et idées:

Modèle de balle

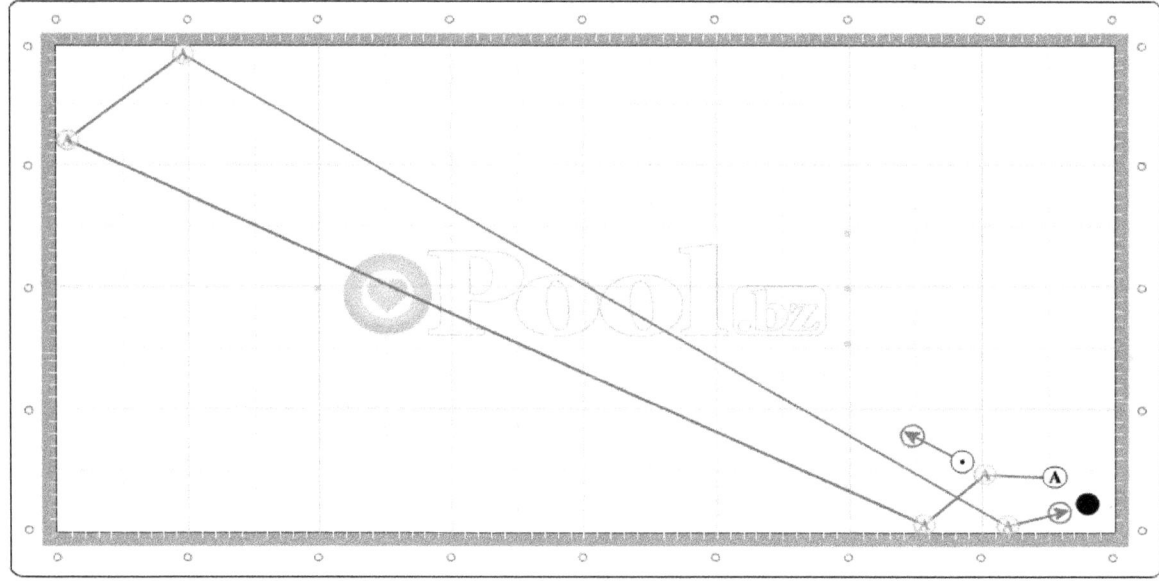

D:5b – Installer

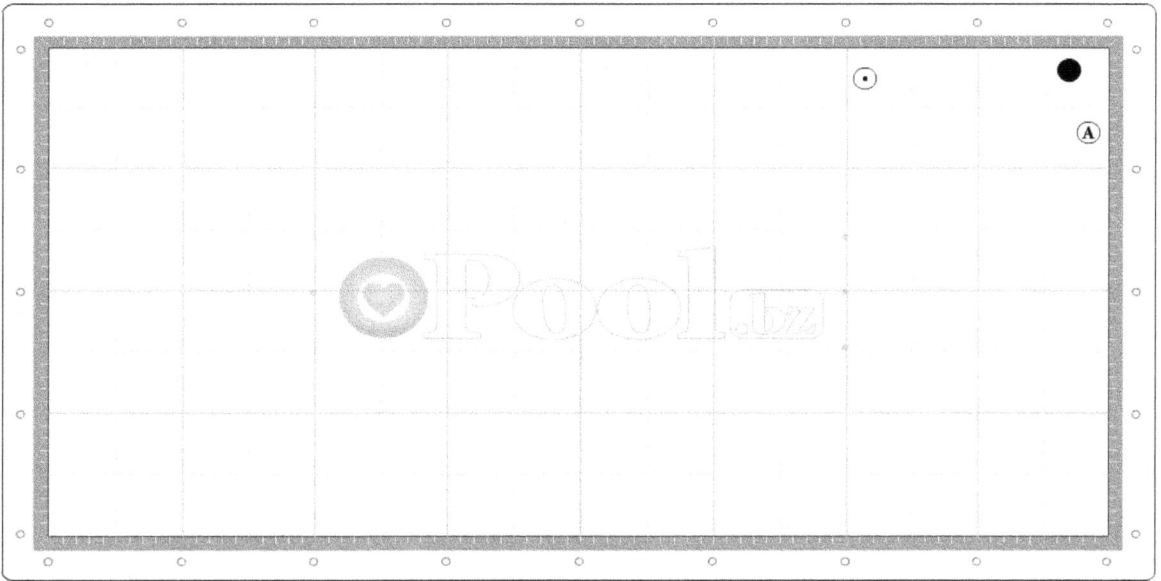

Notes et idées:

Modèle de balle

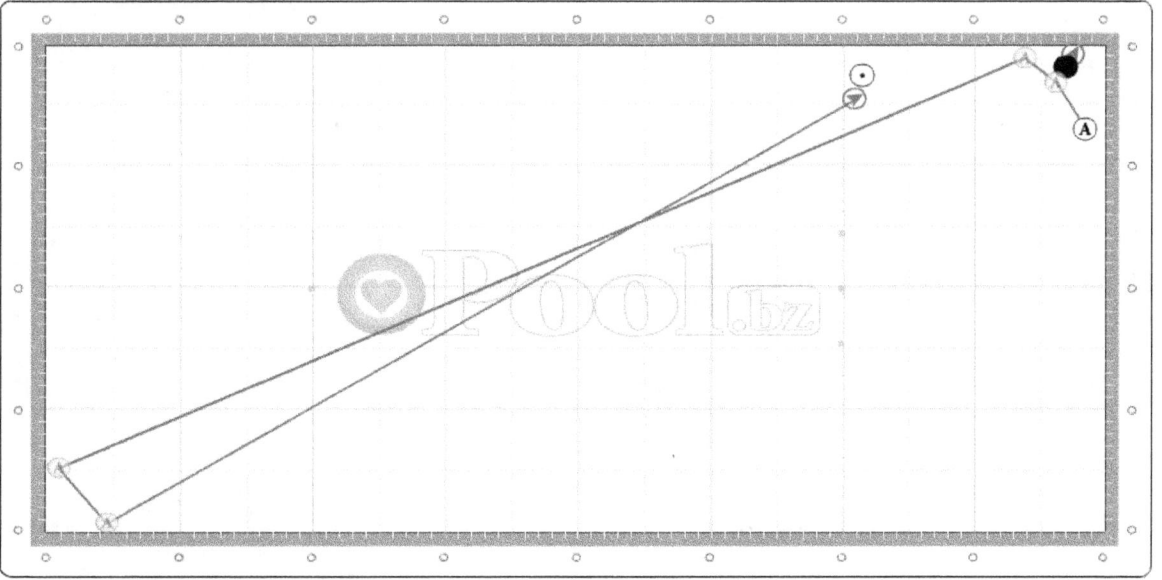

D:5c – Installer

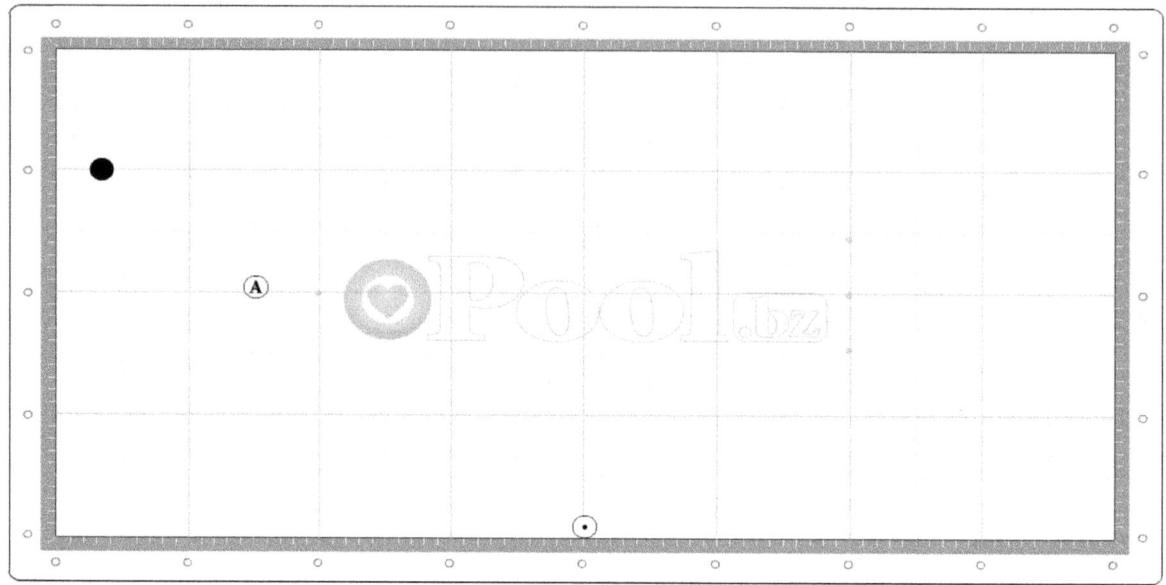

Notes et idées:

Modèle de balle

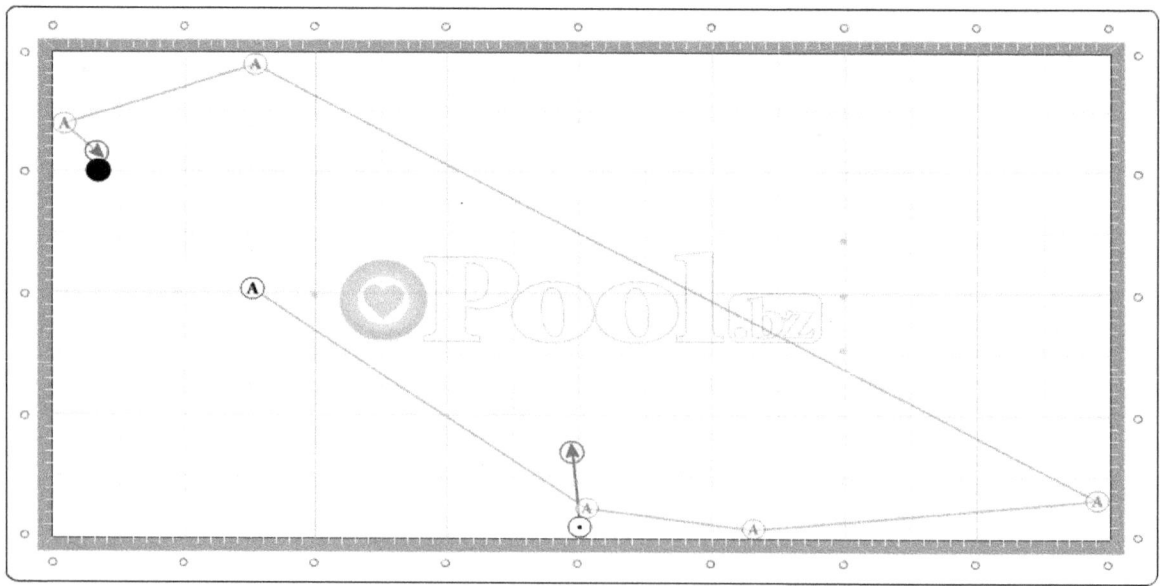

D:5d – Installer

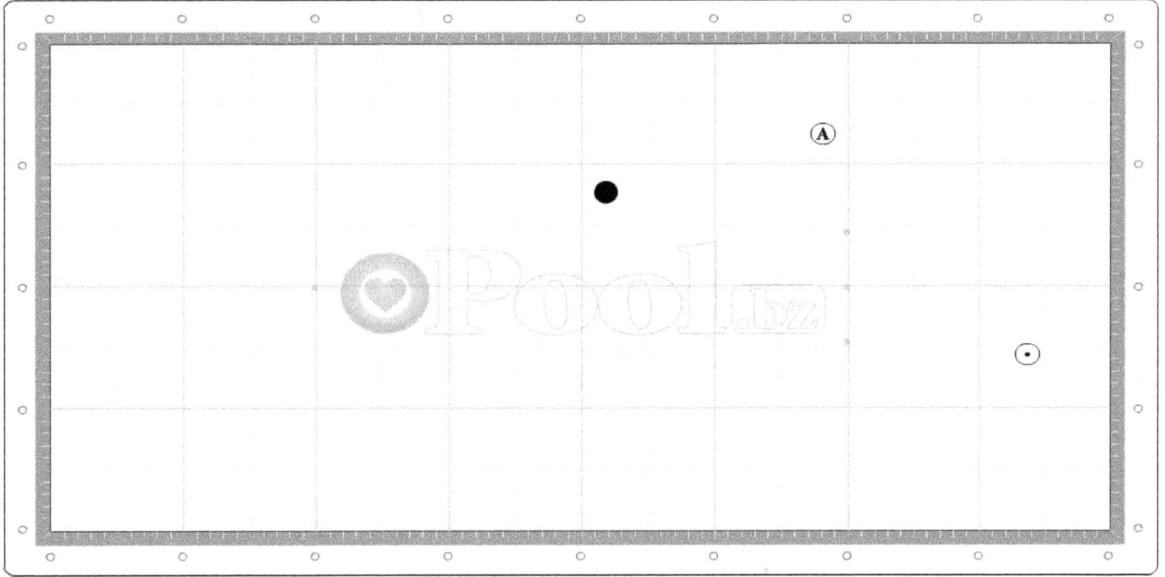

Notes et idées:

Modèle de balle

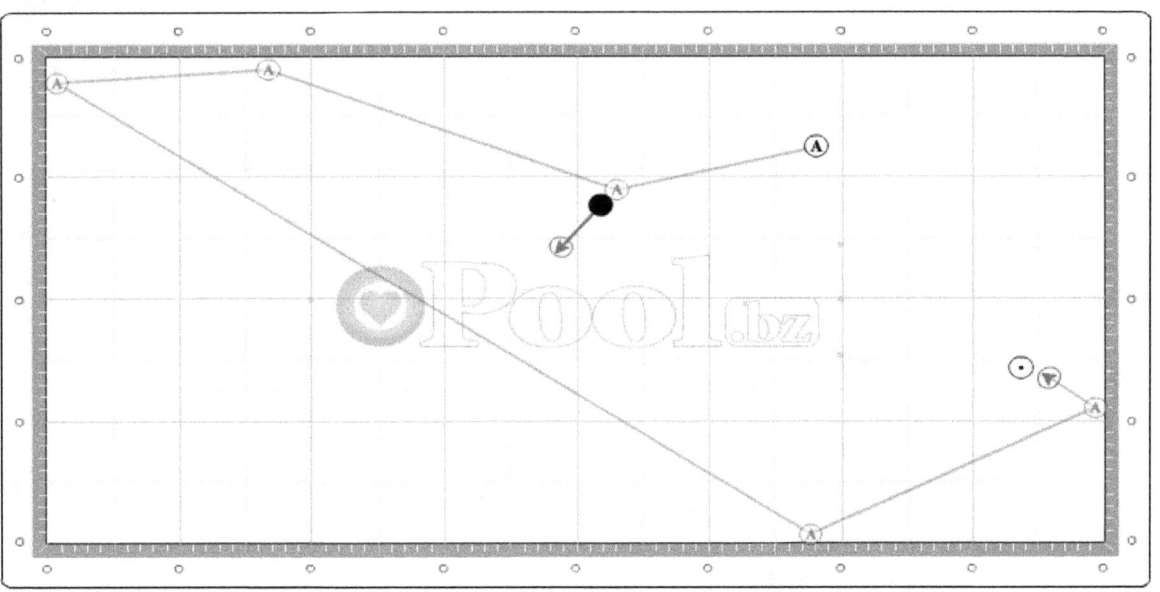

D: Groupe 6

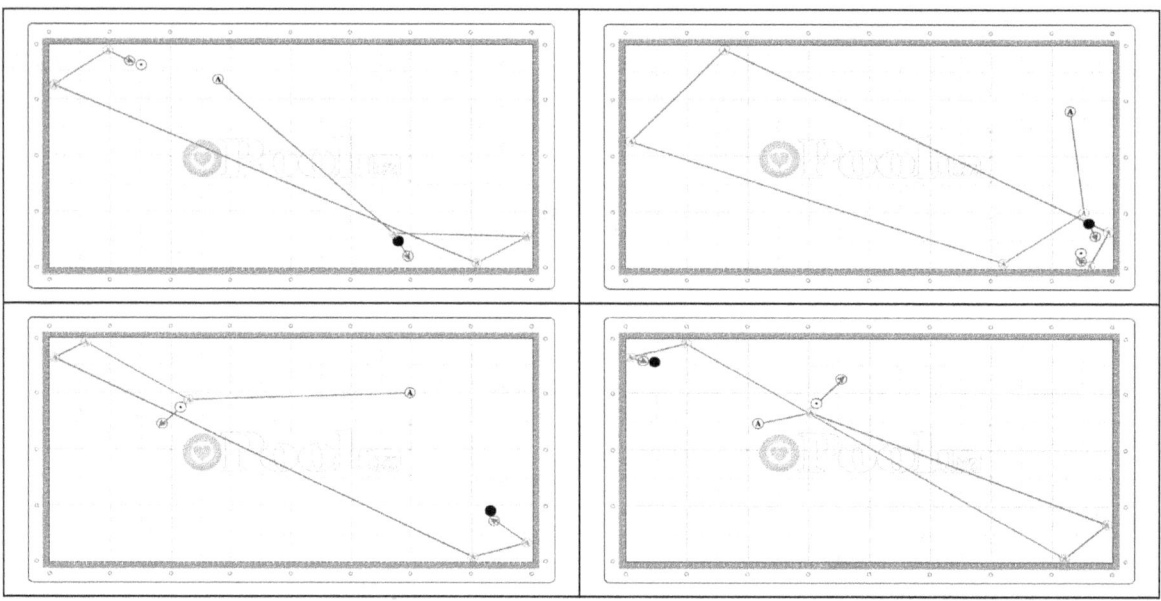

Une analyse:

D:6a. _____

D:6b. _____

D:6c. _____

D:6d. _____

D:6a – Installer

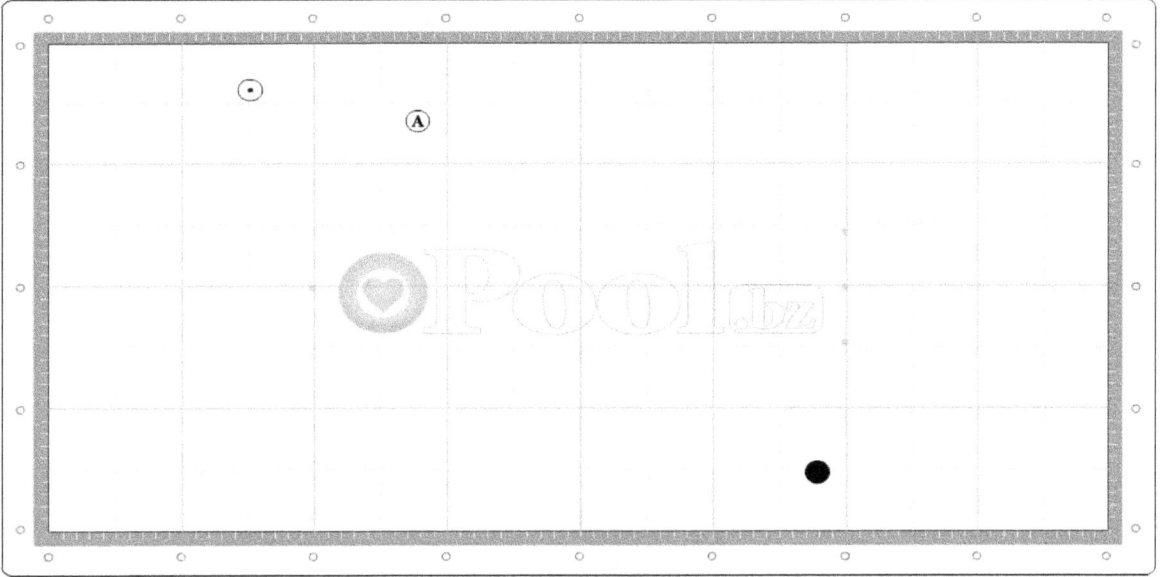

Notes et idées:

Modèle de balle

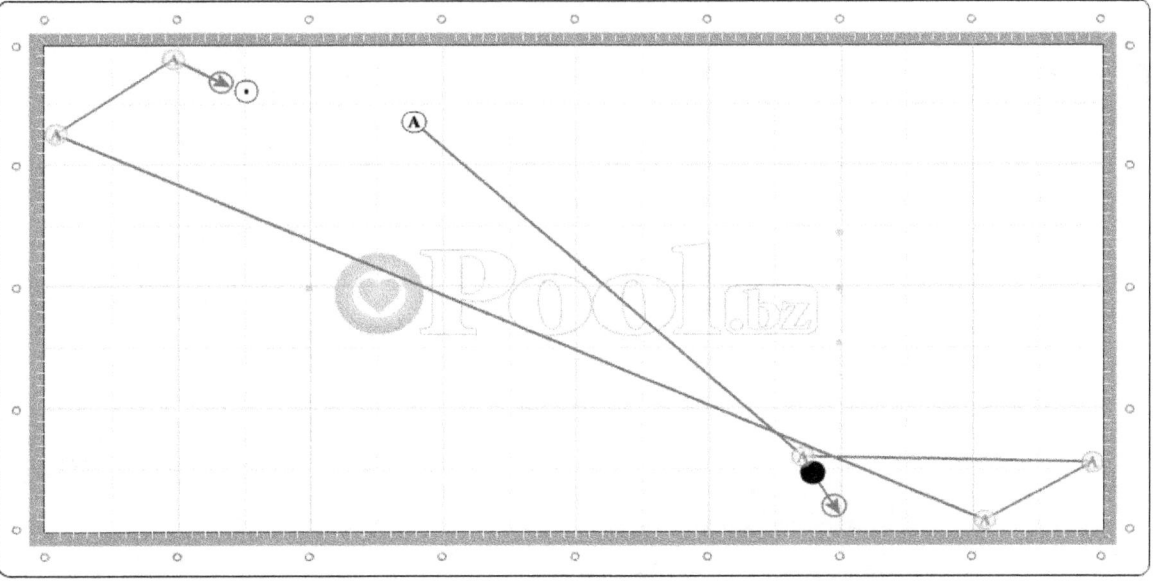

D:6b – Installer

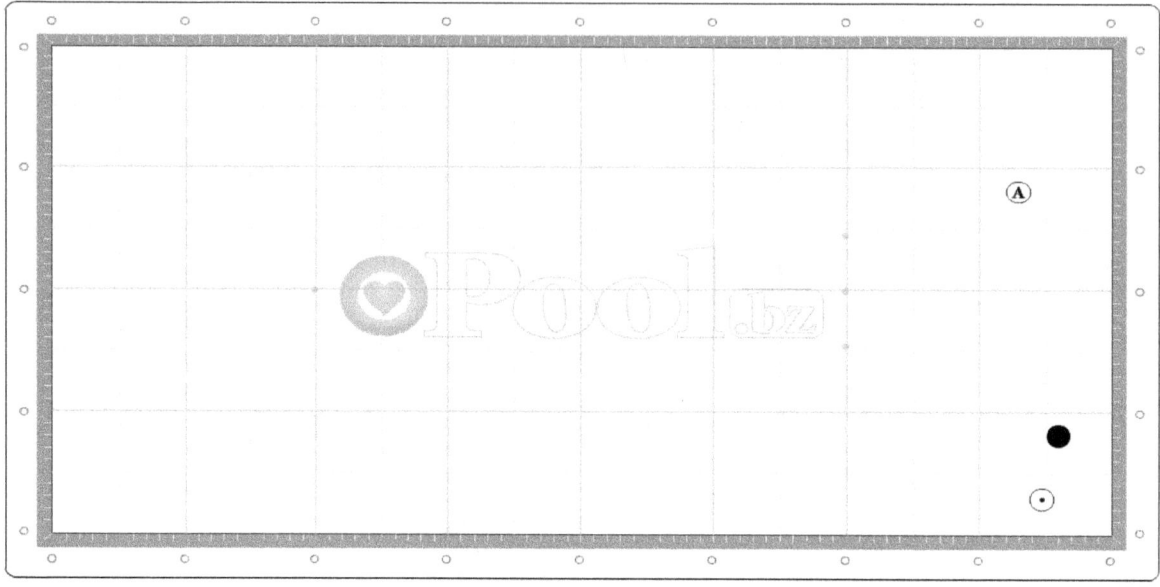

Notes et idées:

Modèle de balle

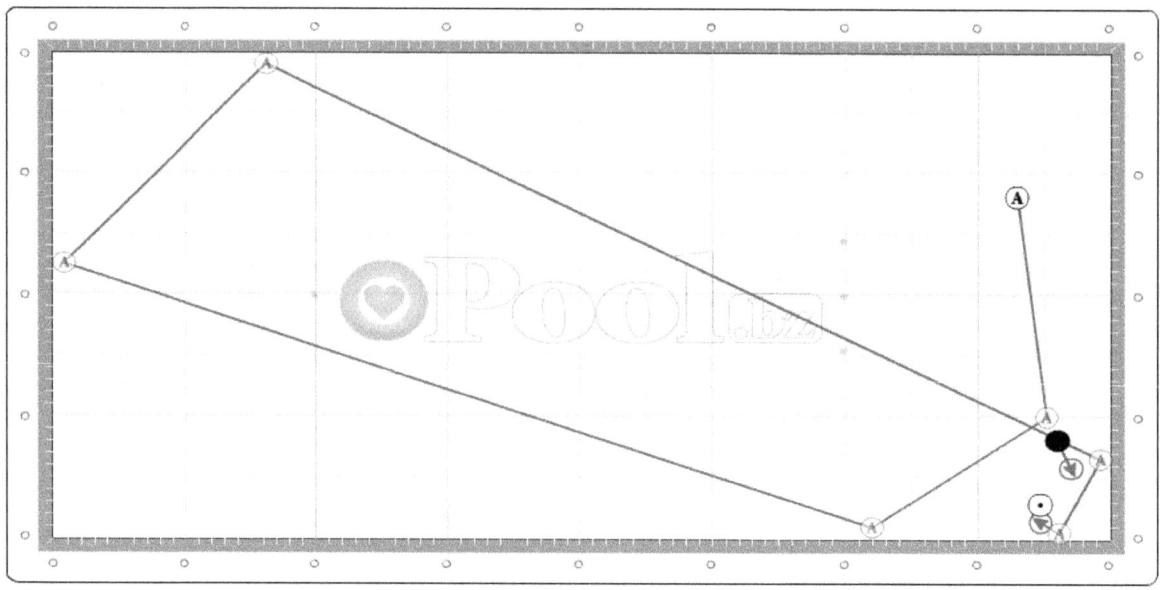

D:6c – Installer

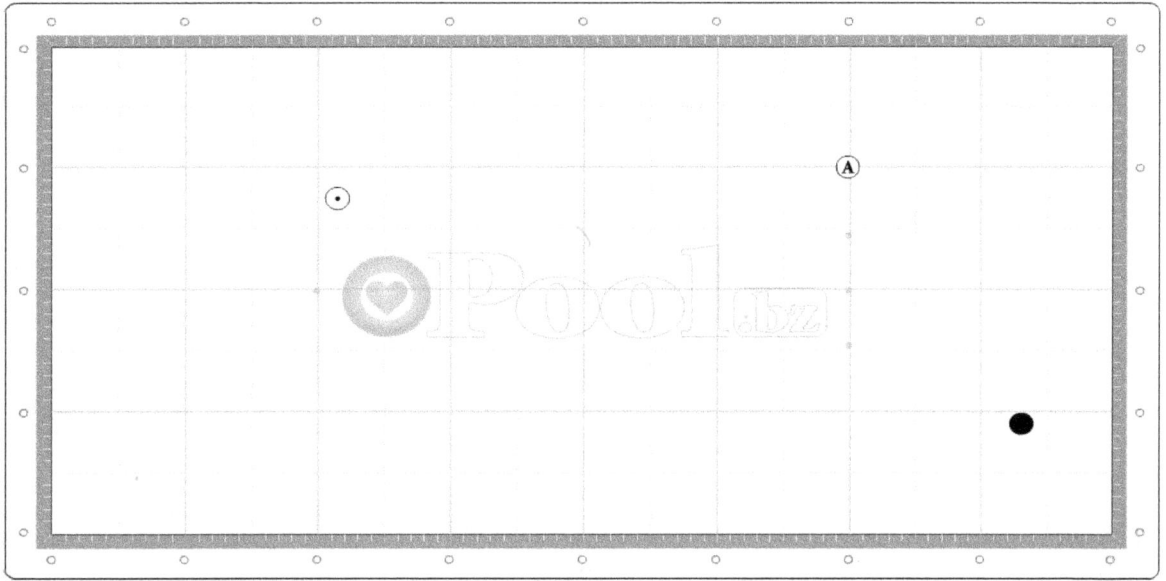

Notes et idées:

Modèle de balle

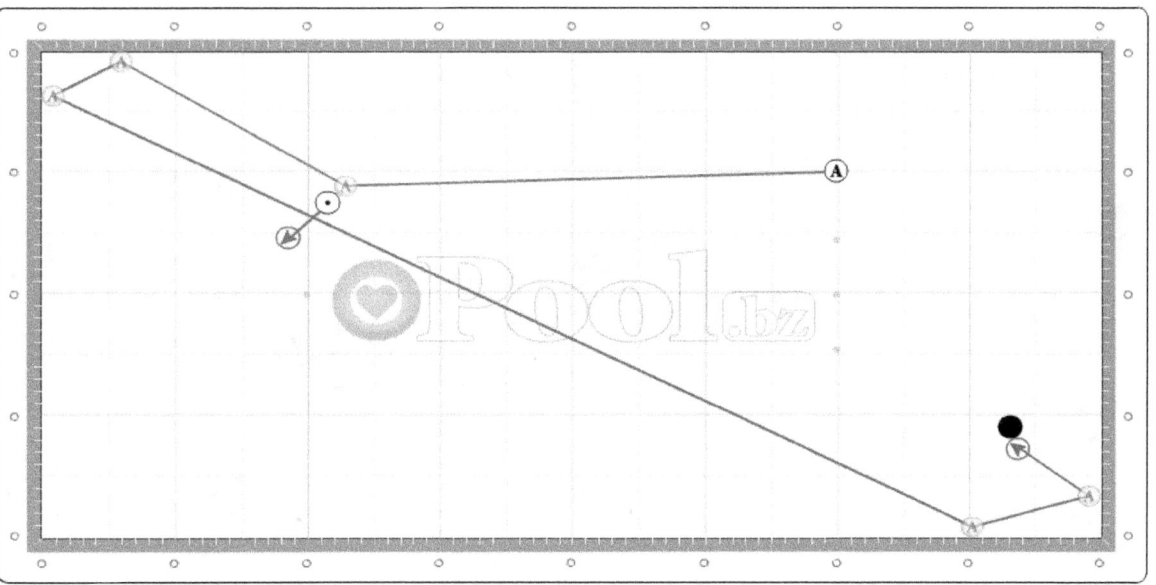

D:6d – Installer

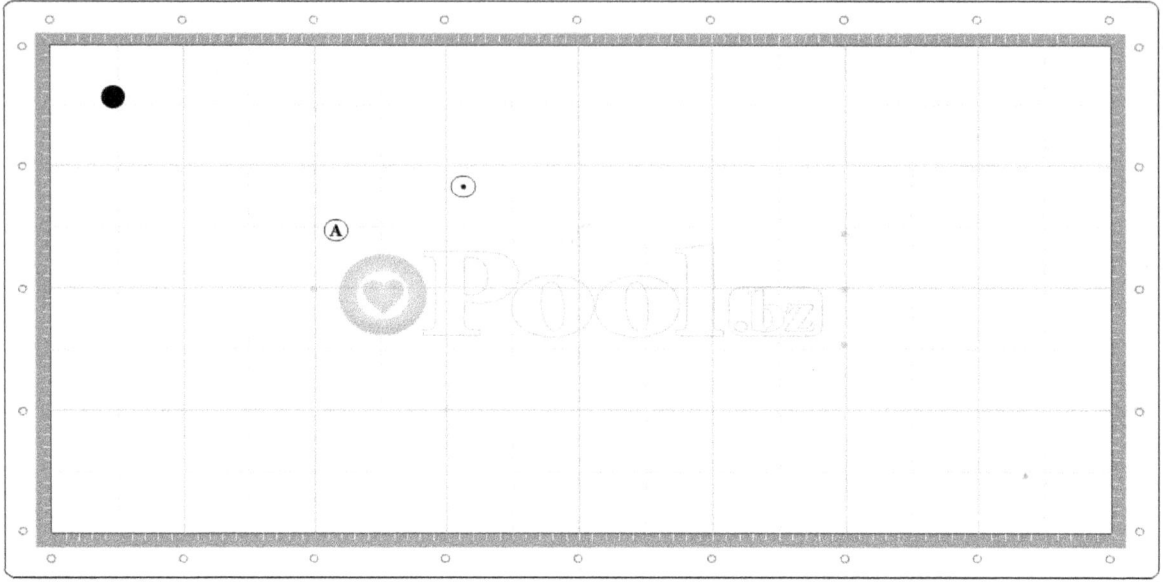

Notes et idées:

Modèle de balle

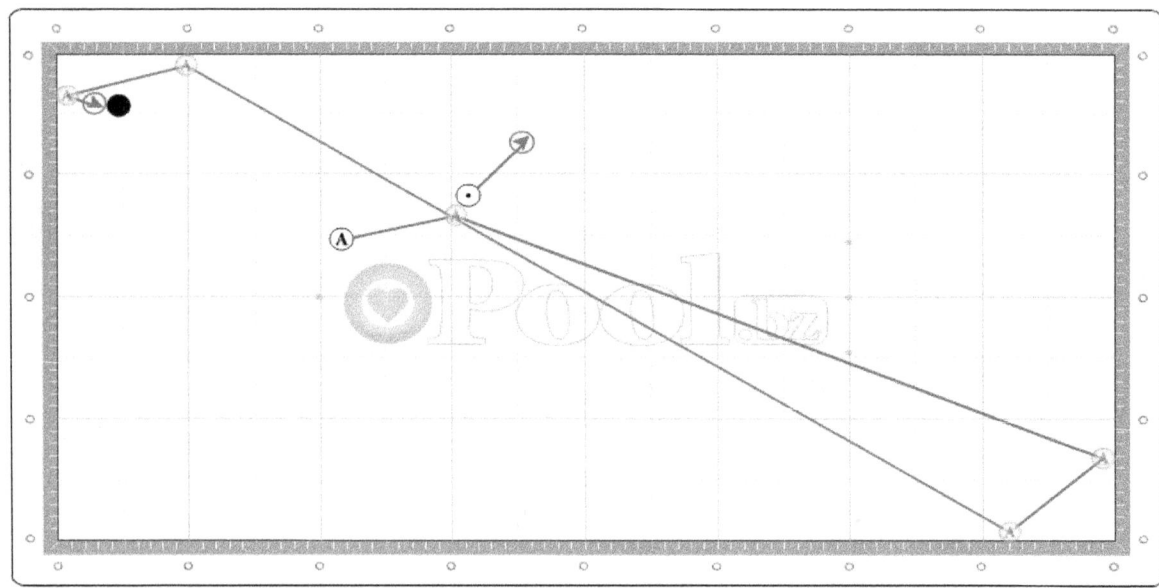

ns: Modèles diagonaux d'angle à angle*

D: Groupe 7

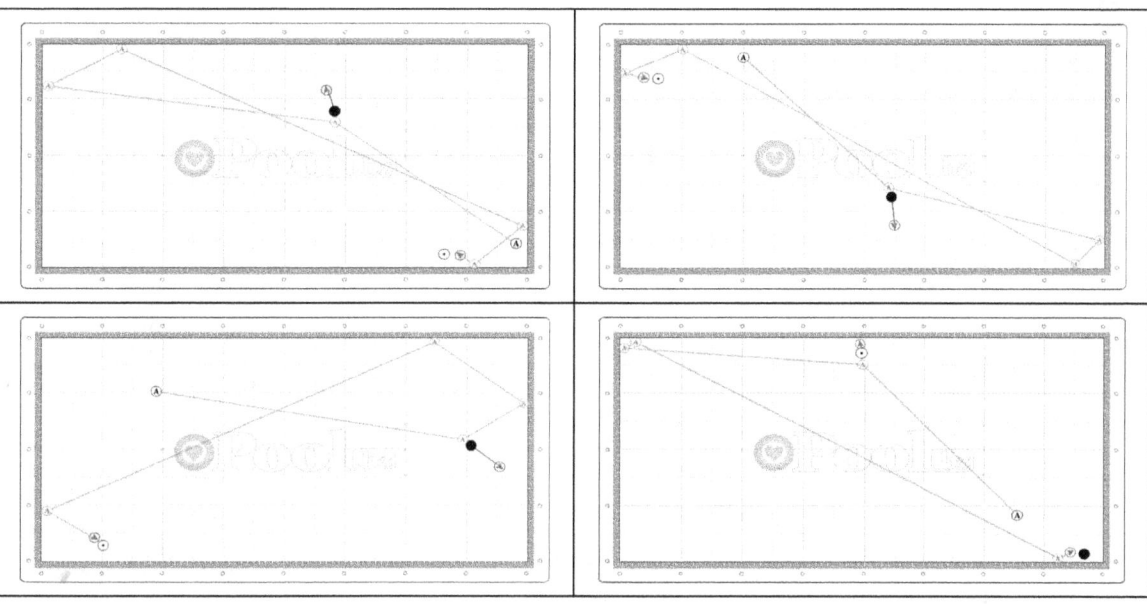

Une analyse:

D:7a. _____

D:7b. _____

D:7c. _____

D:7d. _____

D:7a – Installer

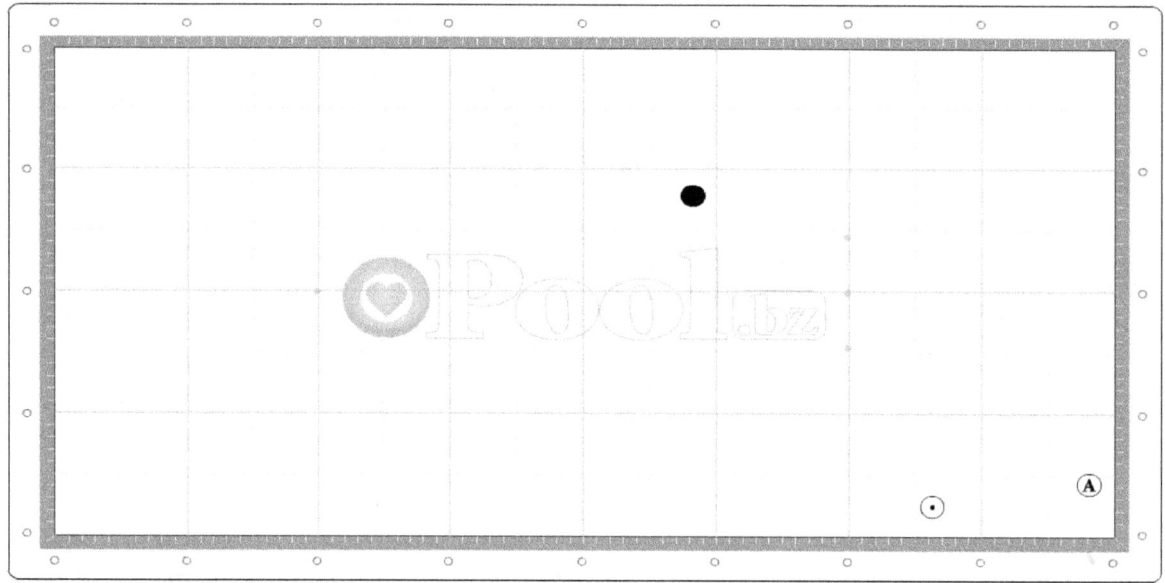

Notes et idées:

Modèle de balle

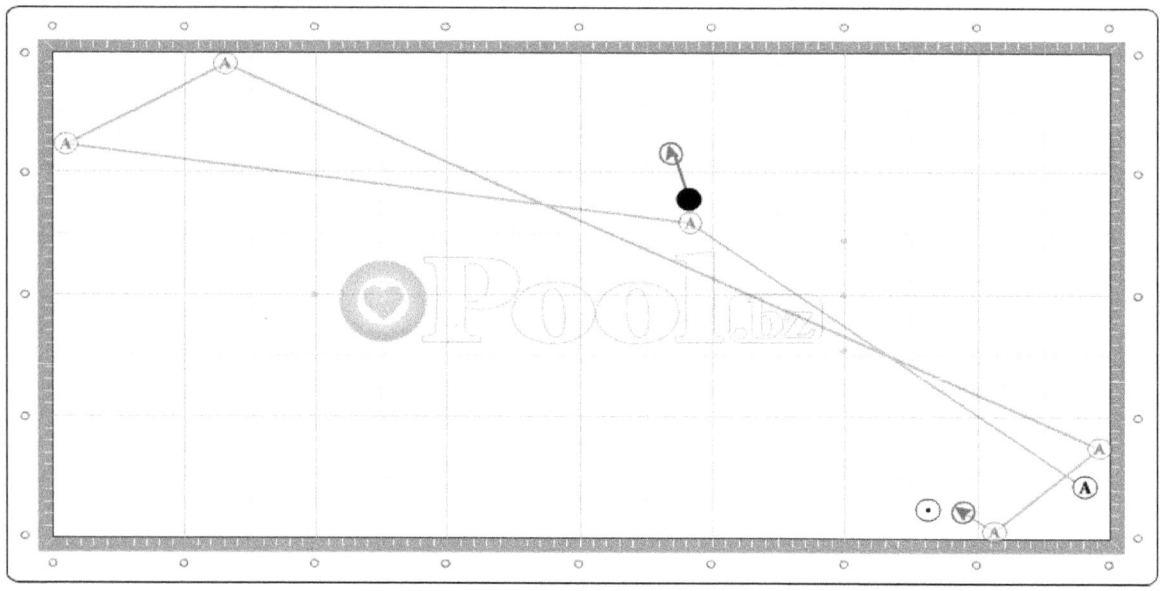

D:7b – Installer

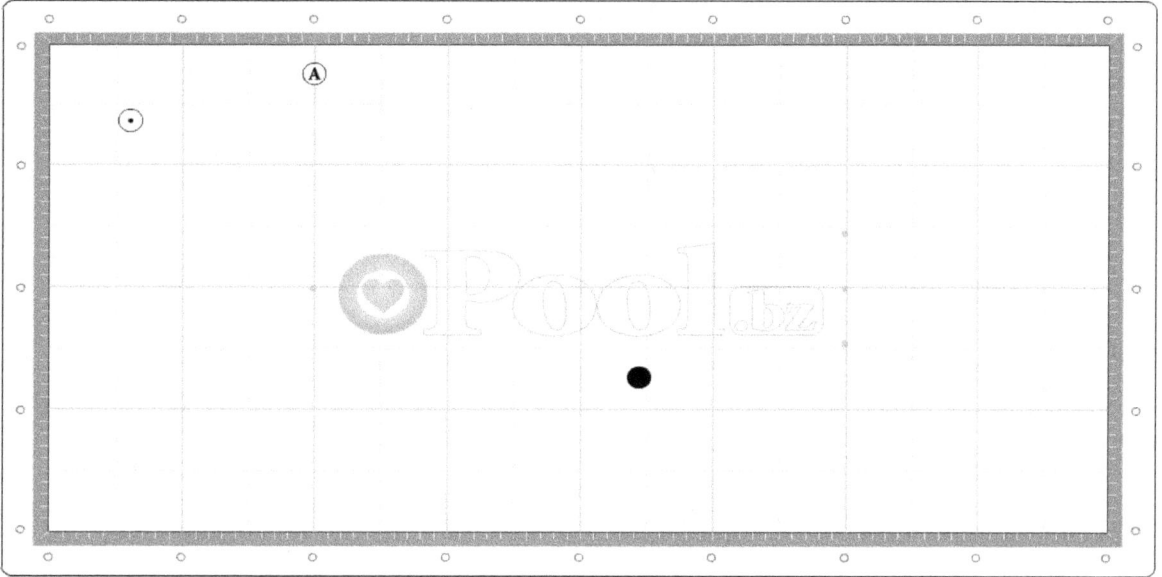

Notes et idées:

Modèle de balle

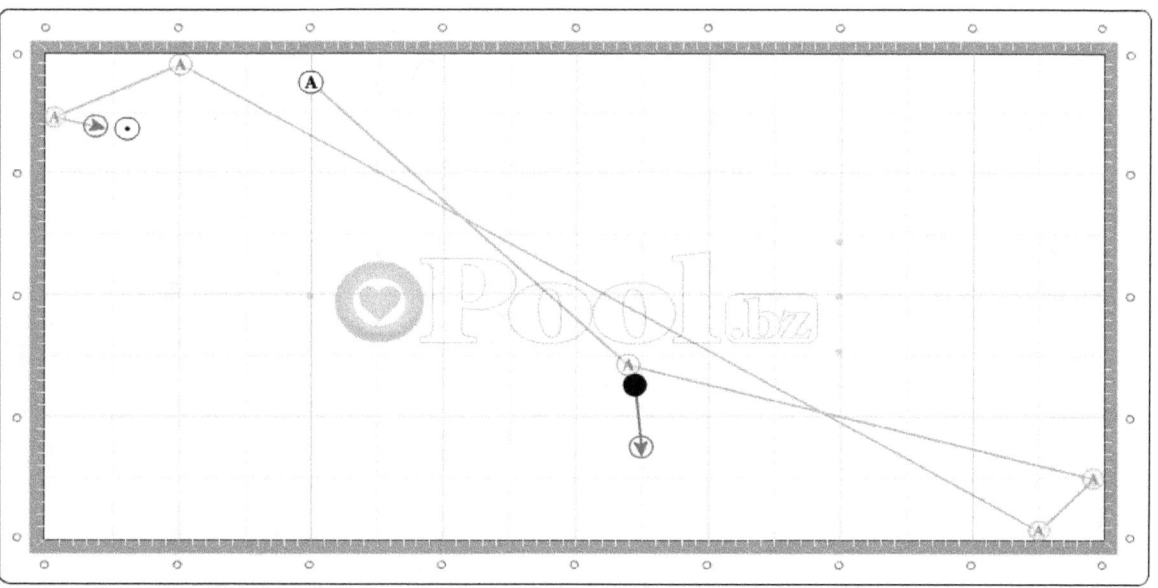

D:7c – Installer

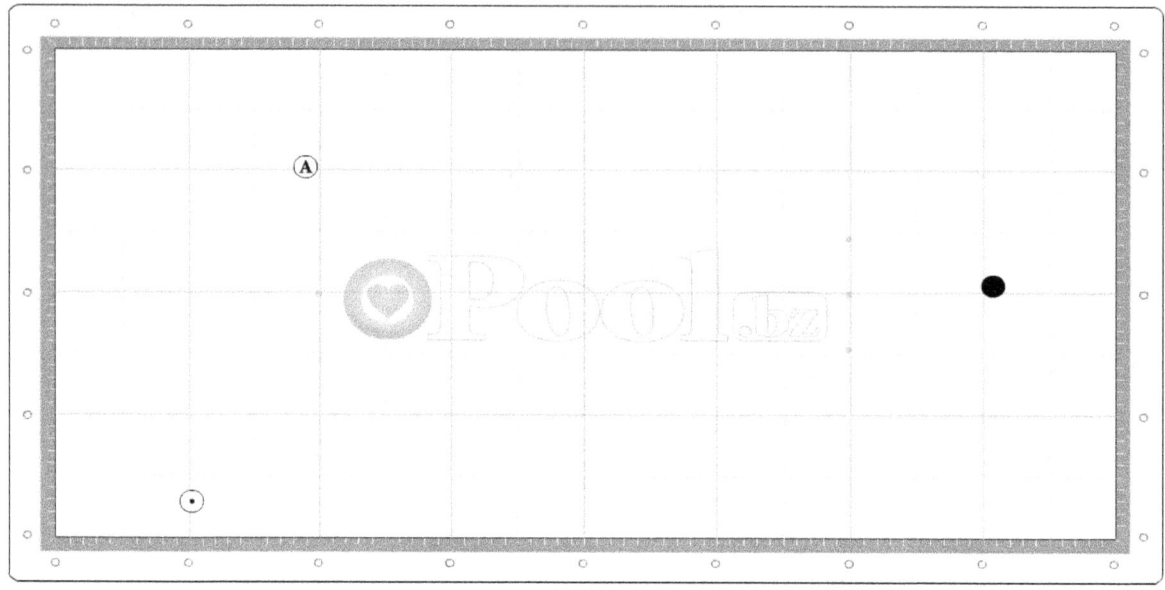

Notes et idées:

Modèle de balle

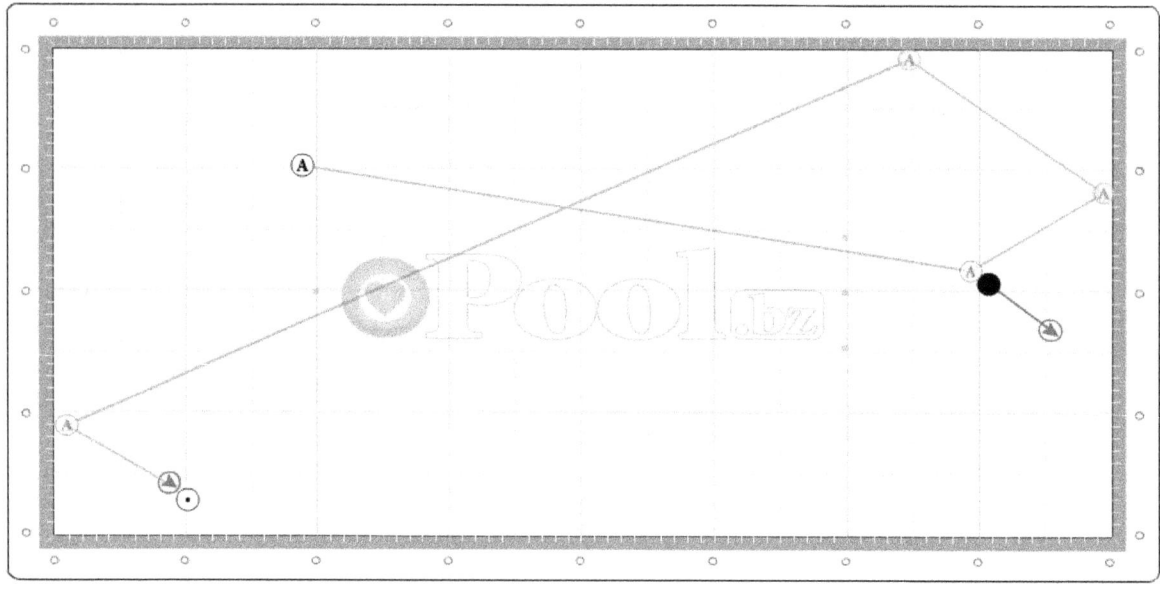

D:7d – Installer

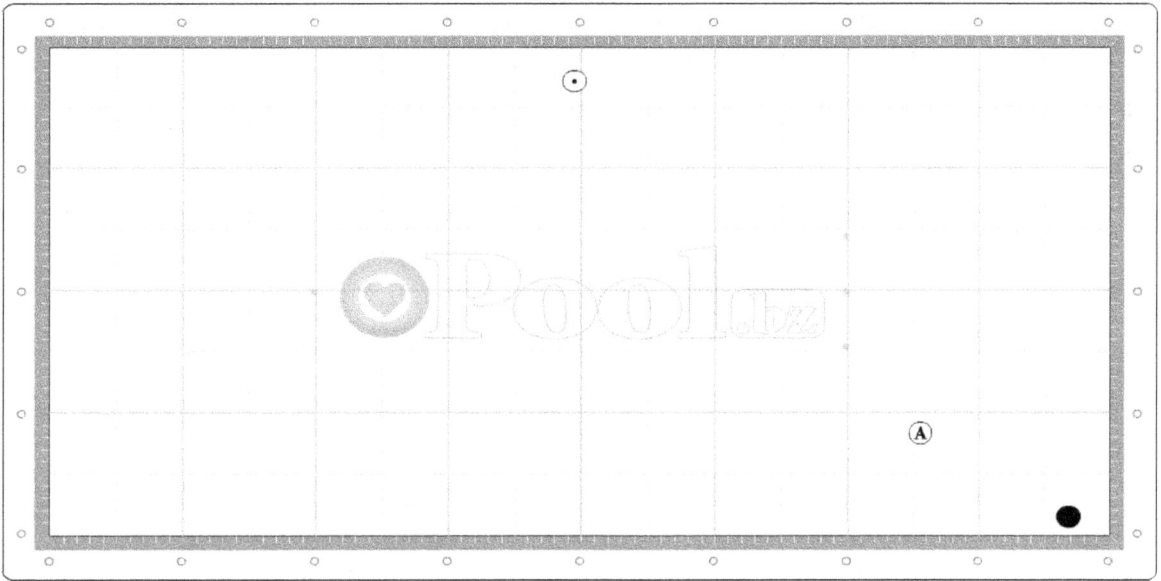

Notes et idées:

Modèle de balle

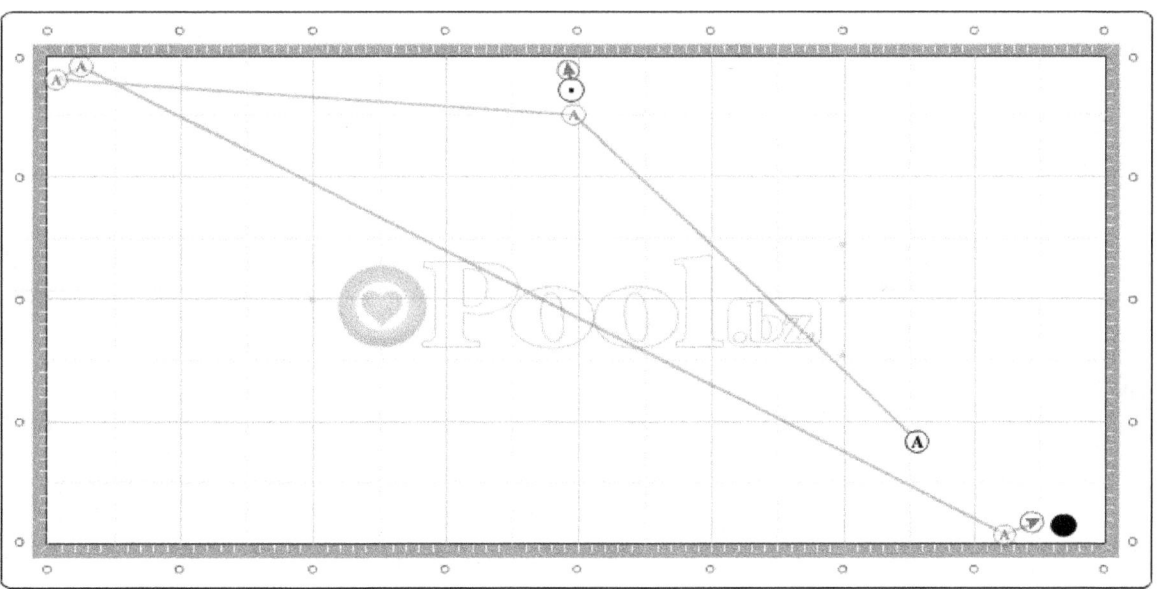

E: Double diagonale, modifiée

Le (CB) se détache du premier (OB) et démarre le motif en diagonale. Le (CB) va dans le coin et revient ensuite sur un chemin diagonal pour entrer en contact avec l'autre (OB).

Ⓐ (CB) (votre balle) - ⊙ (OB) (balle de l'adversaire) – ● (OB) Balle rouge

E: Groupe 1

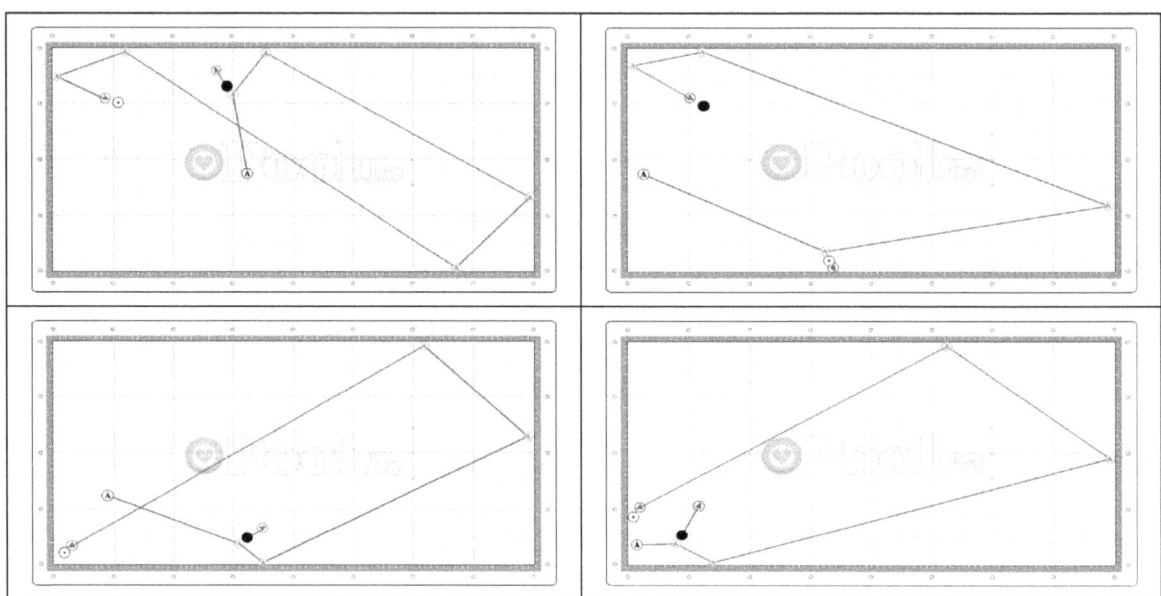

Une analyse:

E:1a. _____

E:1b. _____

E:1c. _____

E:1d. _____

E:1a – Installer

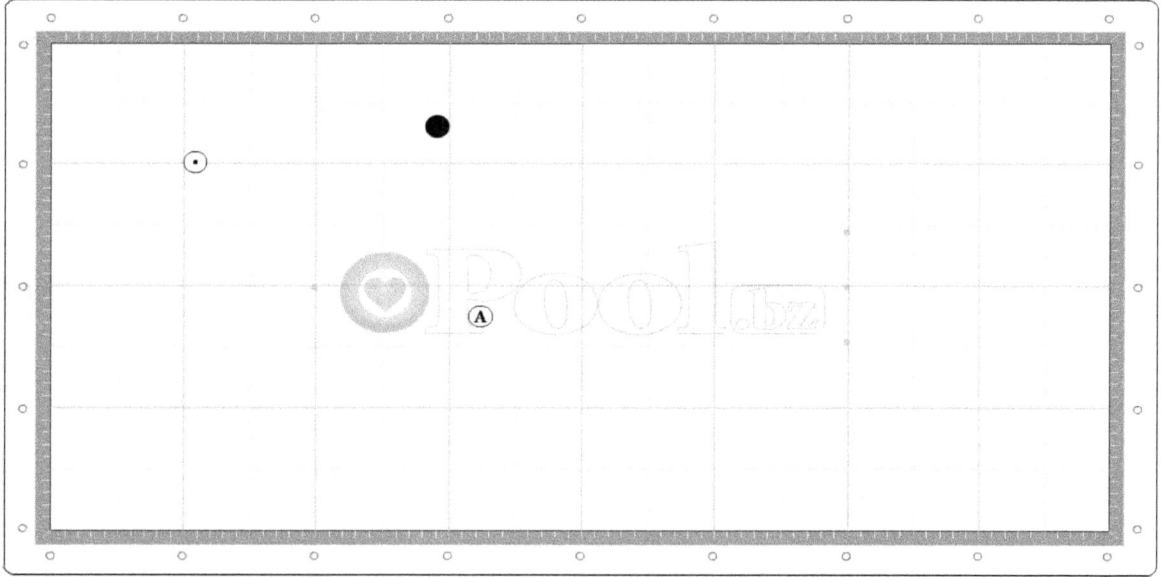

Notes et idées:

Modèle de balle

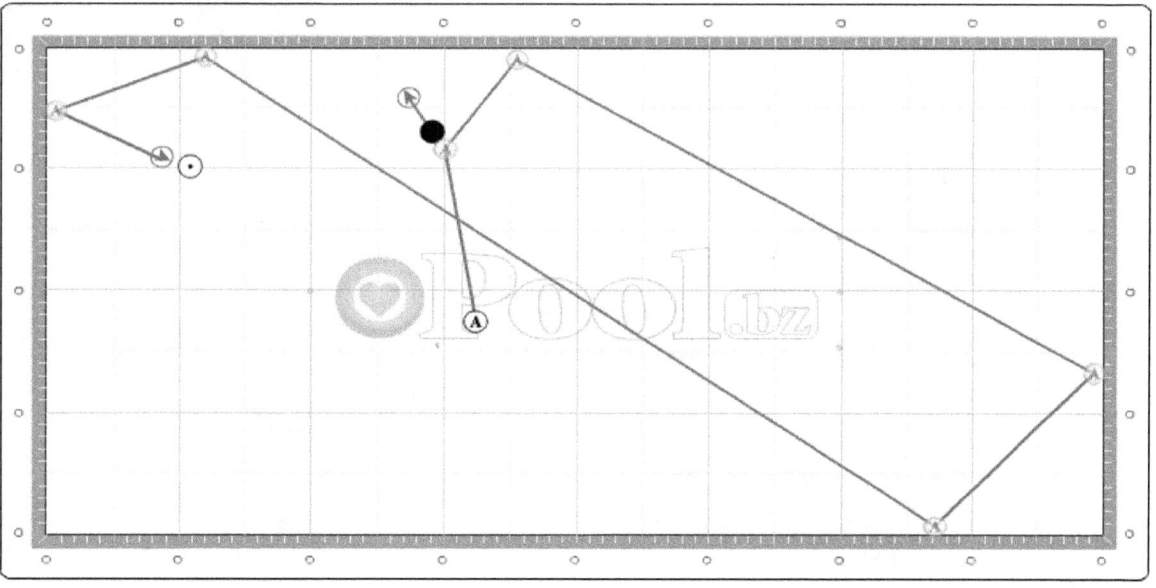

E:1b – Installer

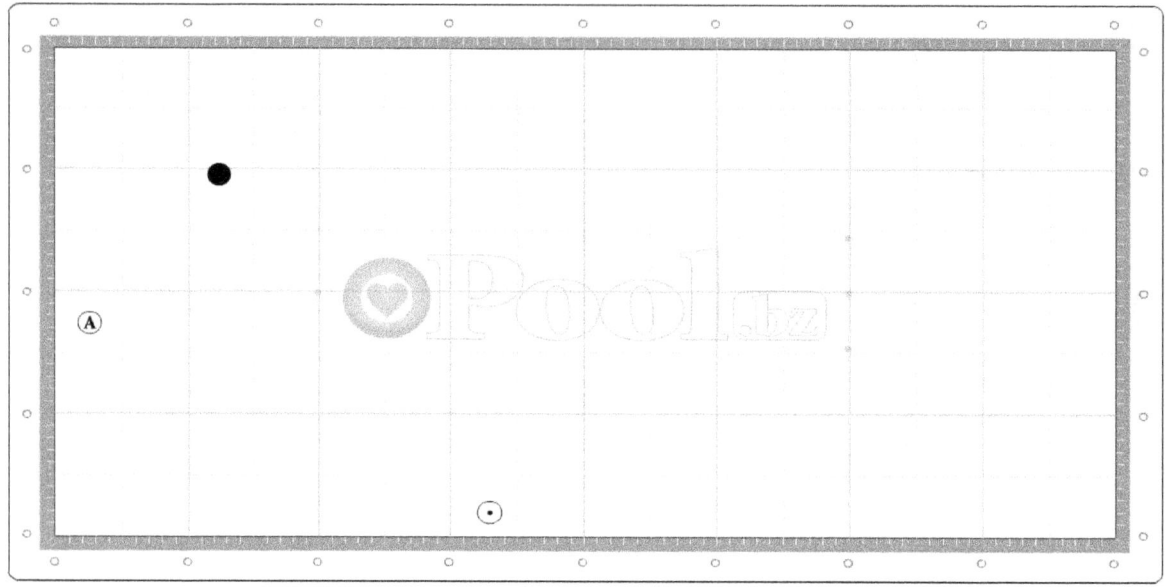

Notes et idées:

Modèle de balle

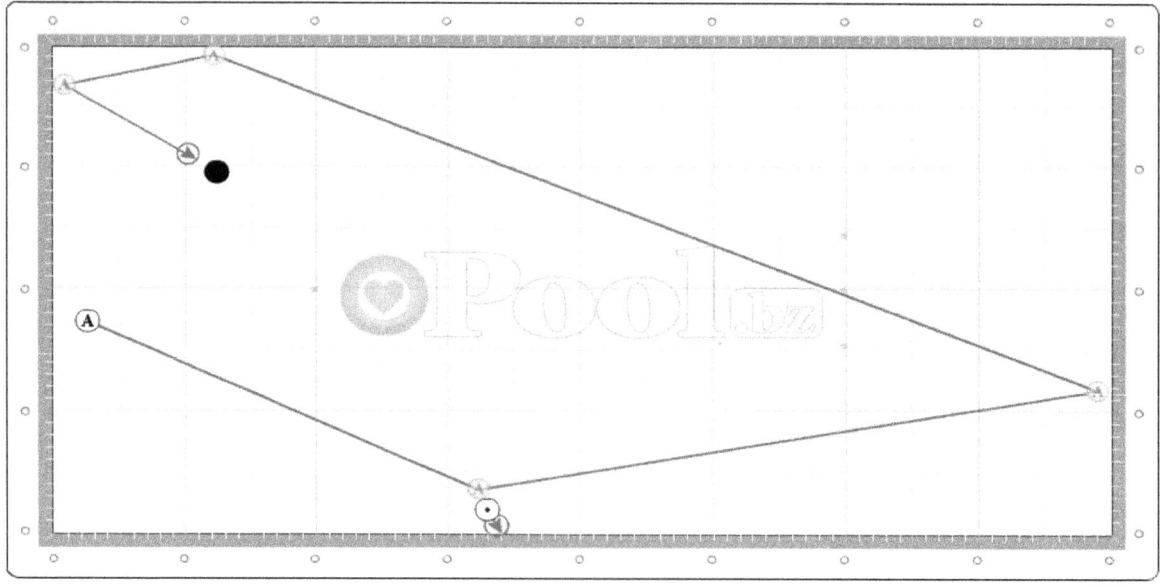

E:1c – Installer

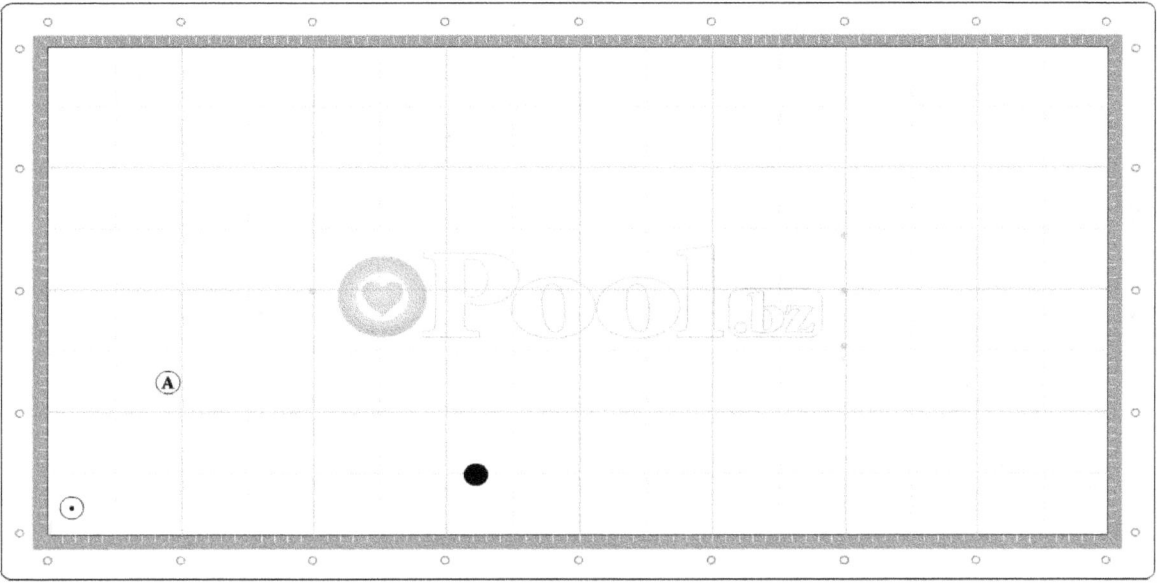

Notes et idées:

Modèle de balle

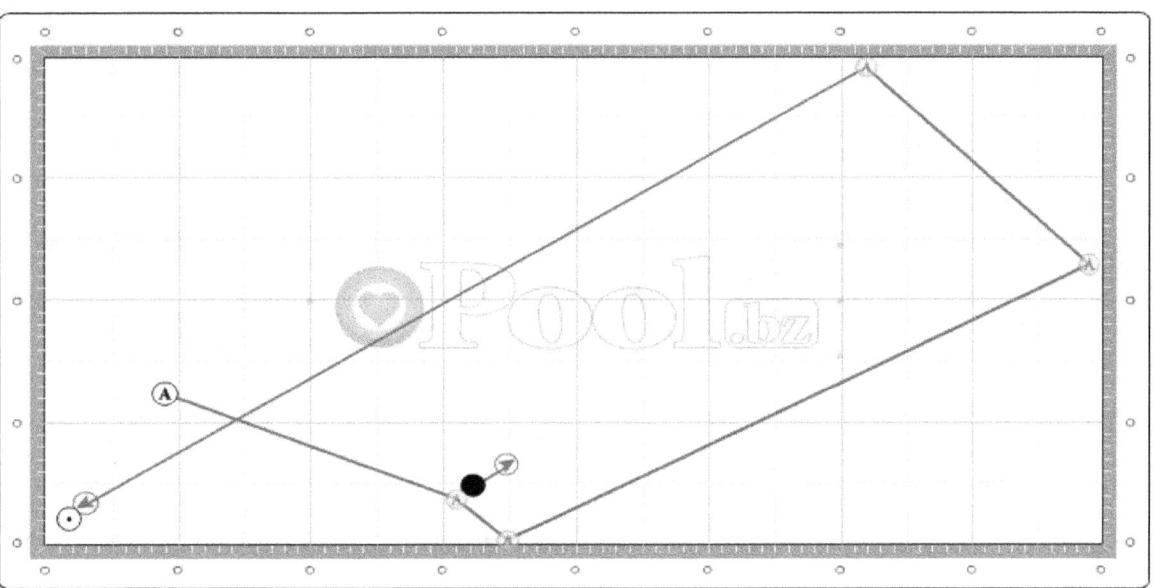

E:1d – Installer

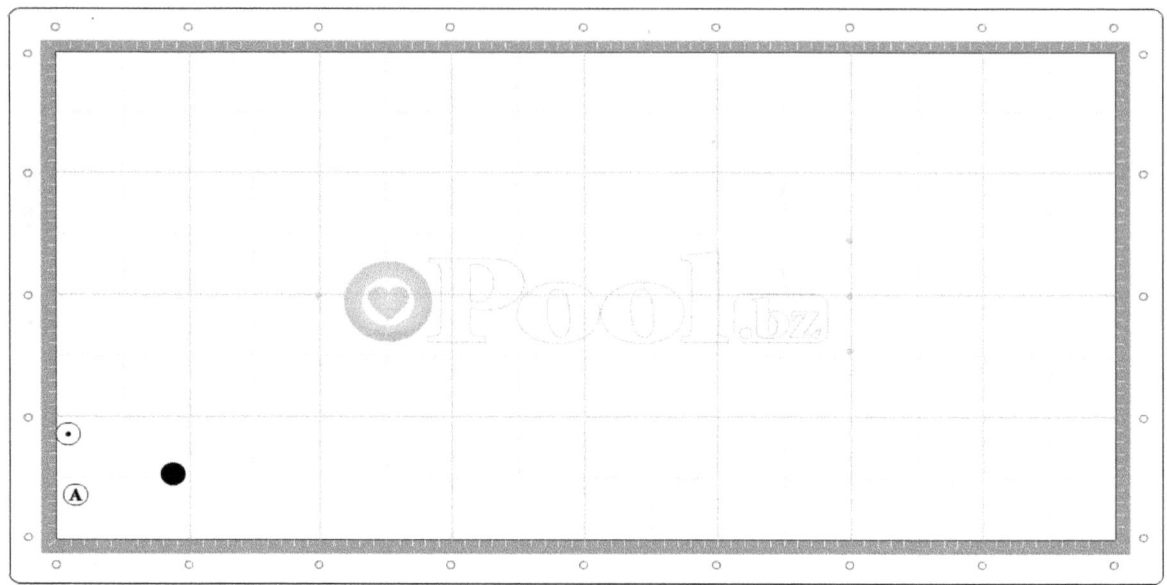

Notes et idées:

Modèle de balle

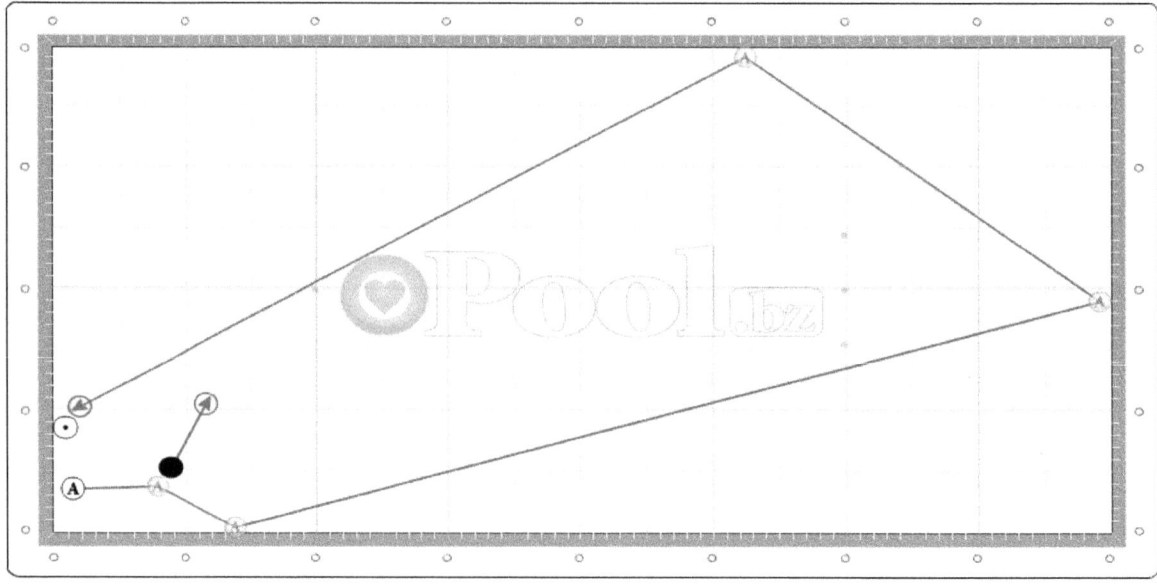

E: Groupe 2

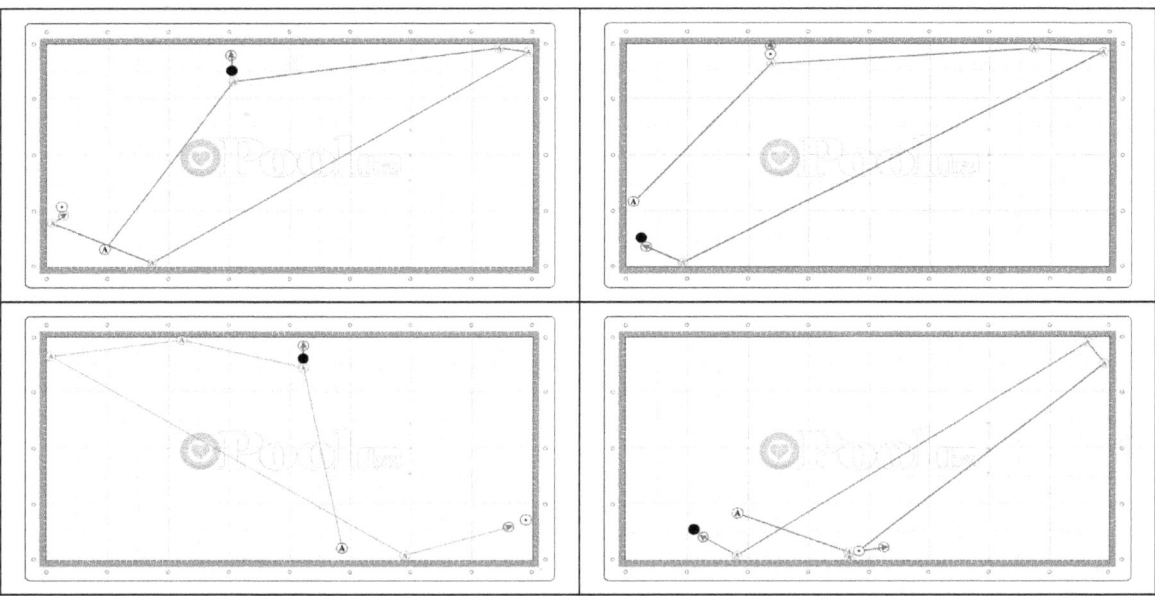

Une analyse:

E:2a. _____

E:2b. _____

E:2c. _____

E:2d. _____

E:2a – Installer

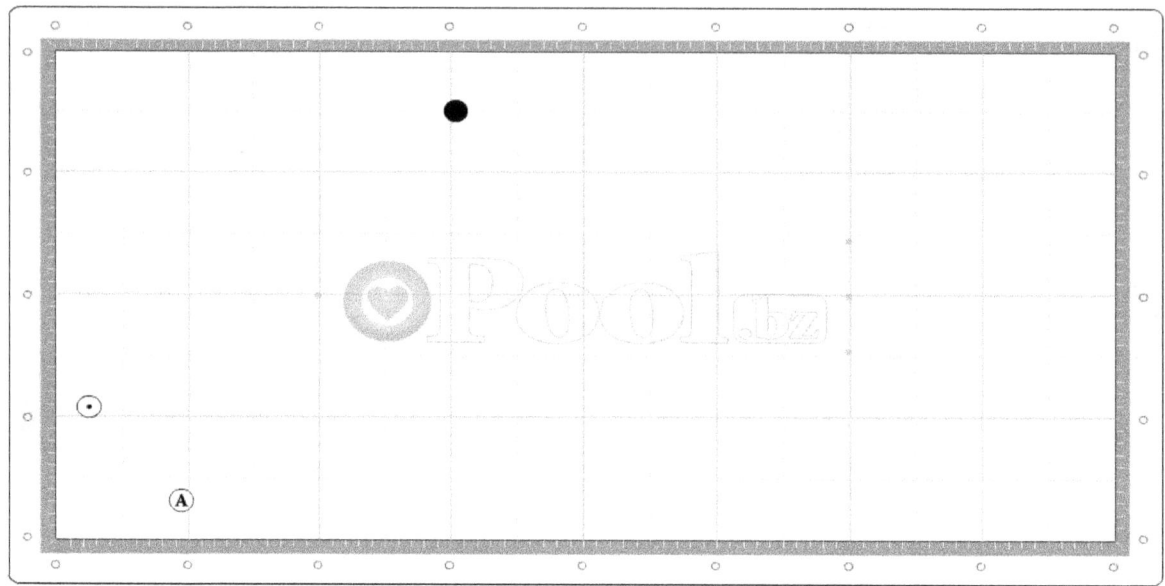

Notes et idées:

Modèle de balle

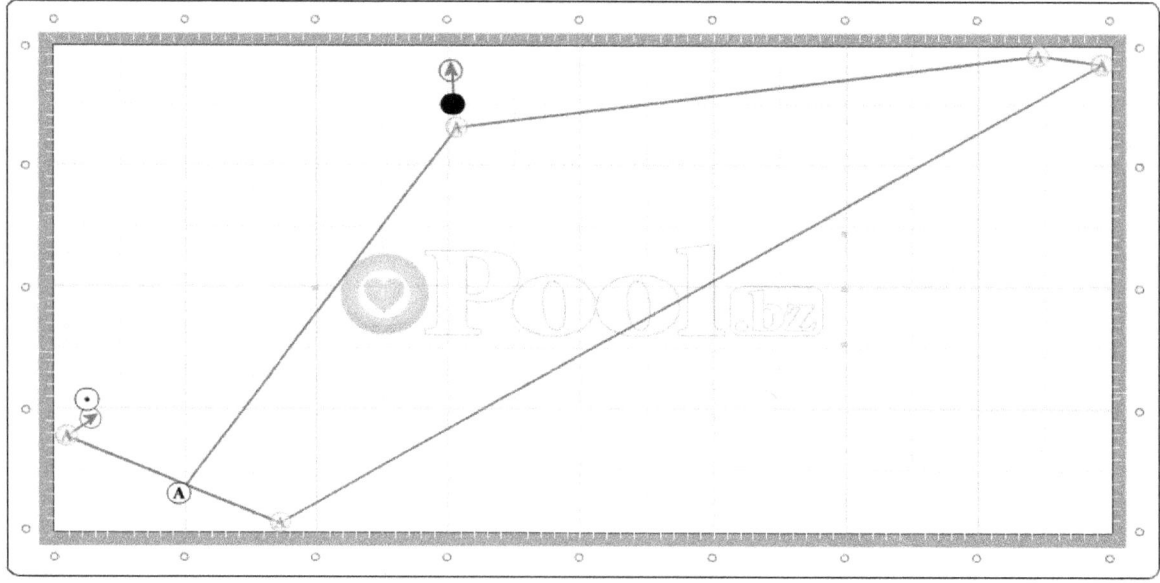

E:2b – Installer

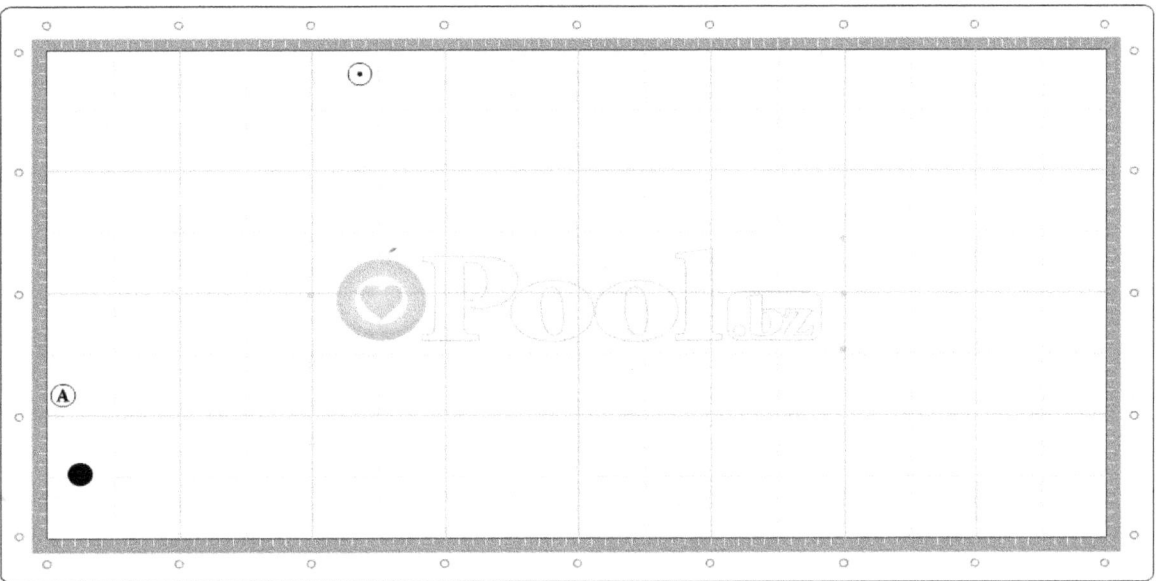

Notes et idées:

Modèle de balle

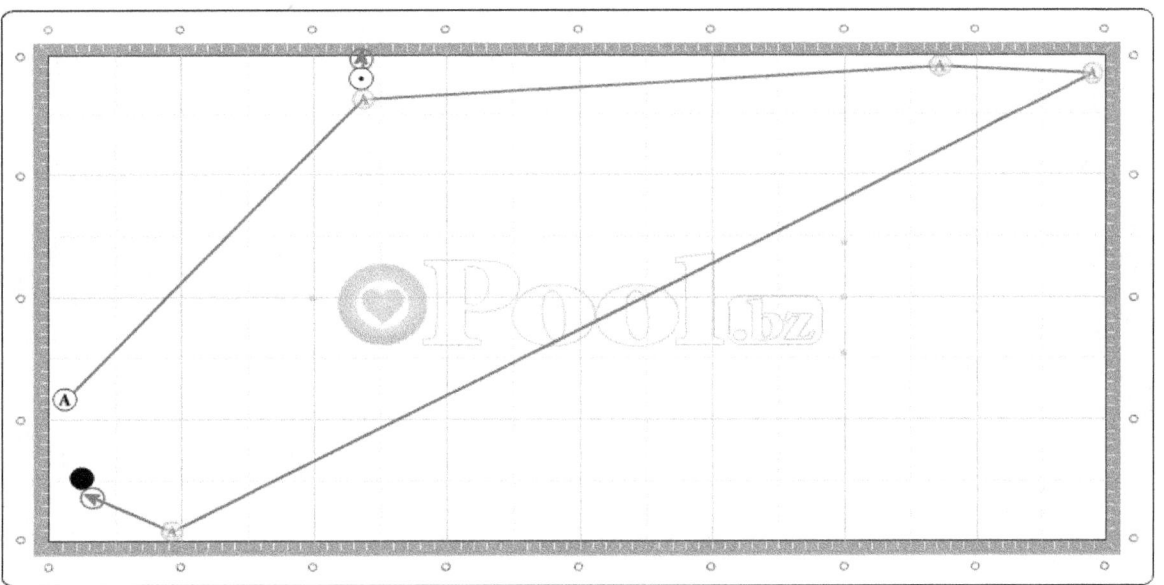

E:2c – Installer

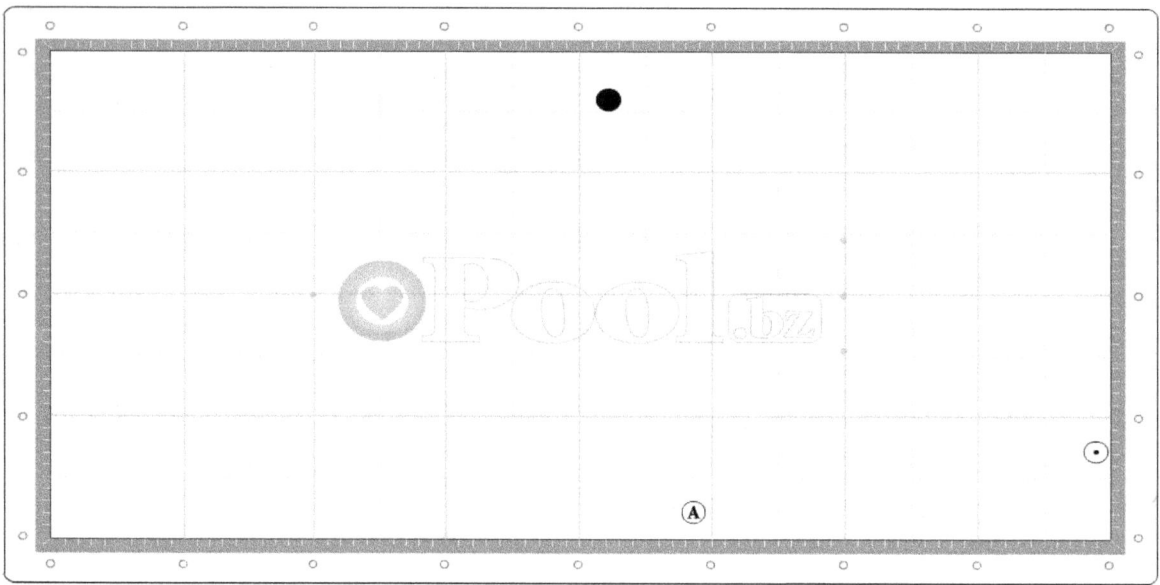

Notes et idées:

Modèle de balle

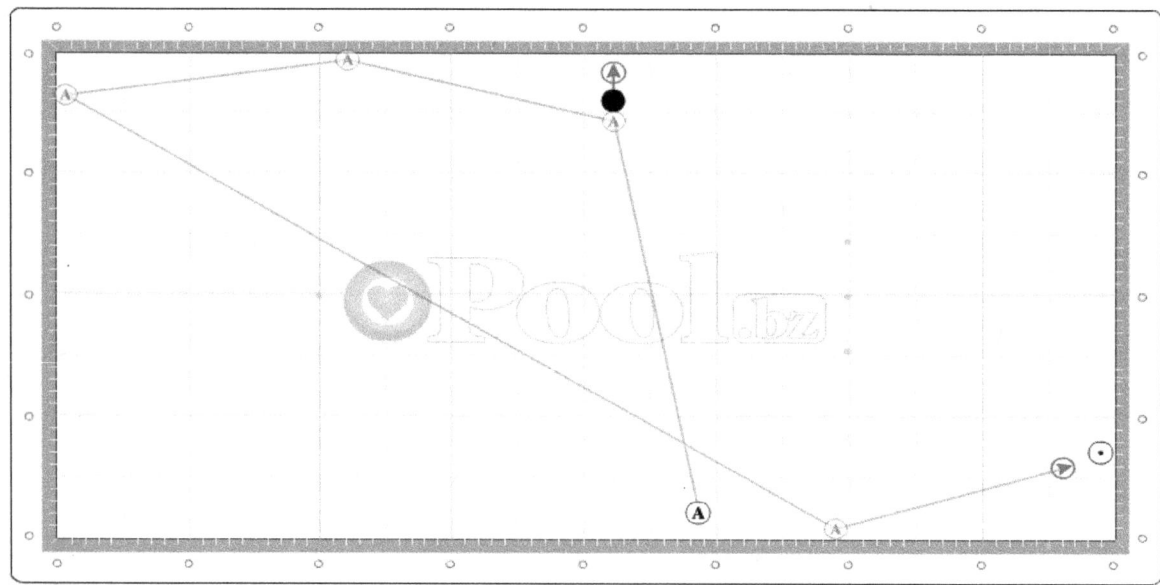

E:2d – Installer

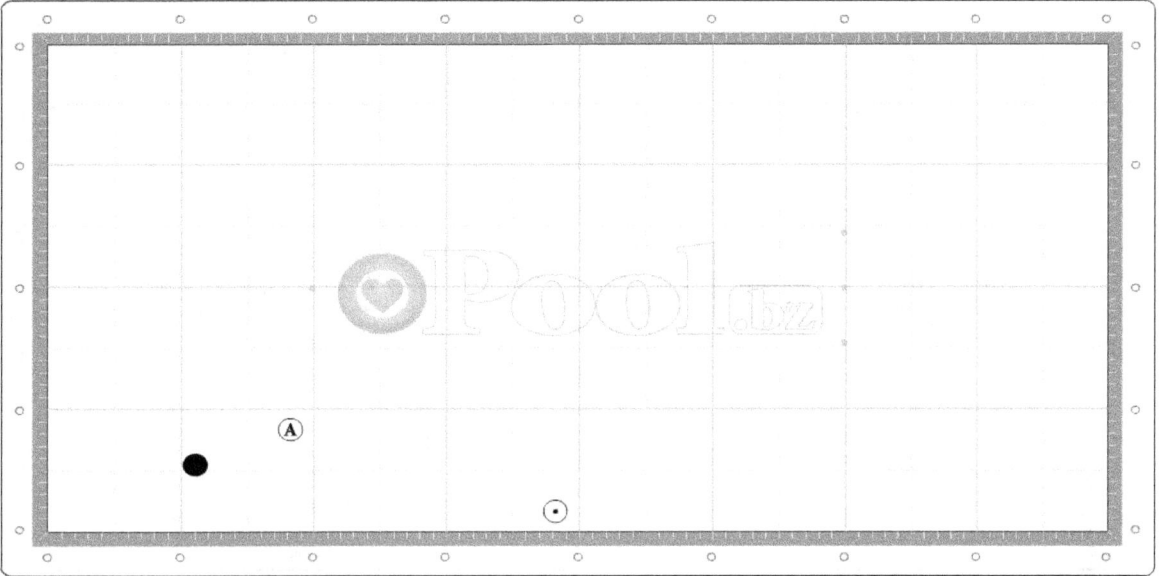

Notes et idées:

Modèle de balle

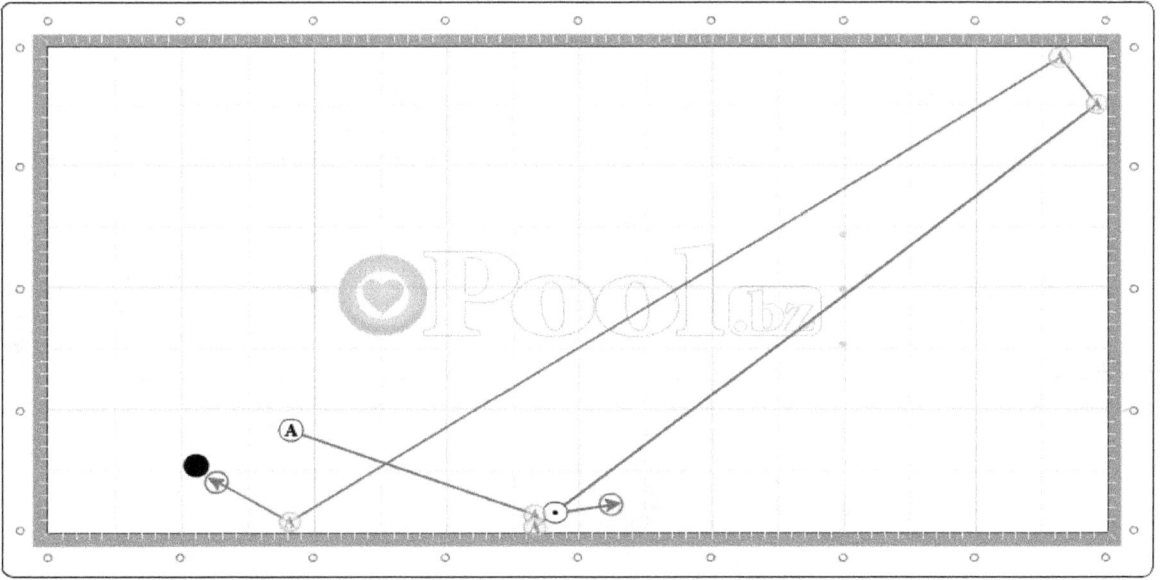

E: Groupe 3

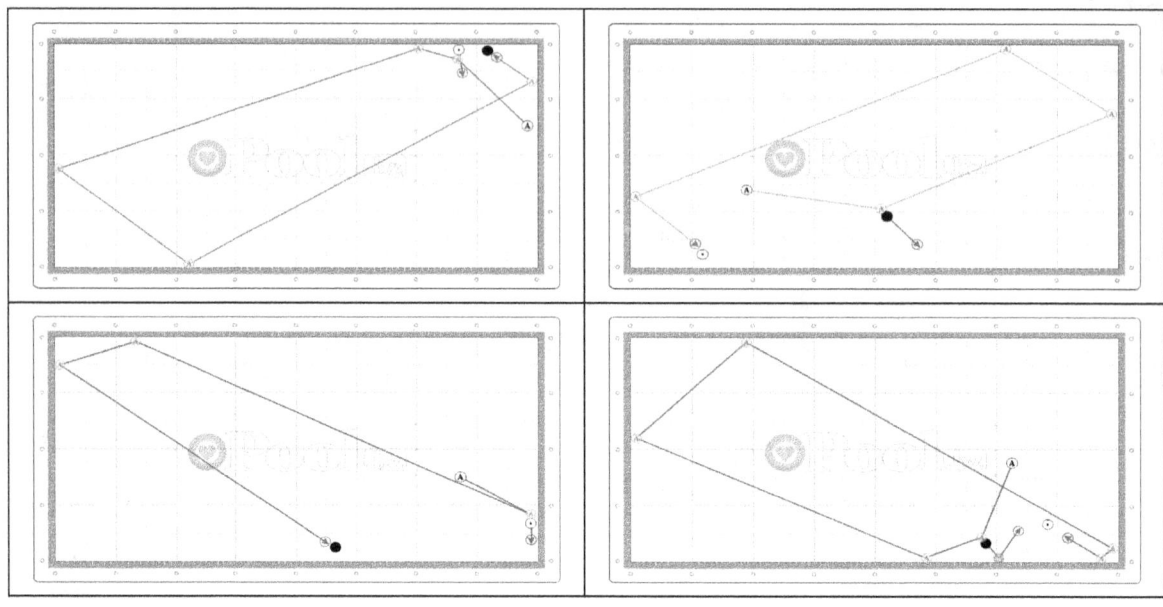

Une analyse:

E:3a. _____

E:3b. _____

E:3c. _____

E:3d. _____

E:3a – Installer

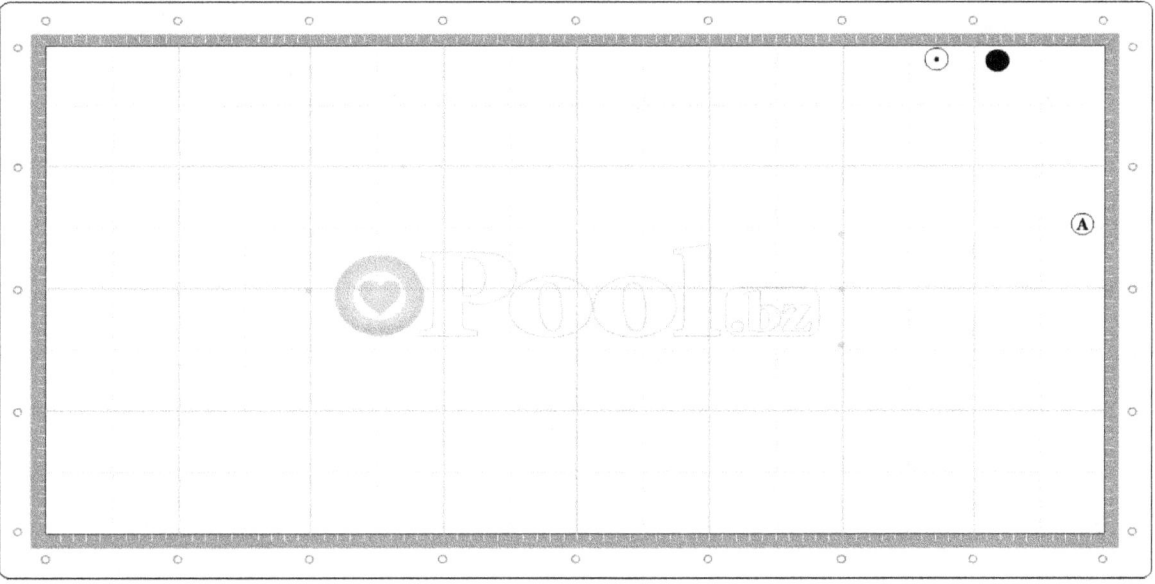

Notes et idées:

Modèle de balle

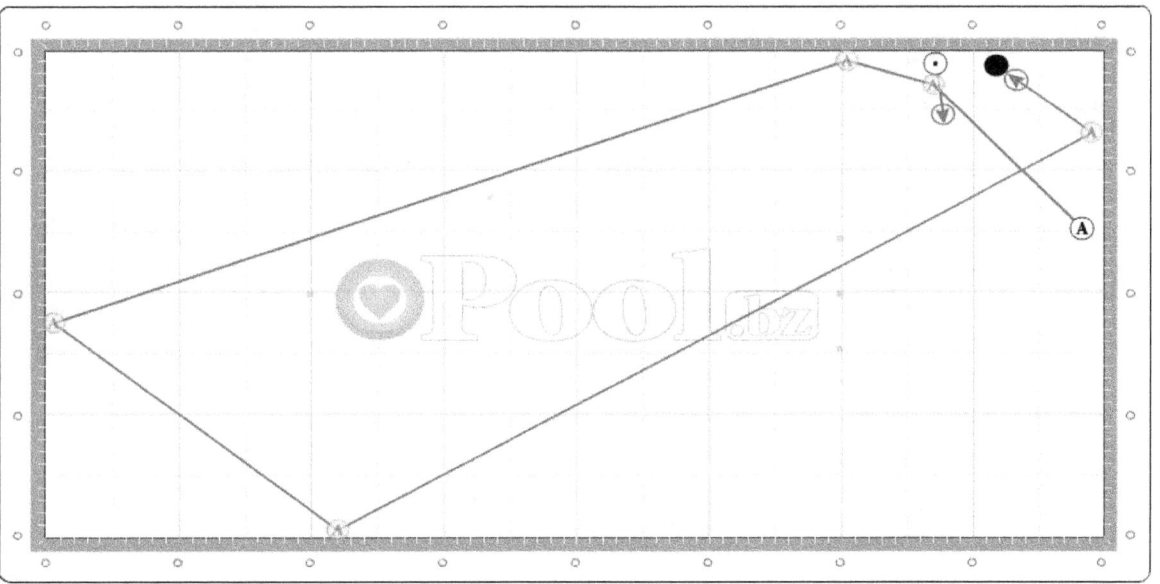

E:3b – Installer

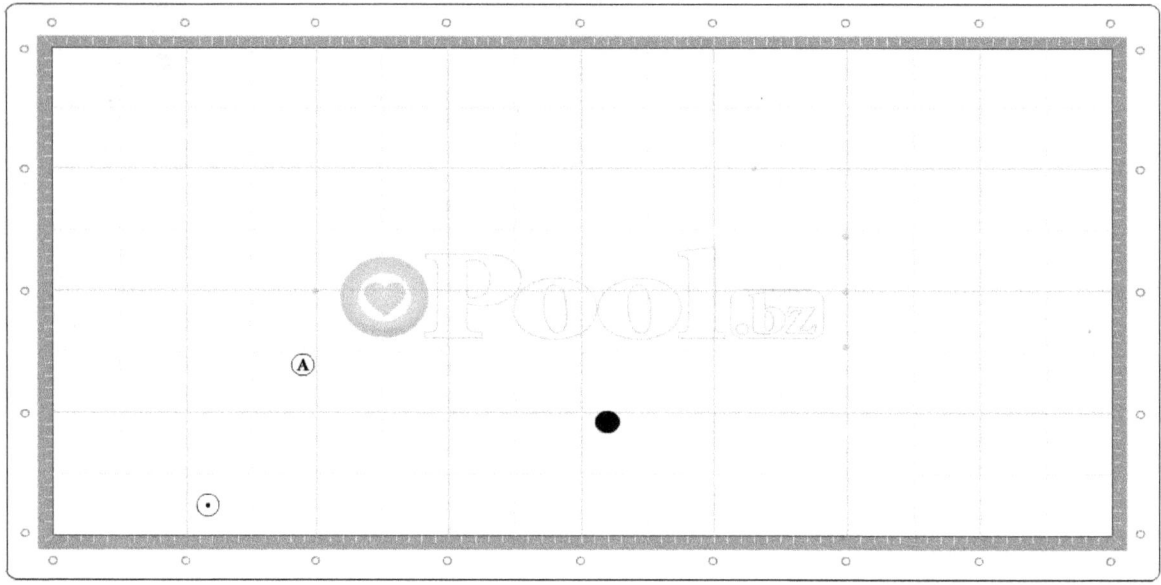

Notes et idées:

Modèle de balle

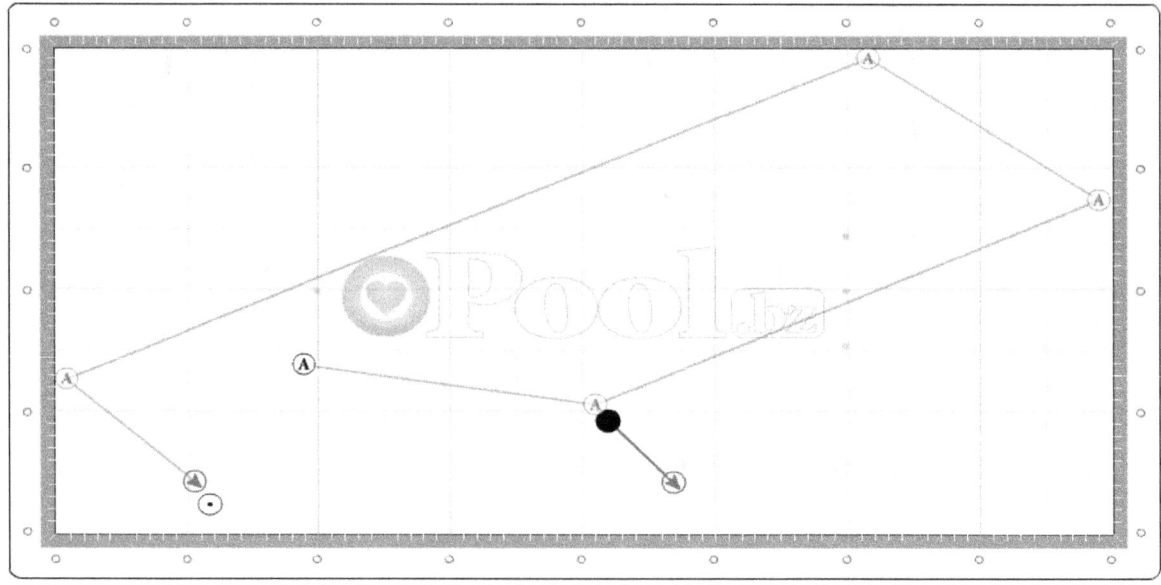

E:3c – Installer

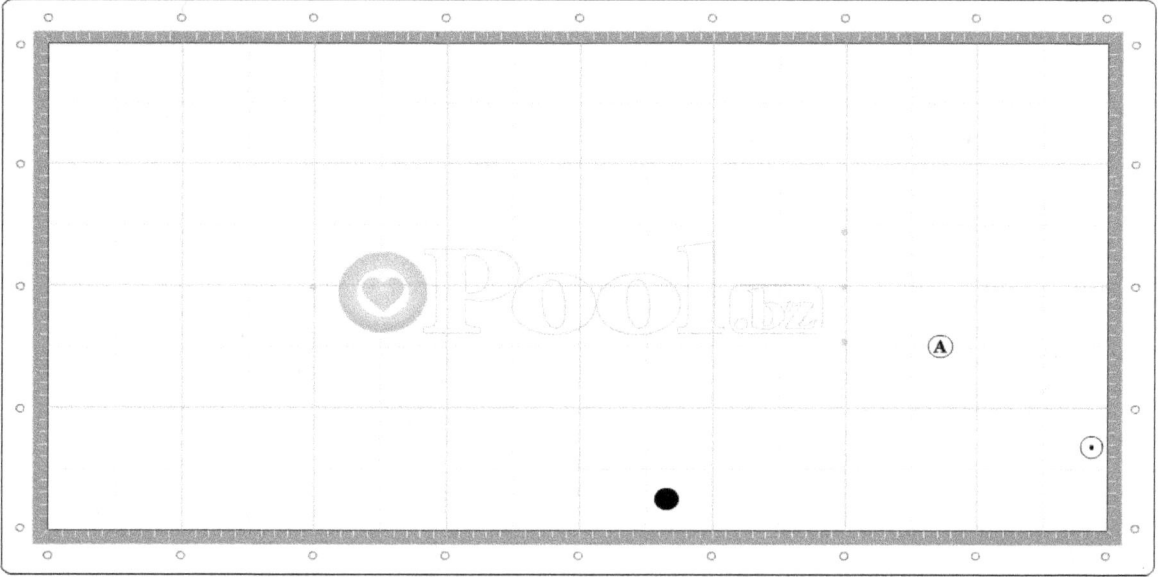

Notes et idées:

Modèle de balle

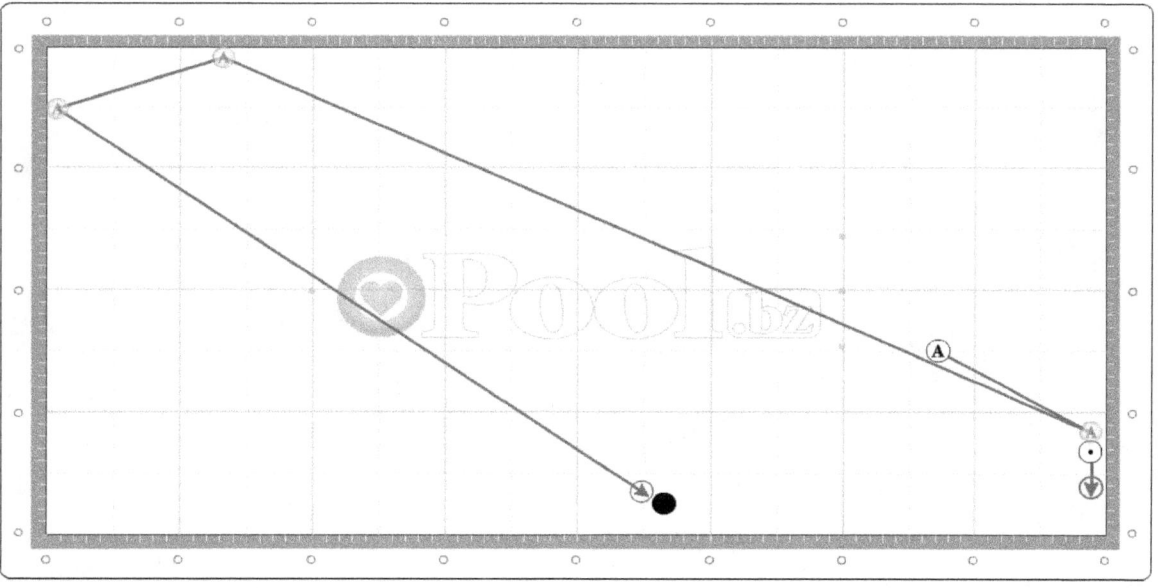

E:3d – Installer

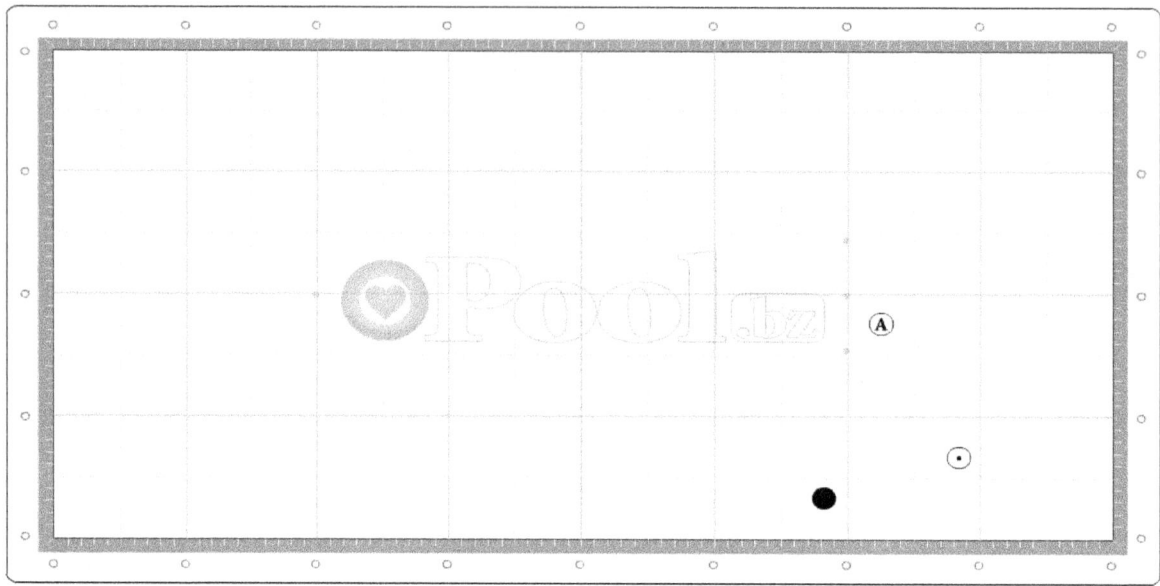

Notes et idées:

Modèle de balle

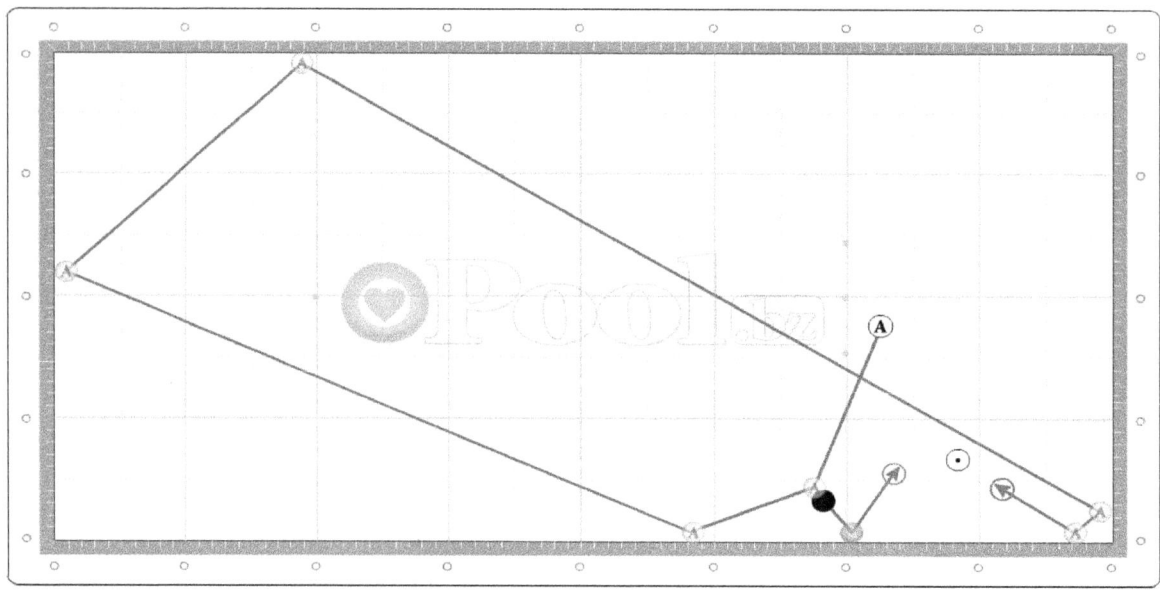

E: Groupe 4

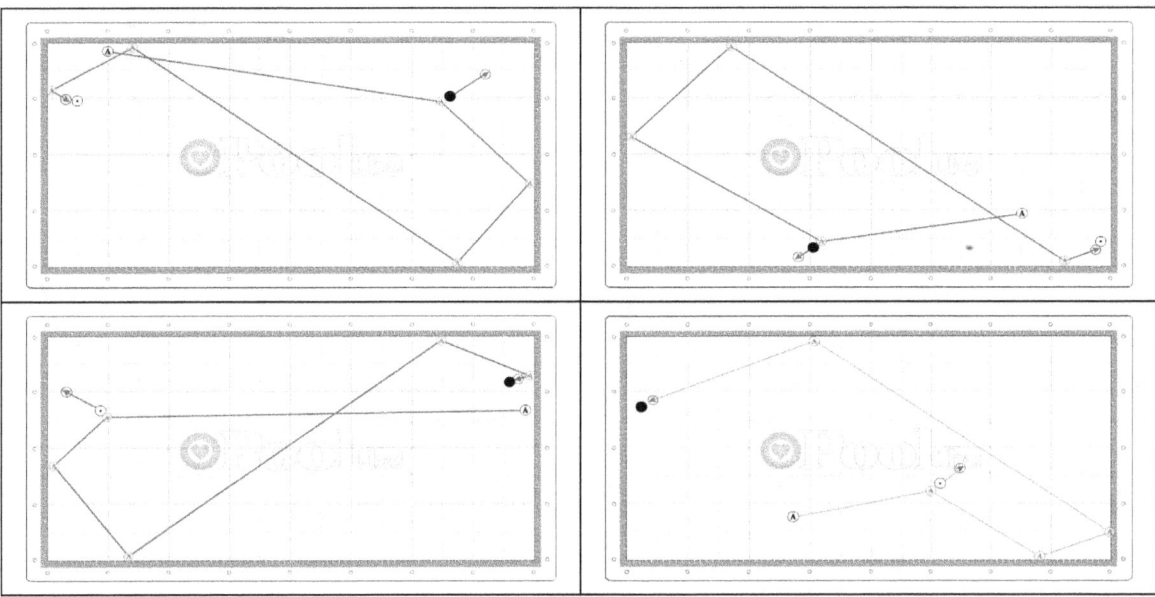

Une analyse:

E:4a. _____

E:4b. _____

E:4c. _____

E:4d. _____

E:4a – Installer

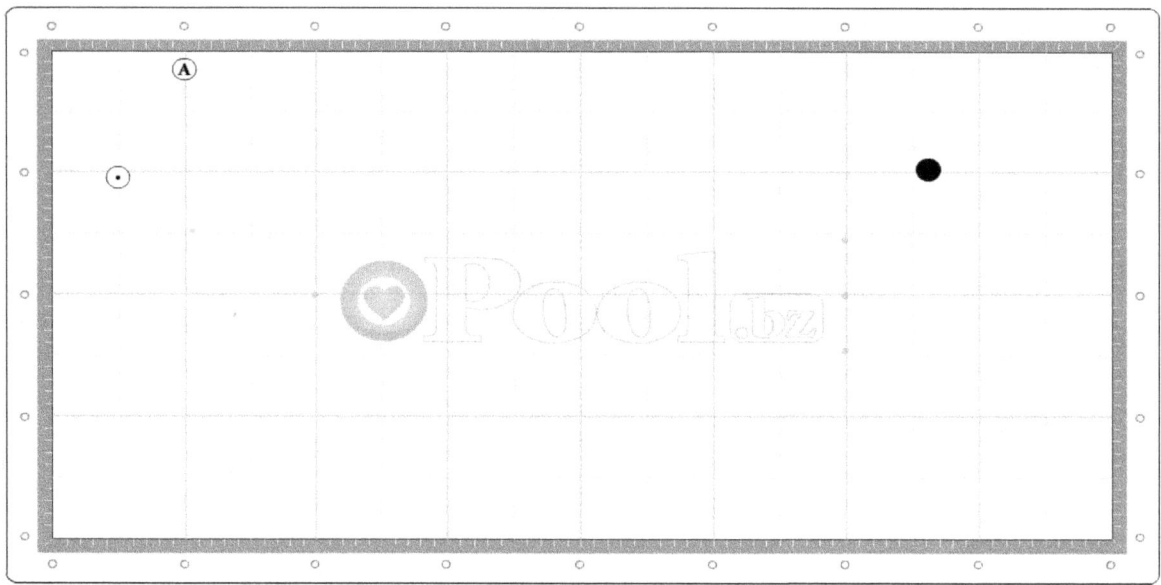

Notes et idées:

Modèle de balle

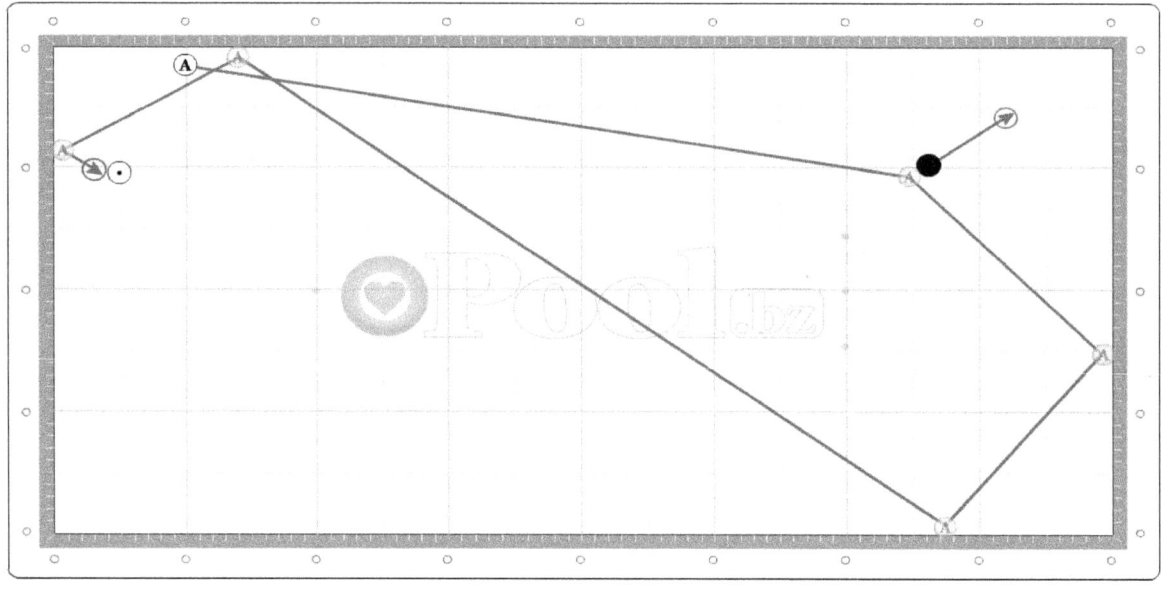

E:4b – Installer

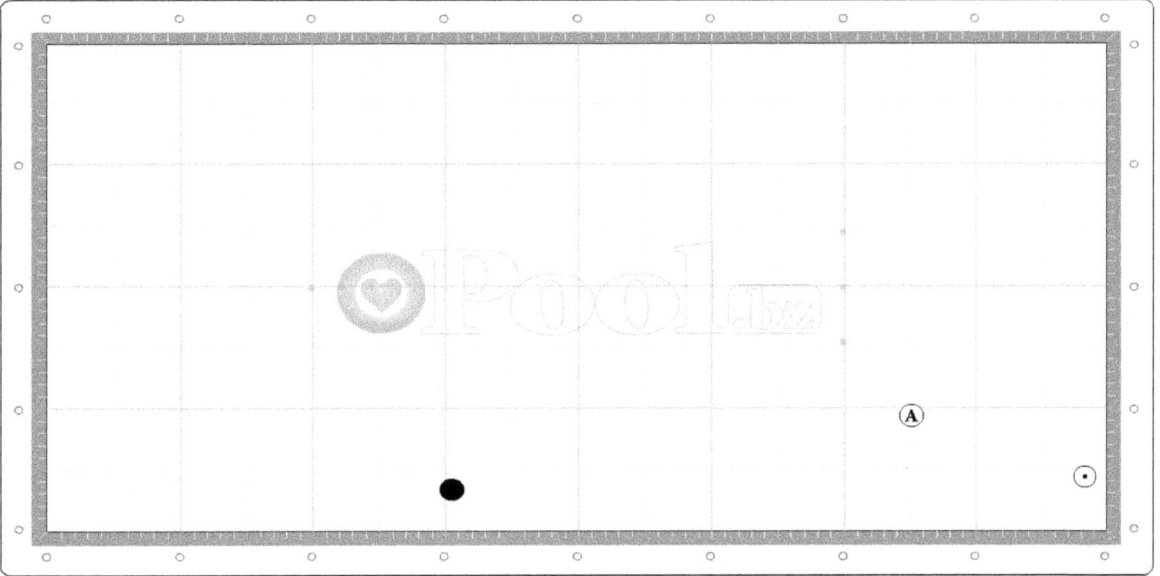

Notes et idées:

Modèle de balle

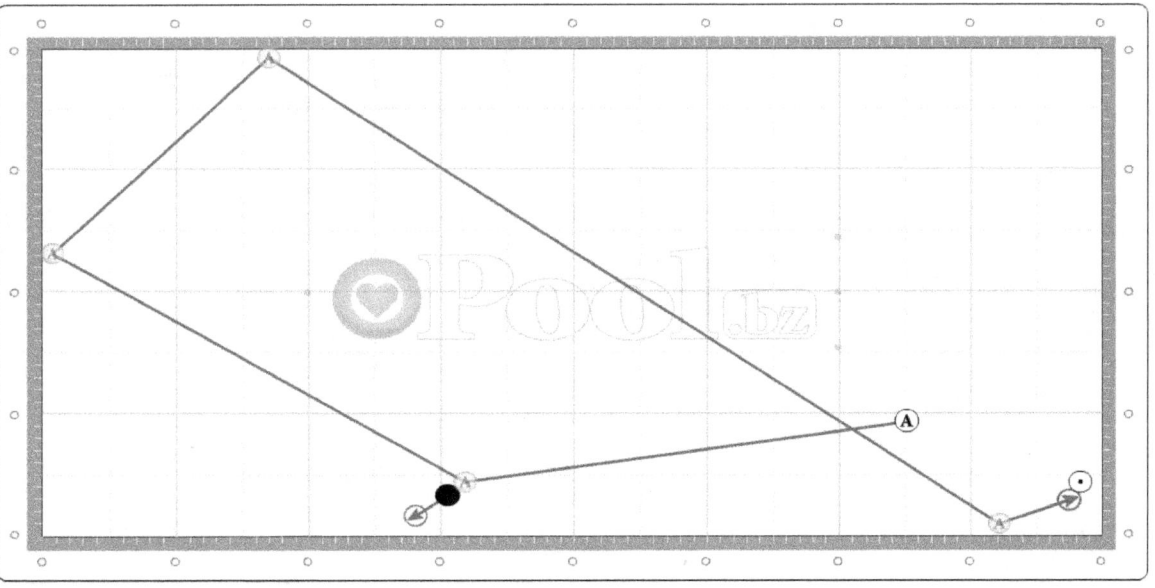

E:4c – Installer

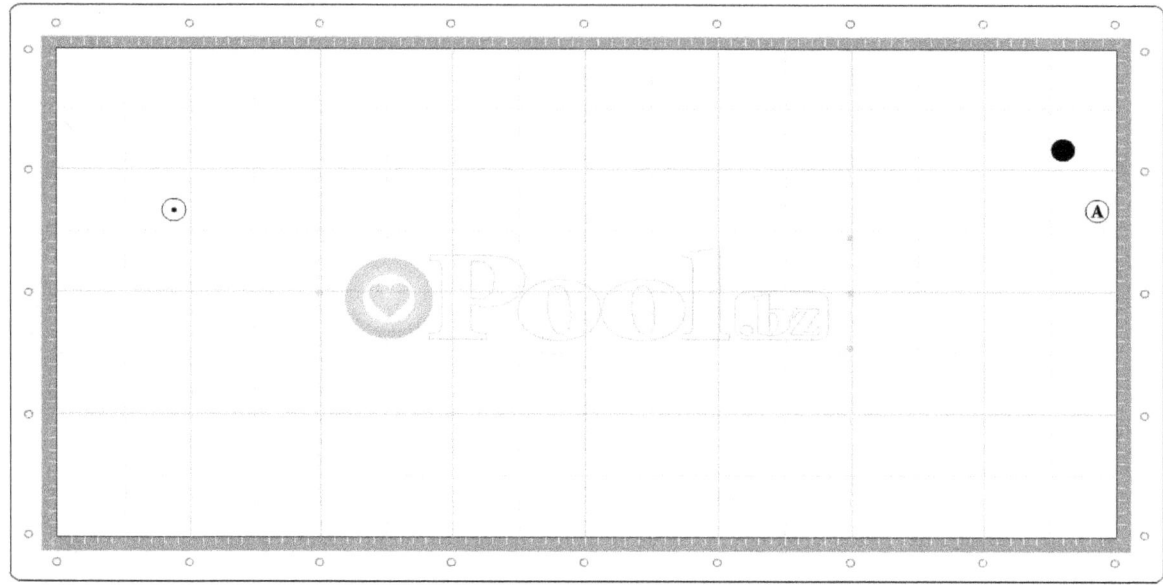

Notes et idées:

Modèle de balle

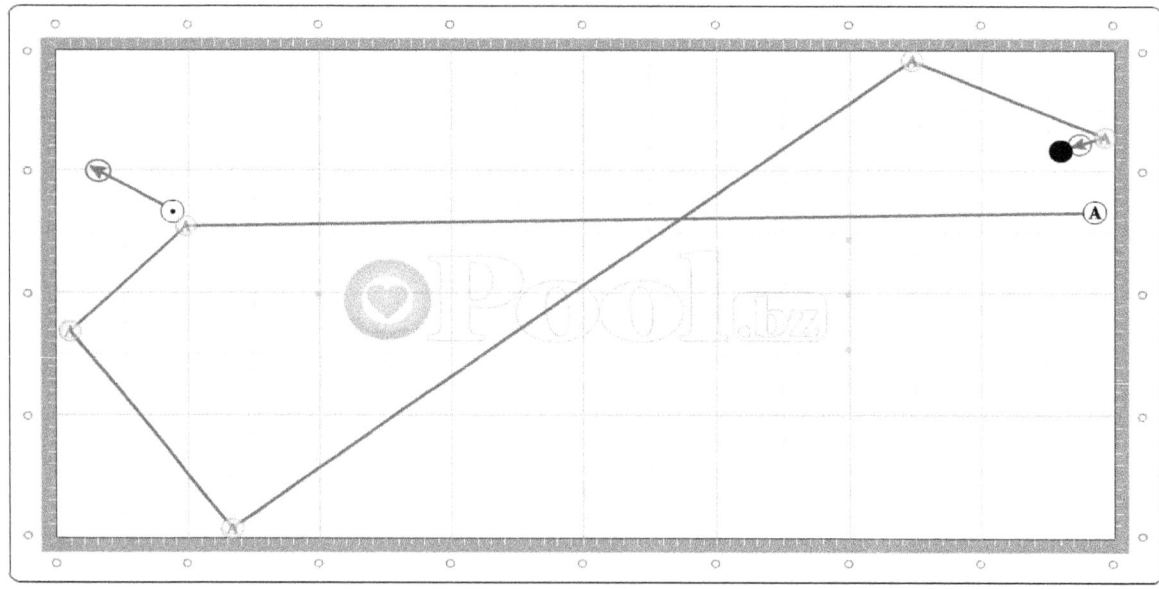

E:4d – Installer

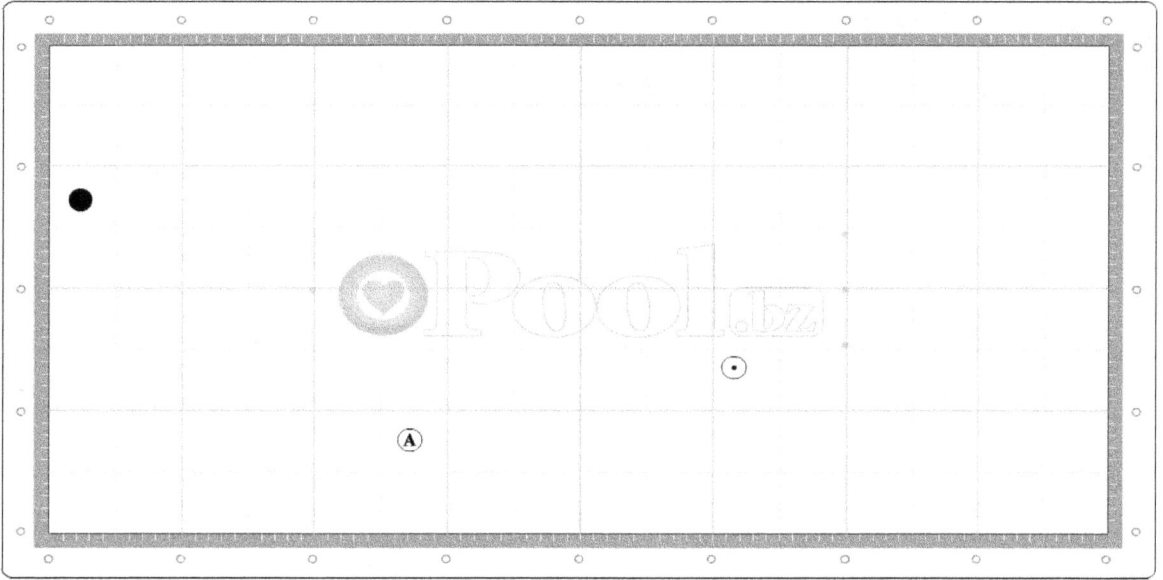

Notes et idées:

Modèle de balle

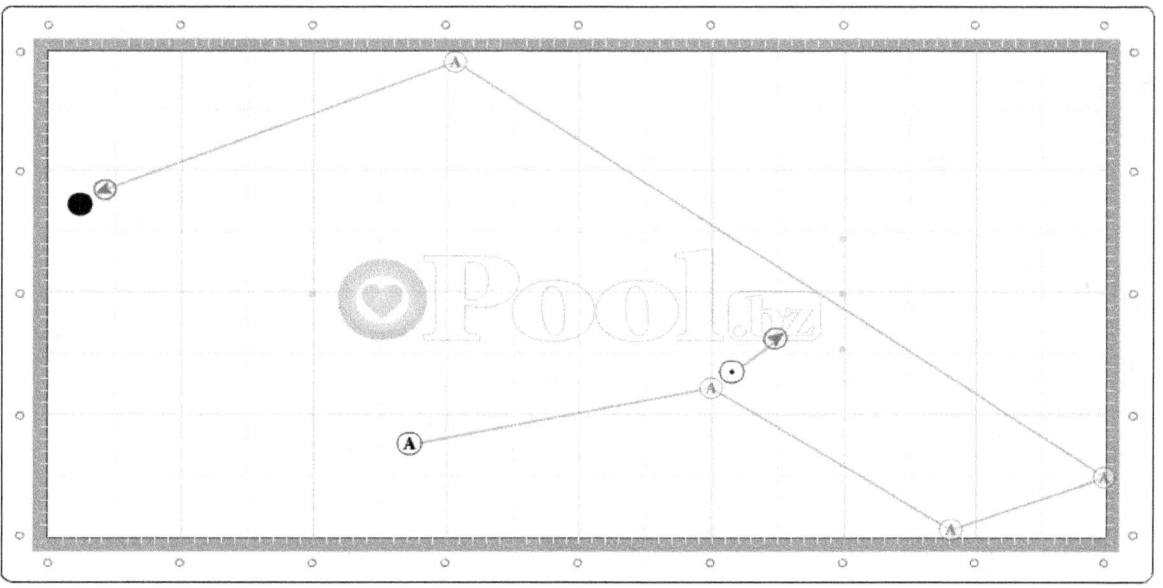

E: Groupe 5

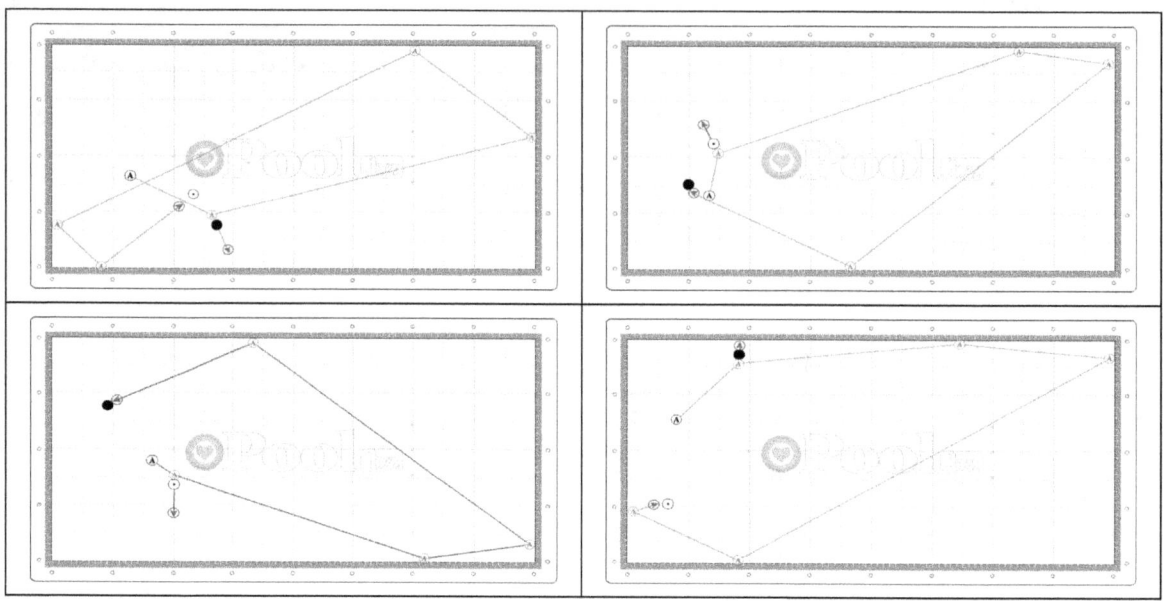

Une analyse:

E:5a. _____

E:5b. _____

E:5c. _____

E:5d. _____

E:5a – Installer

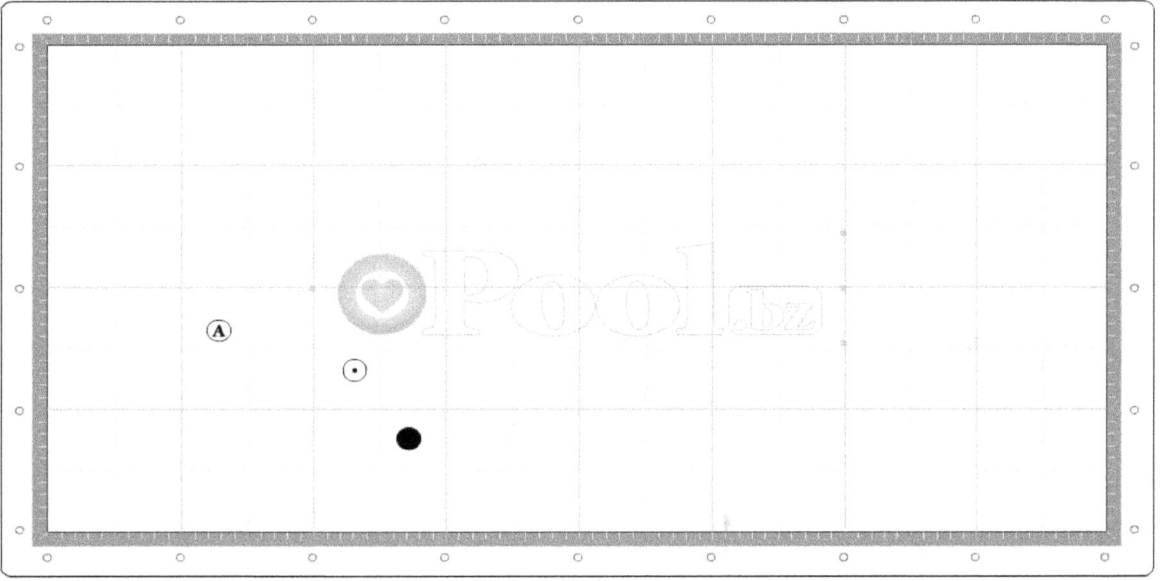

Notes et idées:

Modèle de balle

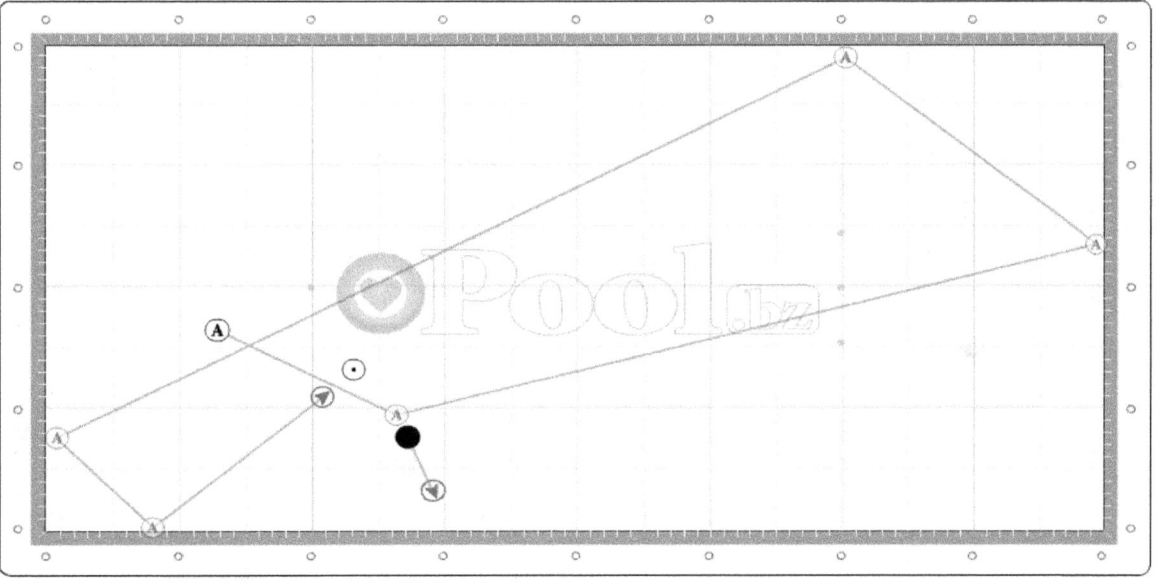

E:5b – Installer

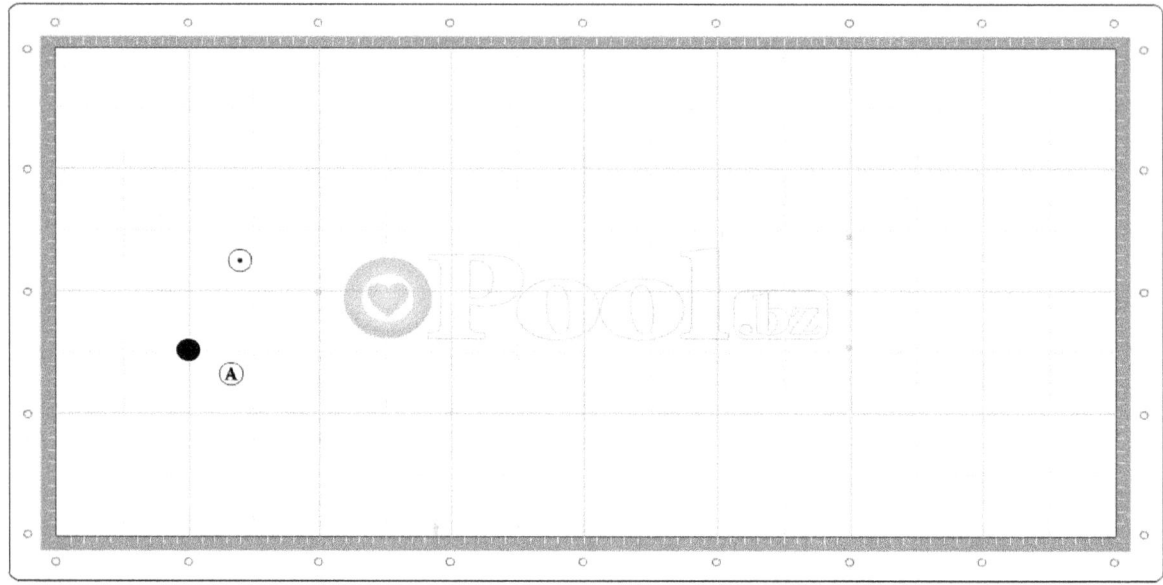

Notes et idées:

Modèle de balle

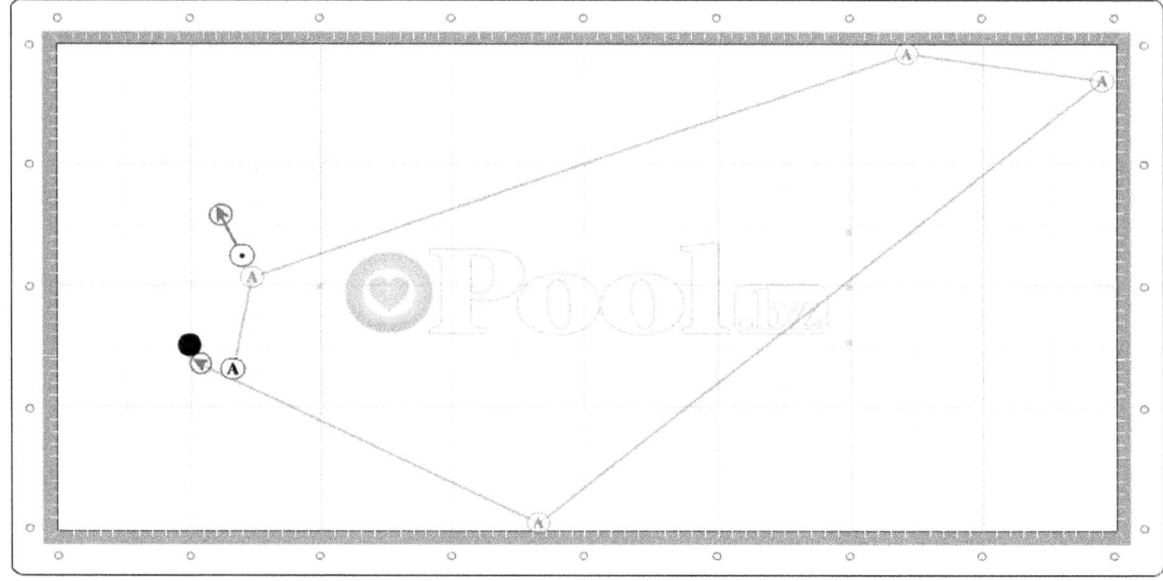

E:5c – Installer

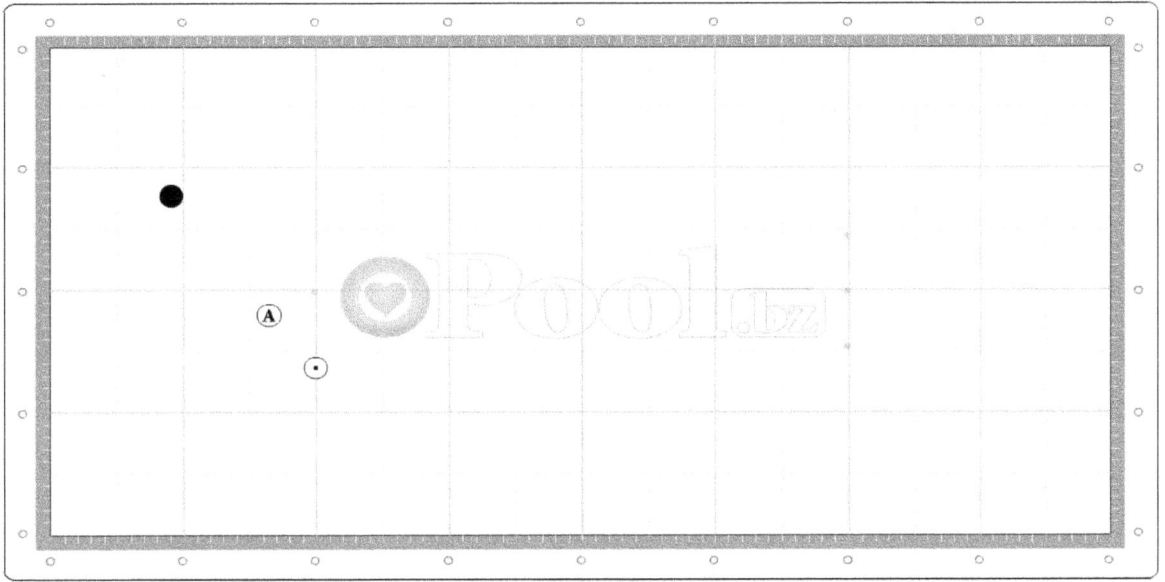

Notes et idées:

Modèle de balle

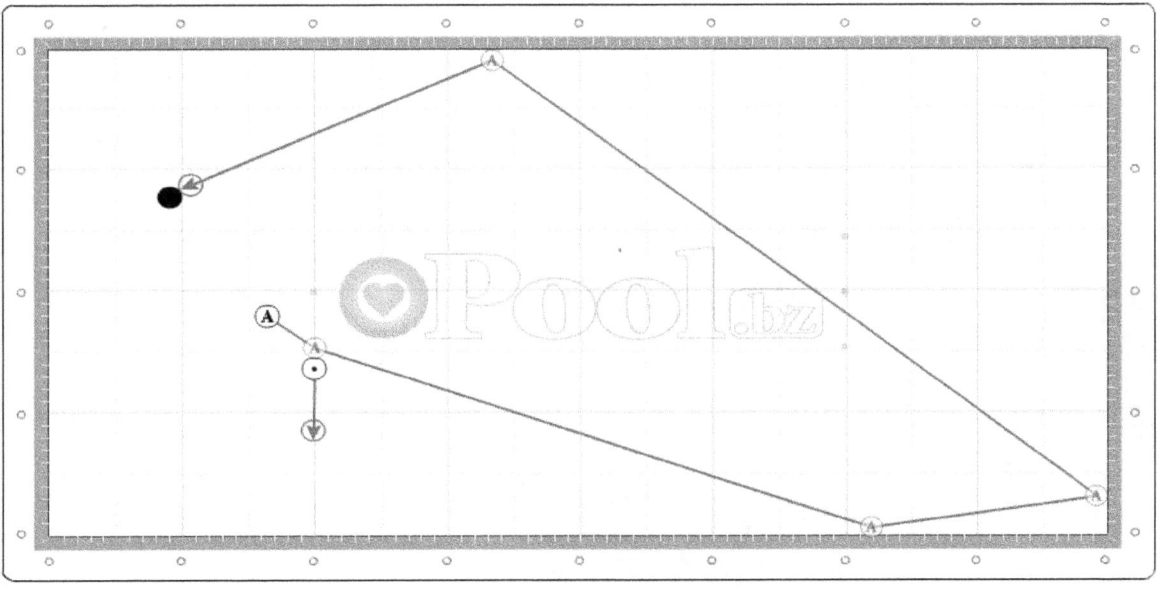

E:5d – Installer

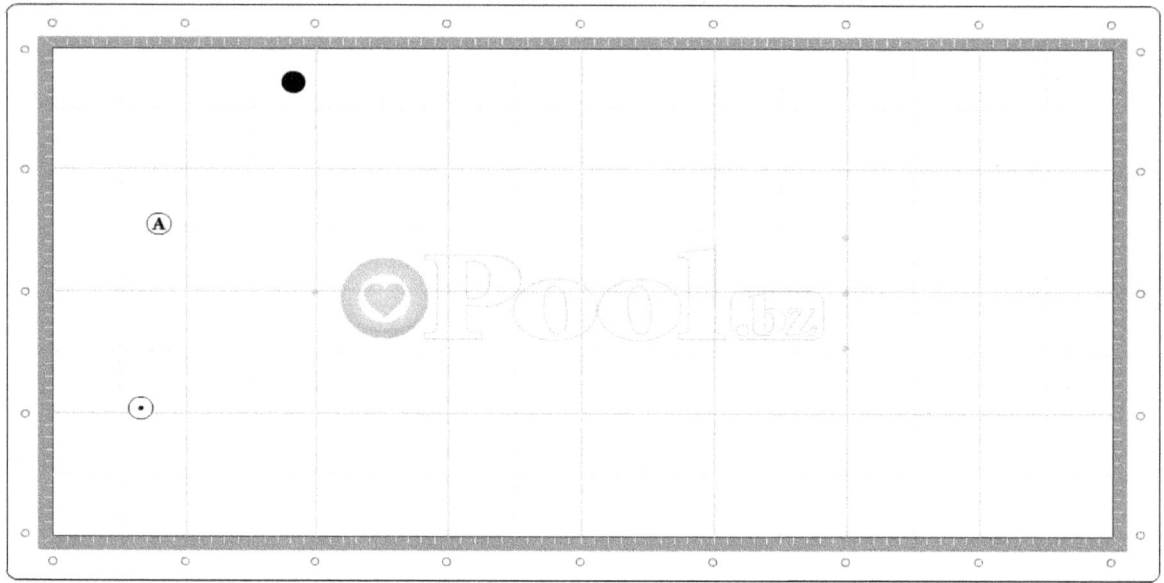

Notes et idées:

Modèle de balle

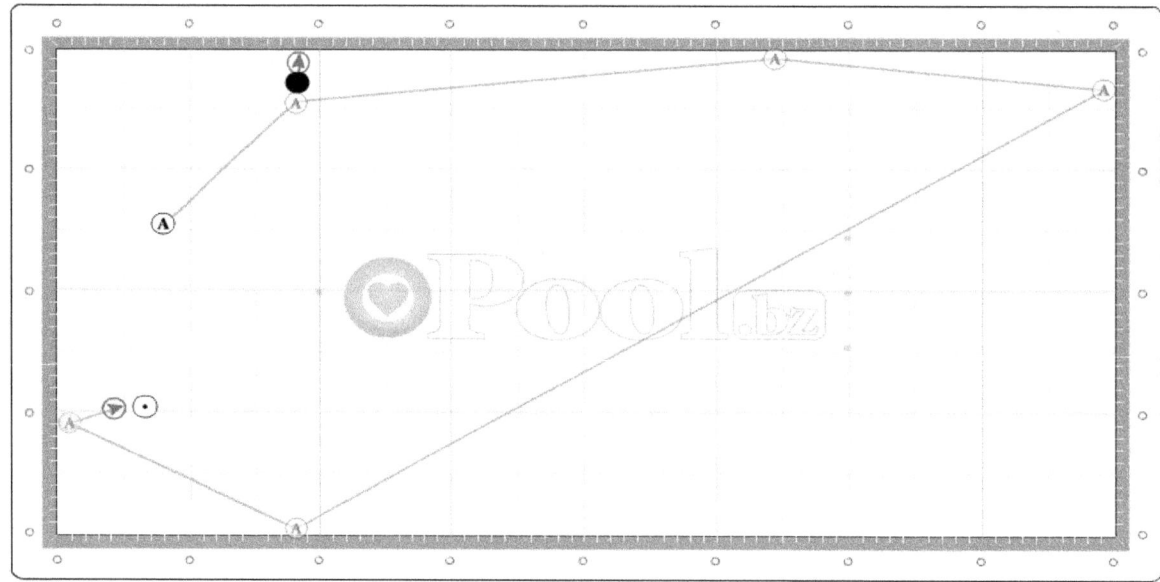

E: Groupe 6

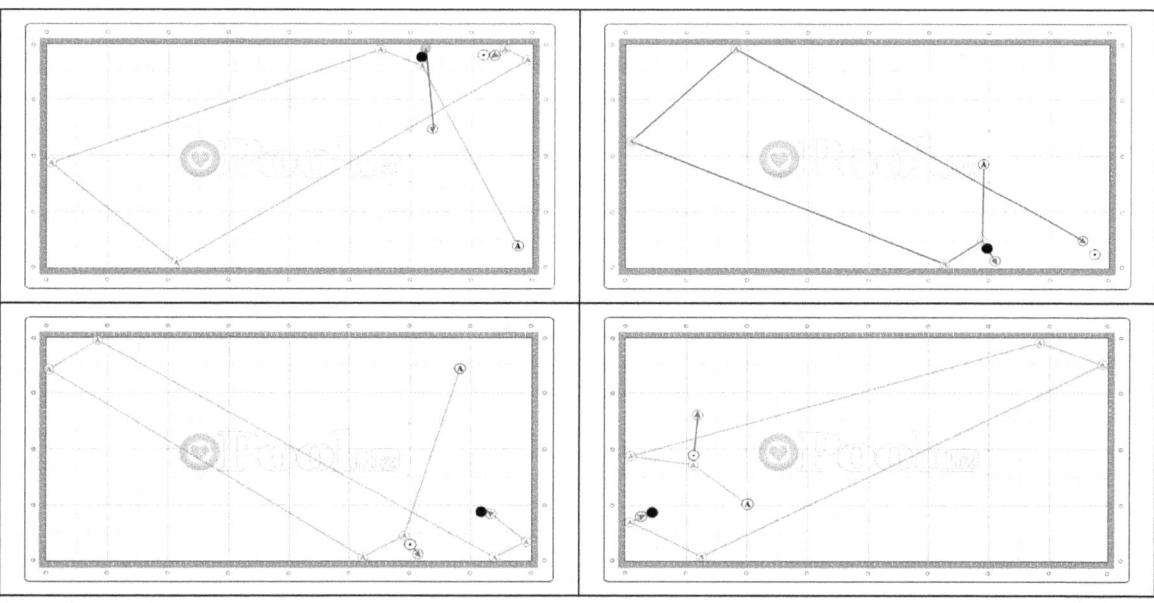

Une analyse:

E:6a. _____

E:6b. _____

E:6c. _____

E:6d. _____

E:6a – Installer

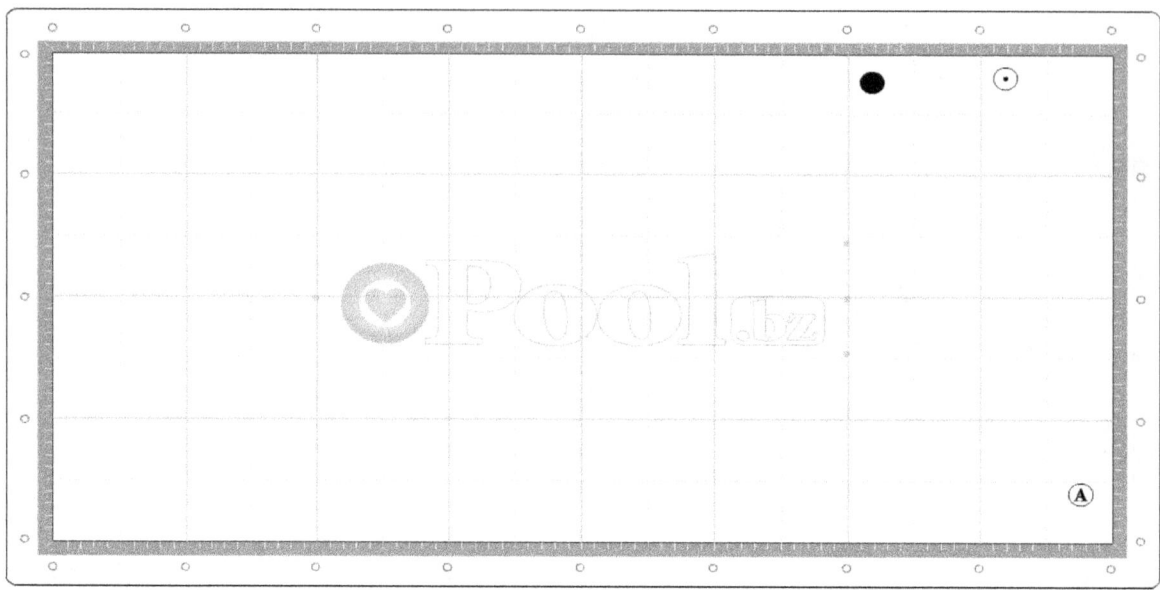

Notes et idées:

Modèle de balle

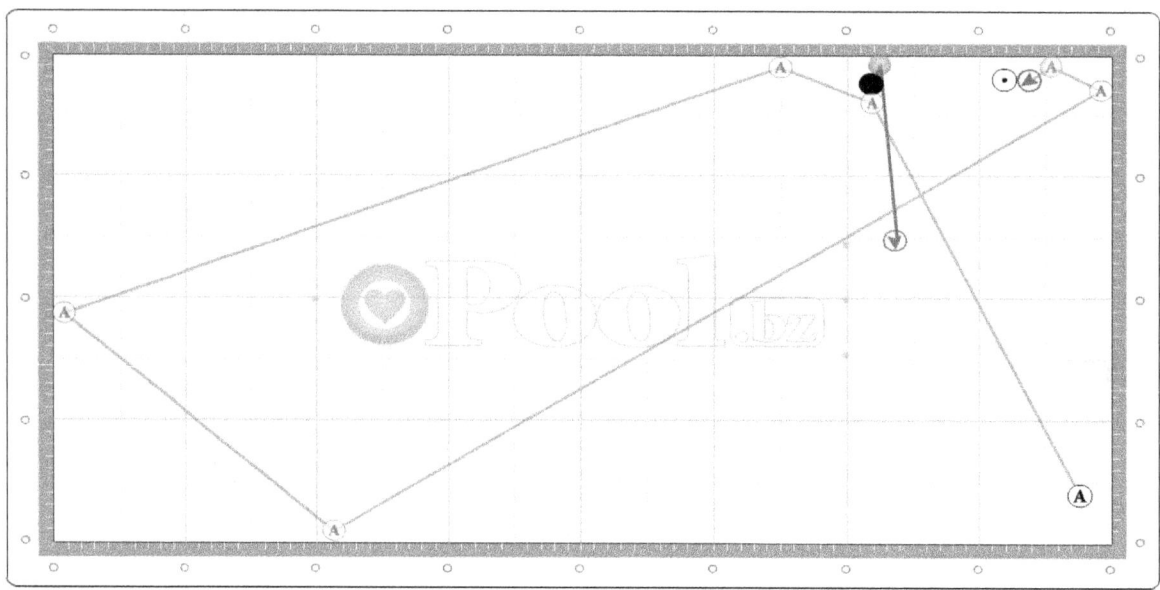

E:6b – Installer

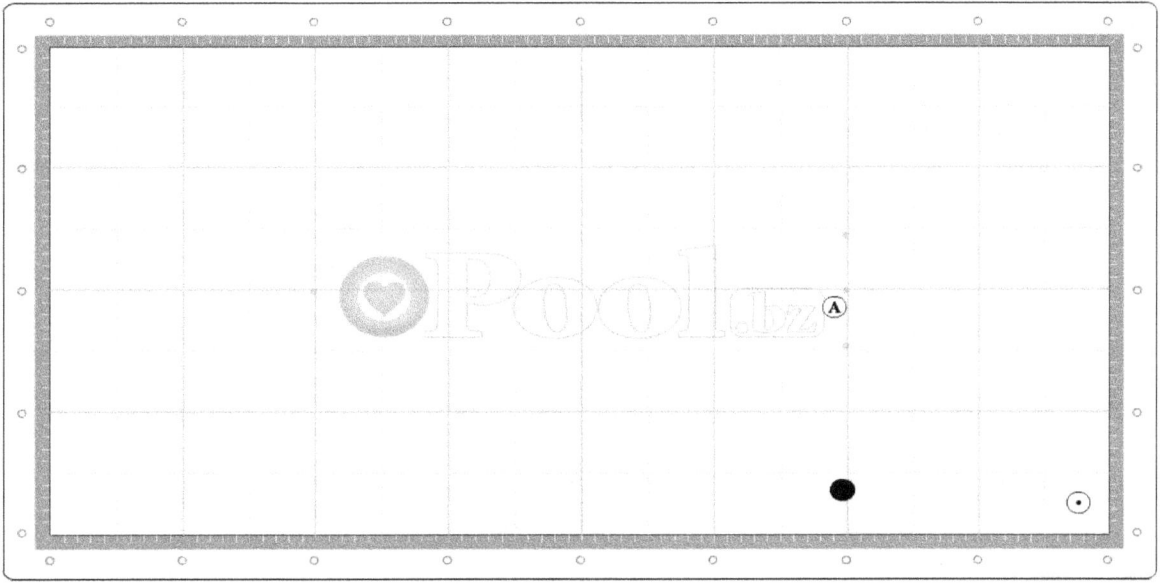

Notes et idées:

Modèle de balle

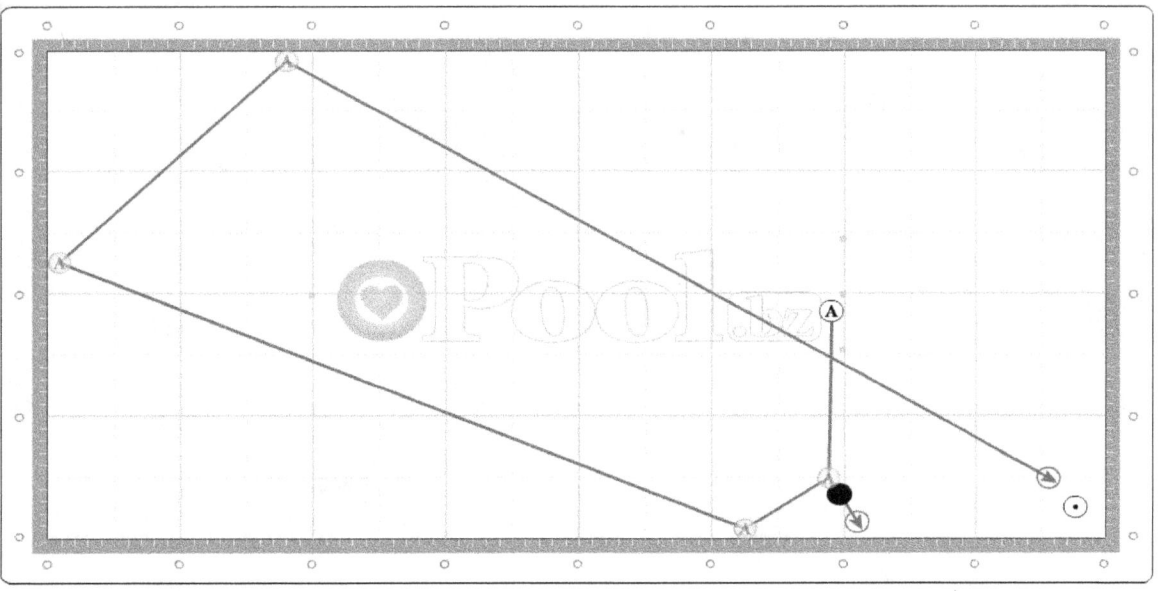

E:6c – Installer

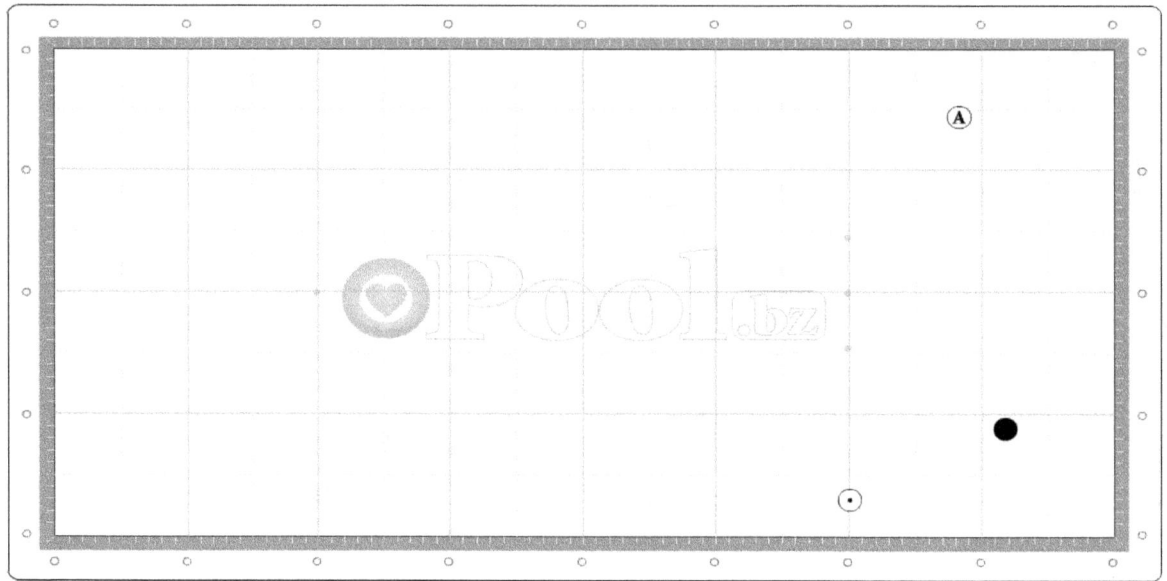

Notes et idées:

Modèle de balle

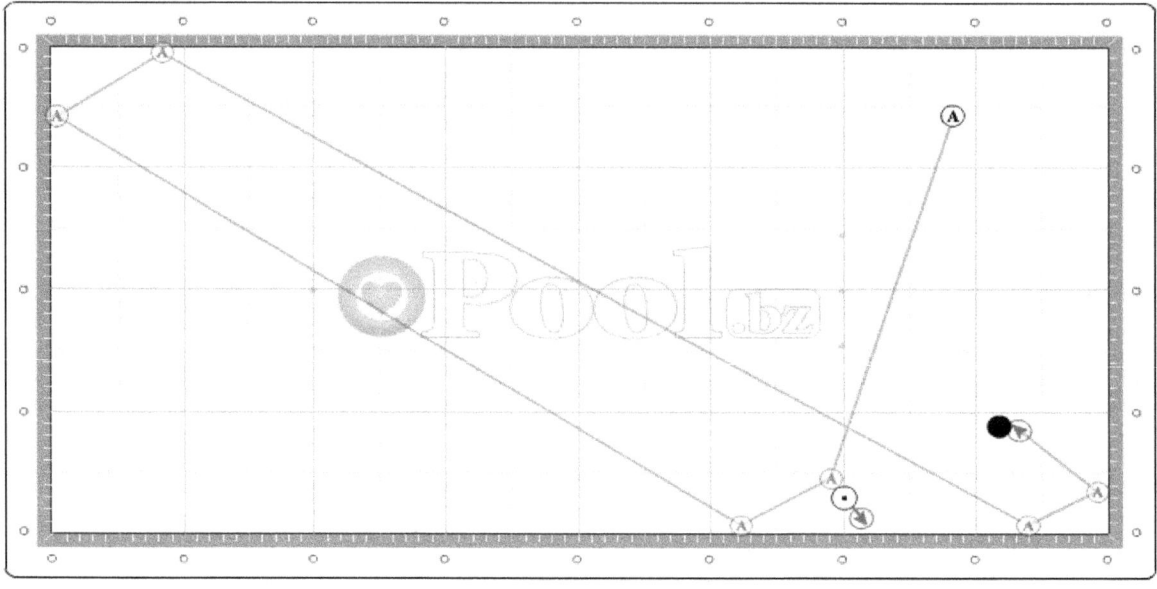

E:6d – Installer

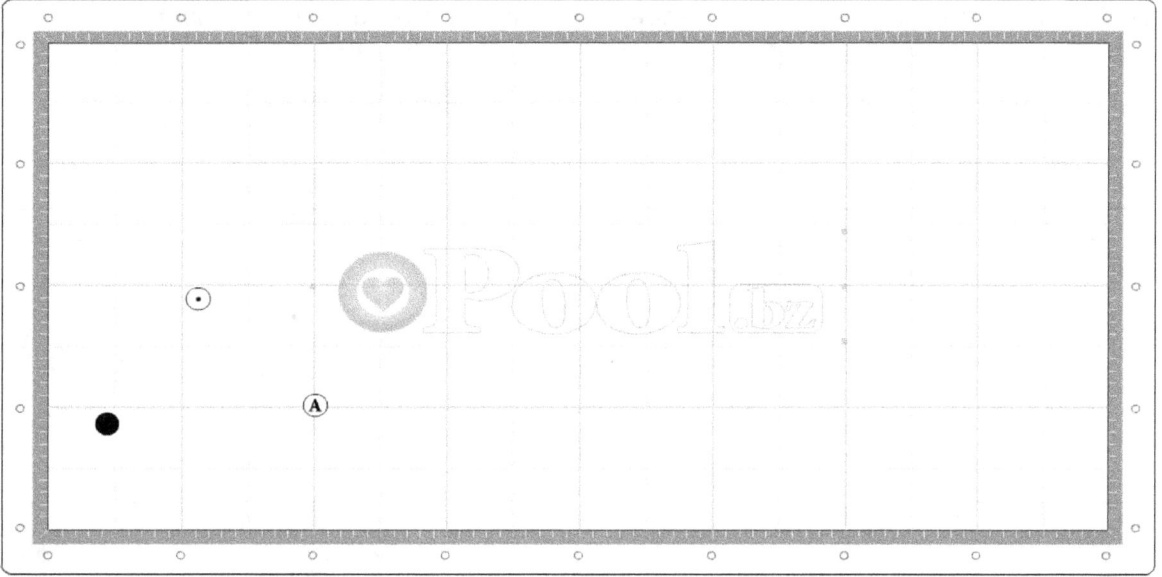

Notes et idées:

Modèle de balle

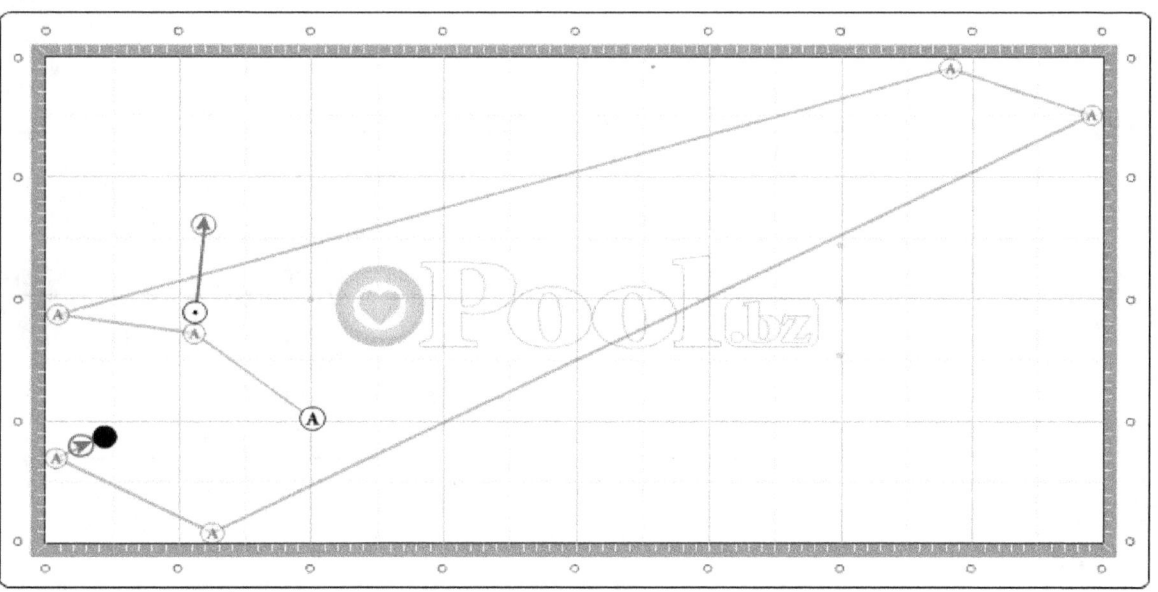

F: Diagonales triples

Le (CB) se détache du premier (OB) et entre ensuite dans le motif diagonal. Ce sont des solutions intéressantes car le (CB) se déplace de haut en bas trois fois.

(A) (CB) (votre balle) - (•) (OB) (balle de l'adversaire) – ● (OB) Balle rouge

F: Groupe 1

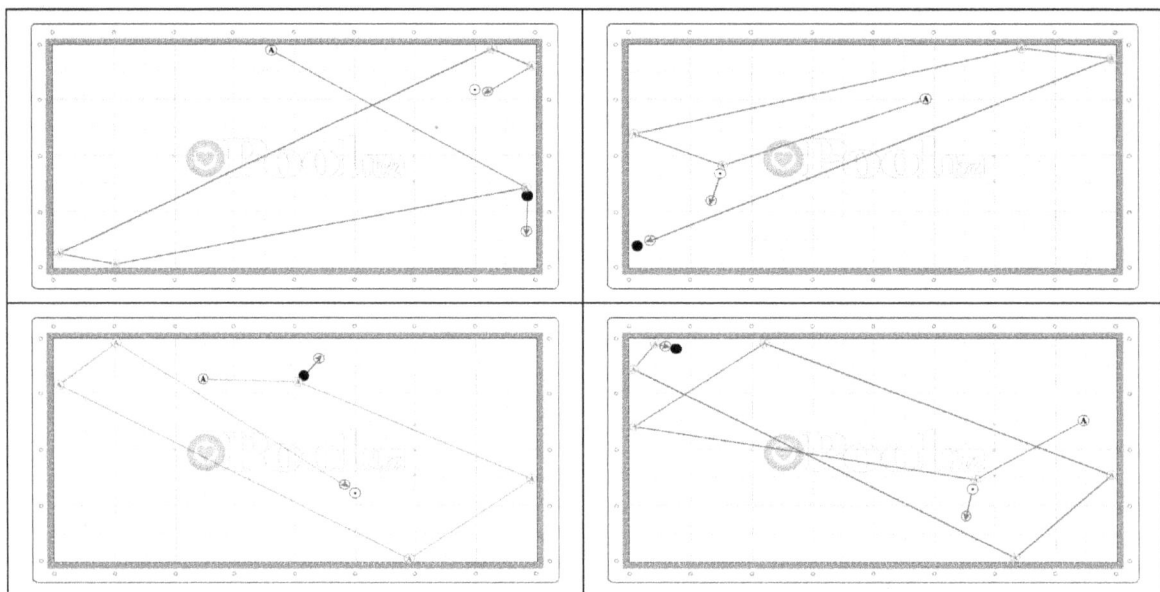

Une analyse:

F:1a. _____

F:1b. _____

F:1c. _____

F:1d. _____

F:1a – Installer

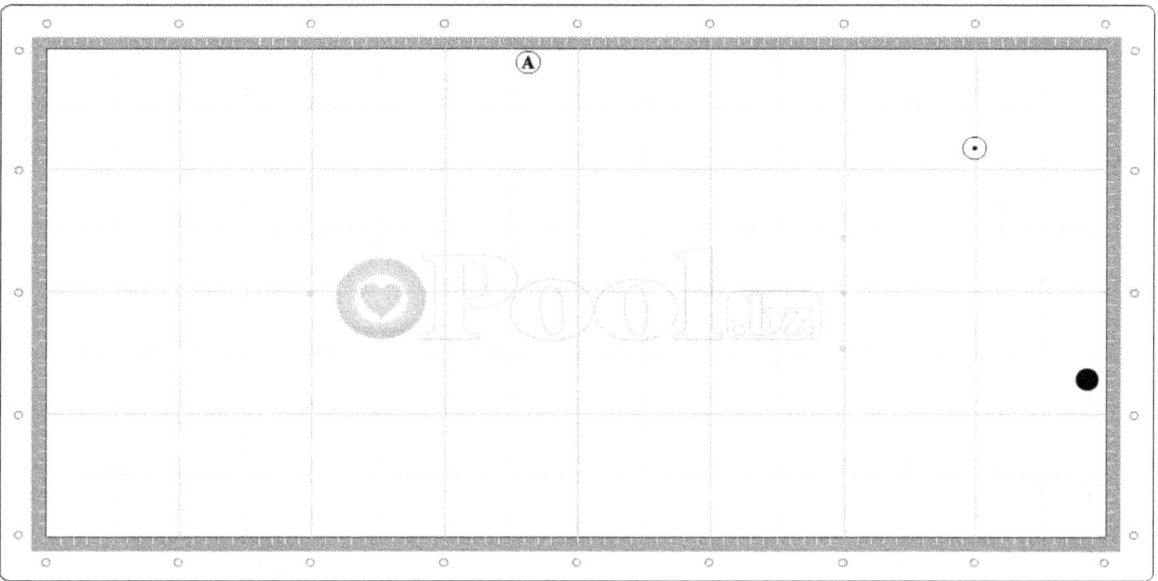

Notes et idées:

Modèle de balle

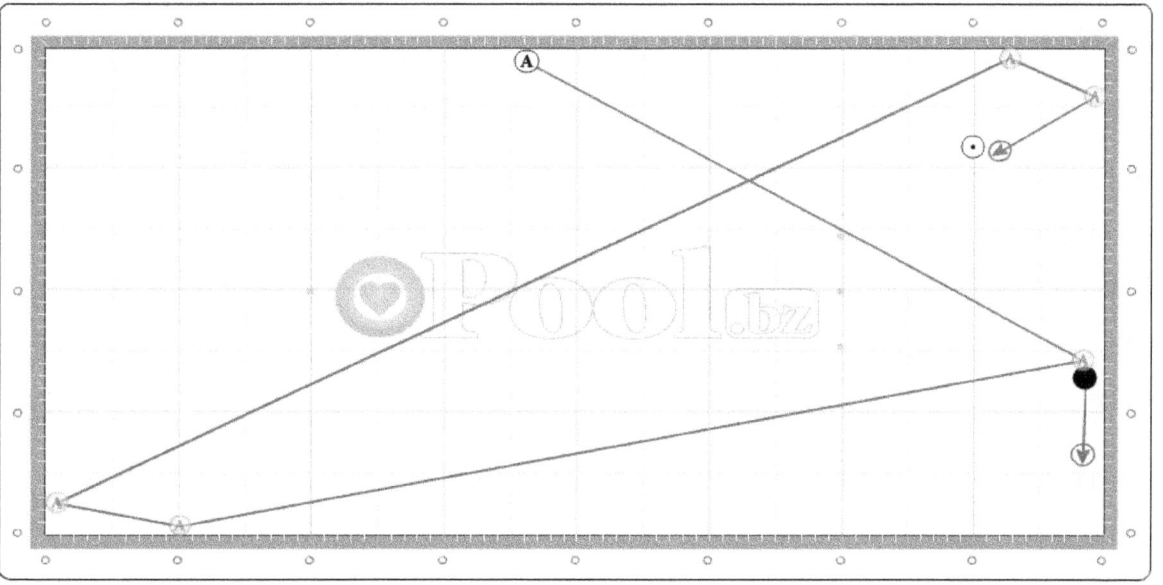

F:1b – Installer

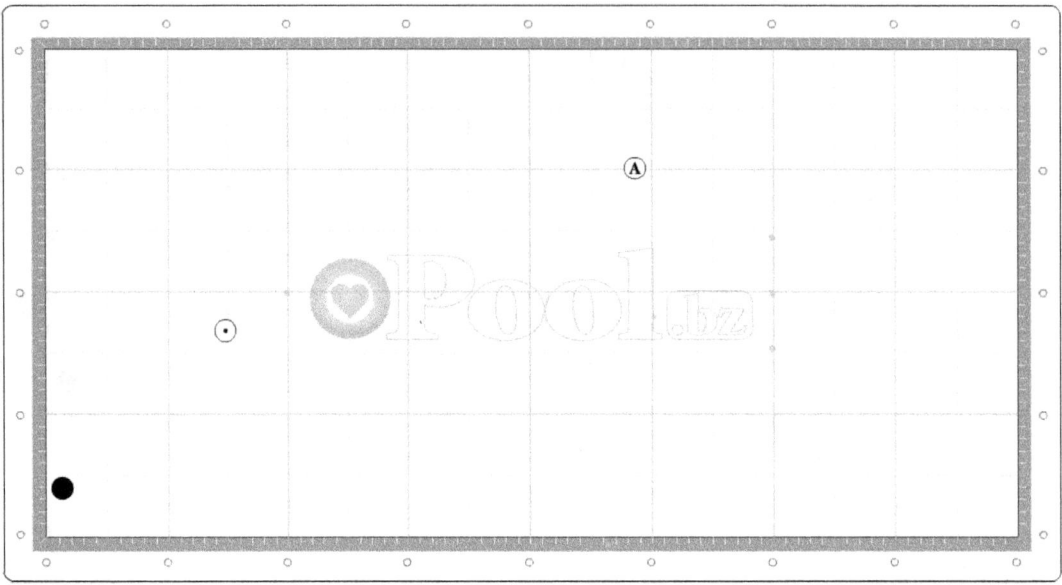

Notes et idées:

Modèle de balle

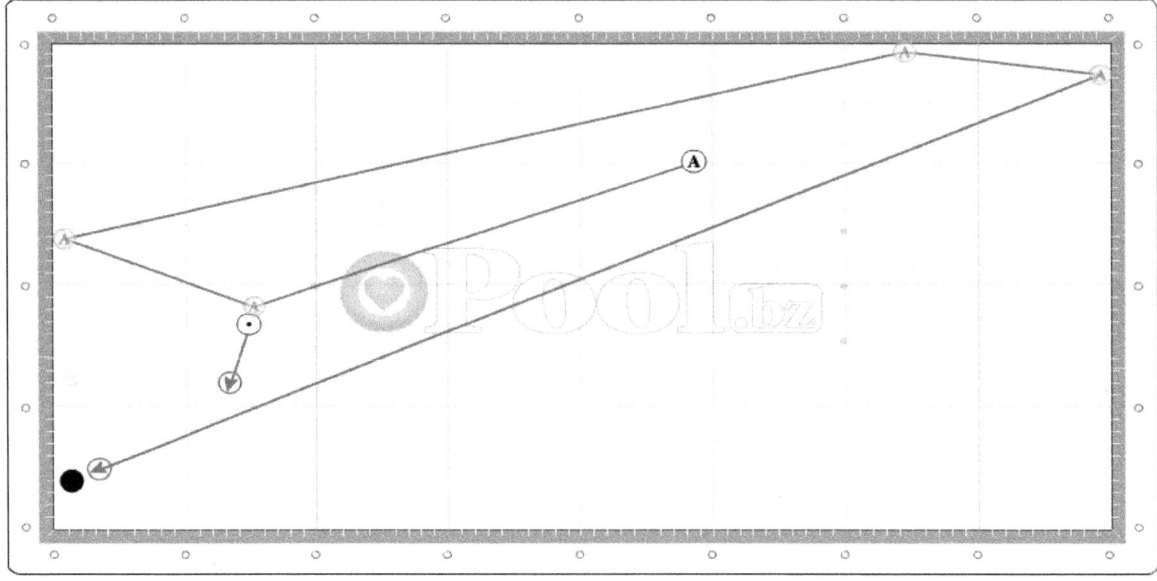

F:1c – Installer

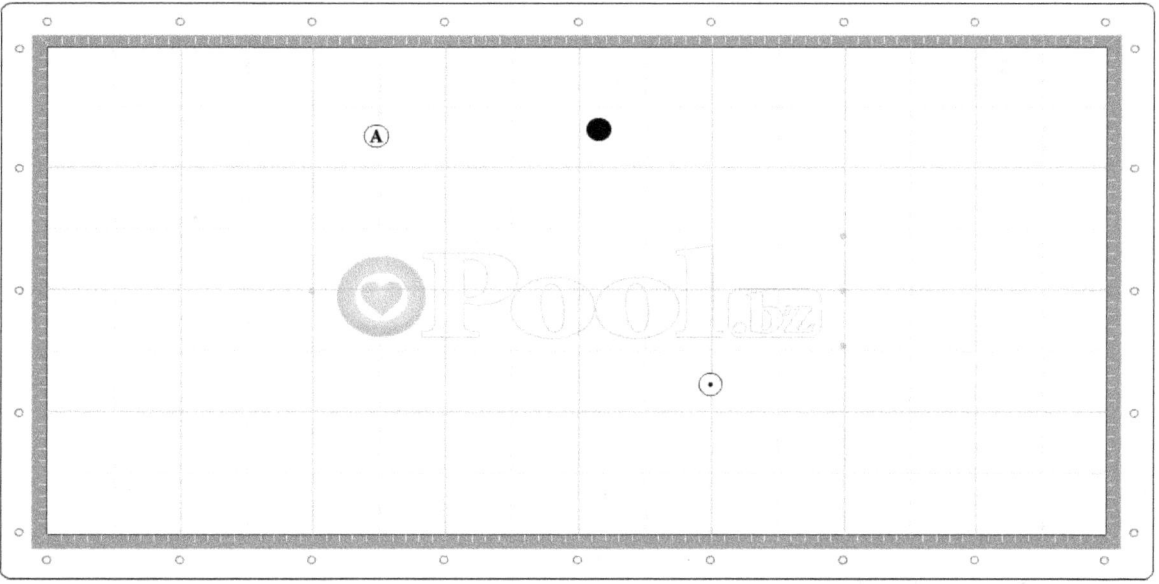

Notes et idées:

Modèle de balle

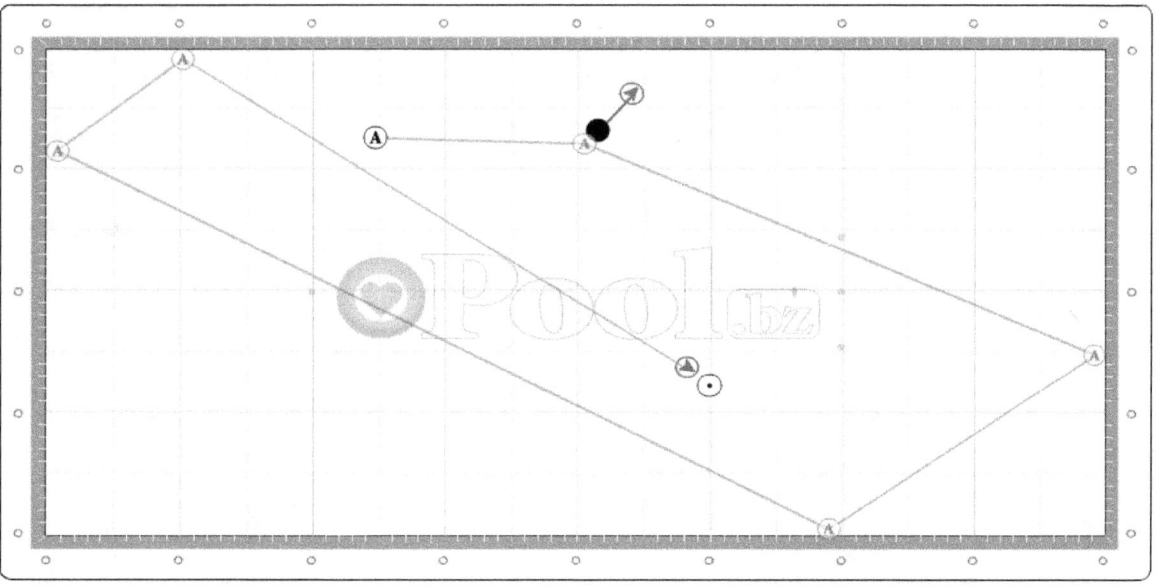

F:1d – Installer

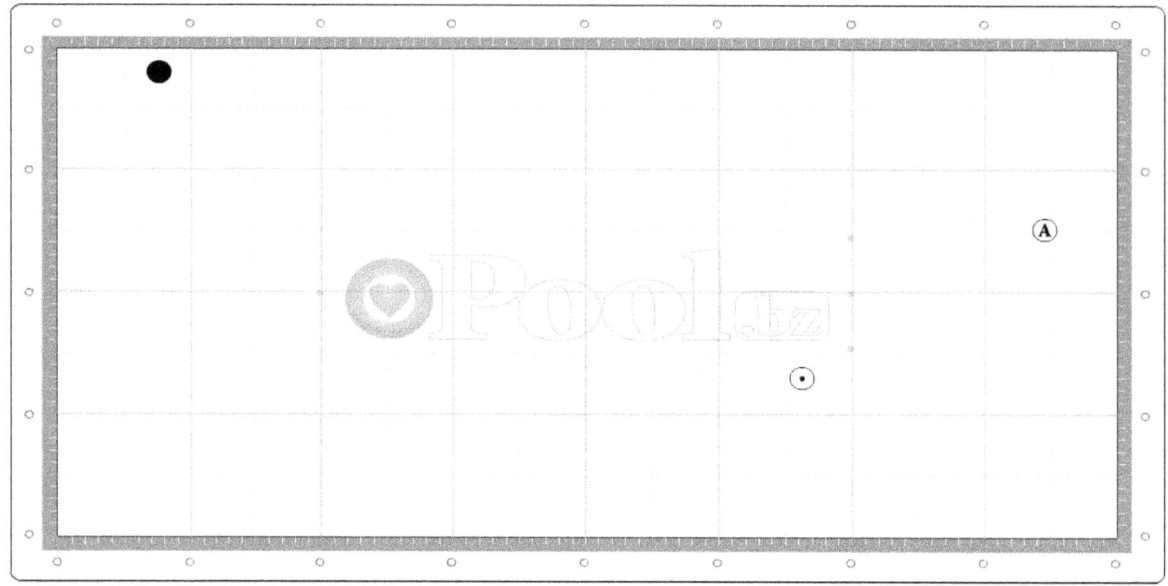

Notes et idées:

Modèle de balle

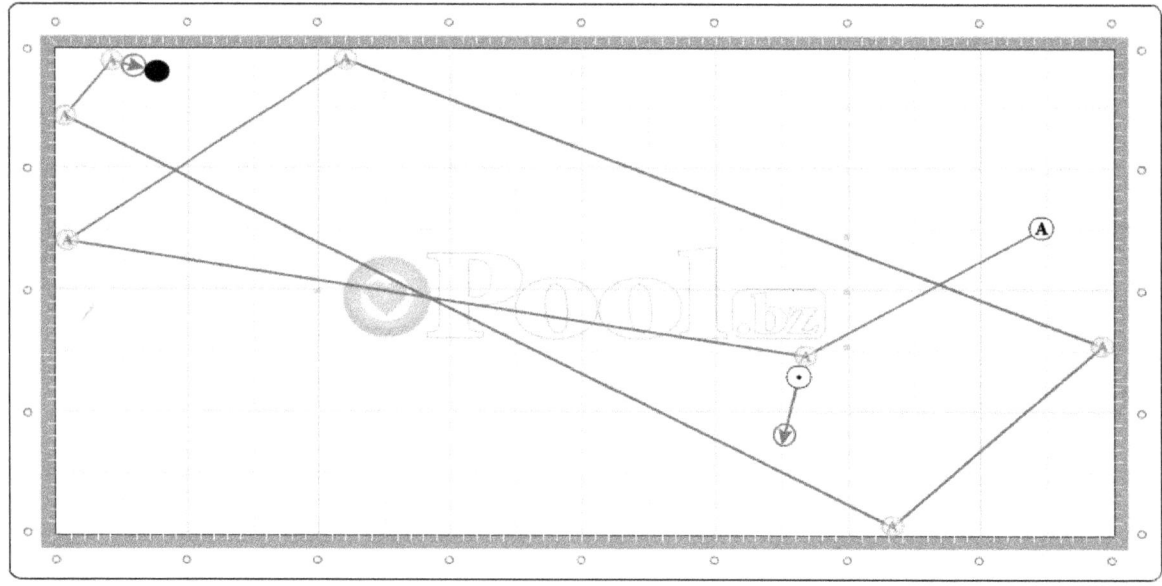

F: Groupe 2

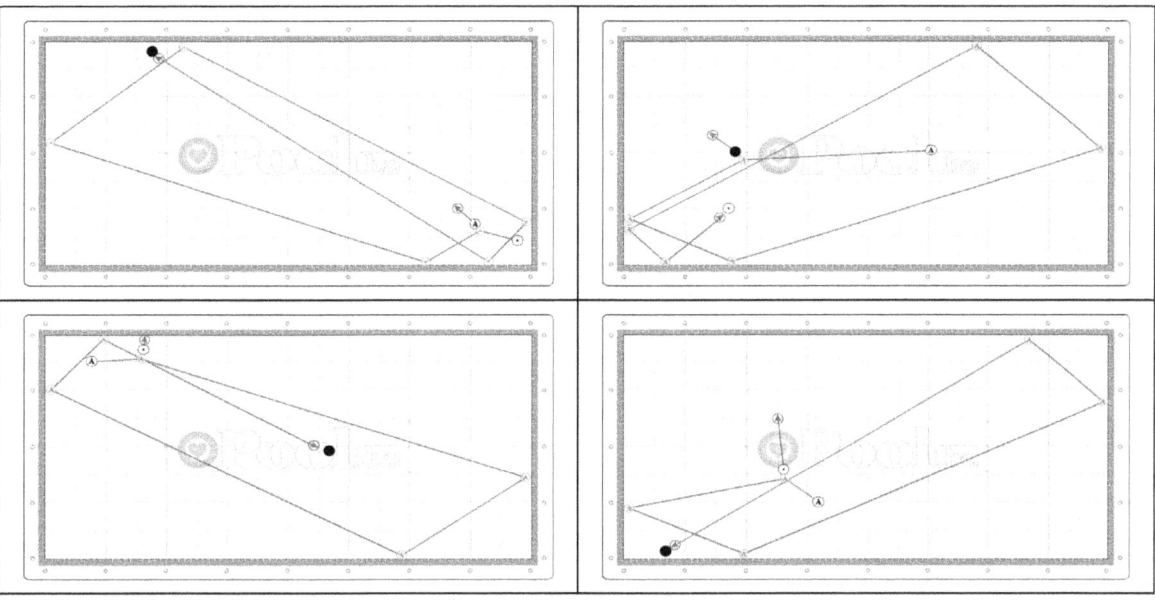

Une analyse:

F:2a. _____

F:2b. _____

F:2c. _____

F:2d. _____

F:2a – Installer

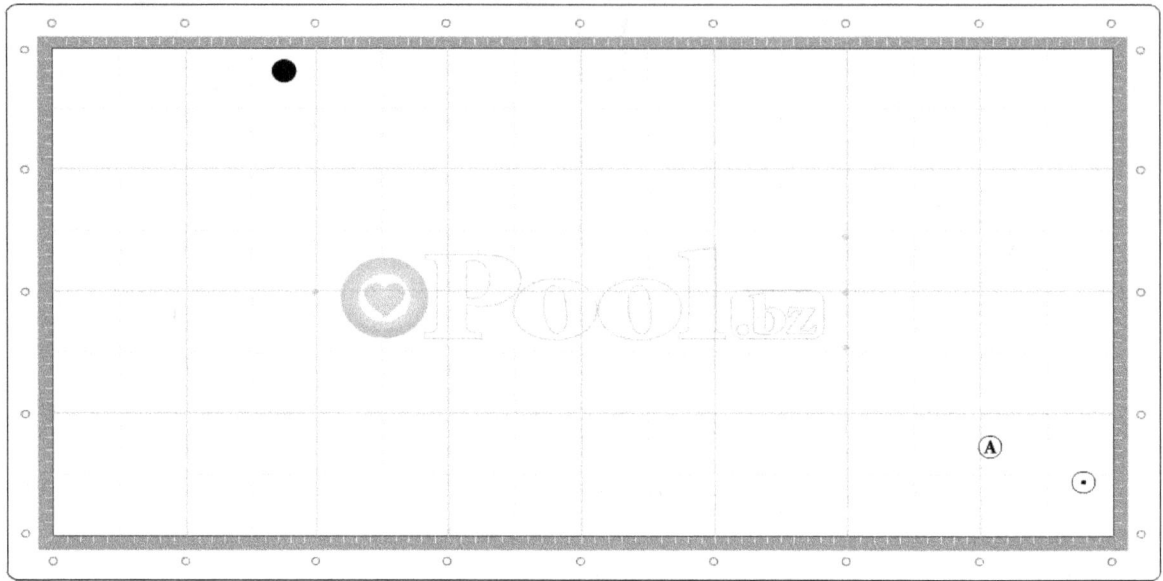

Notes et idées:

Modèle de balle

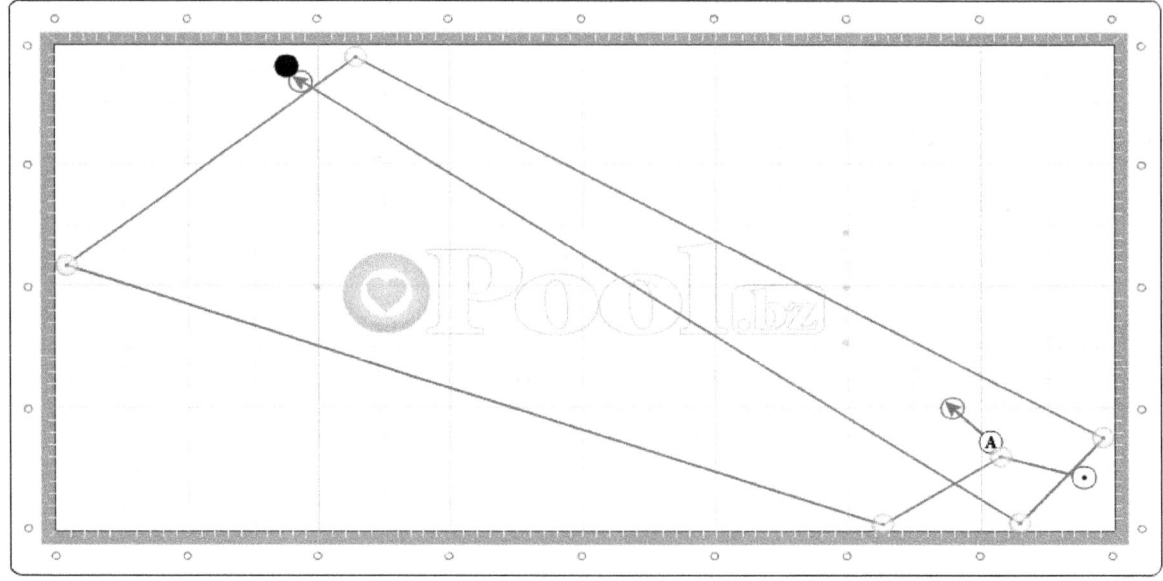

F:2b – Installer

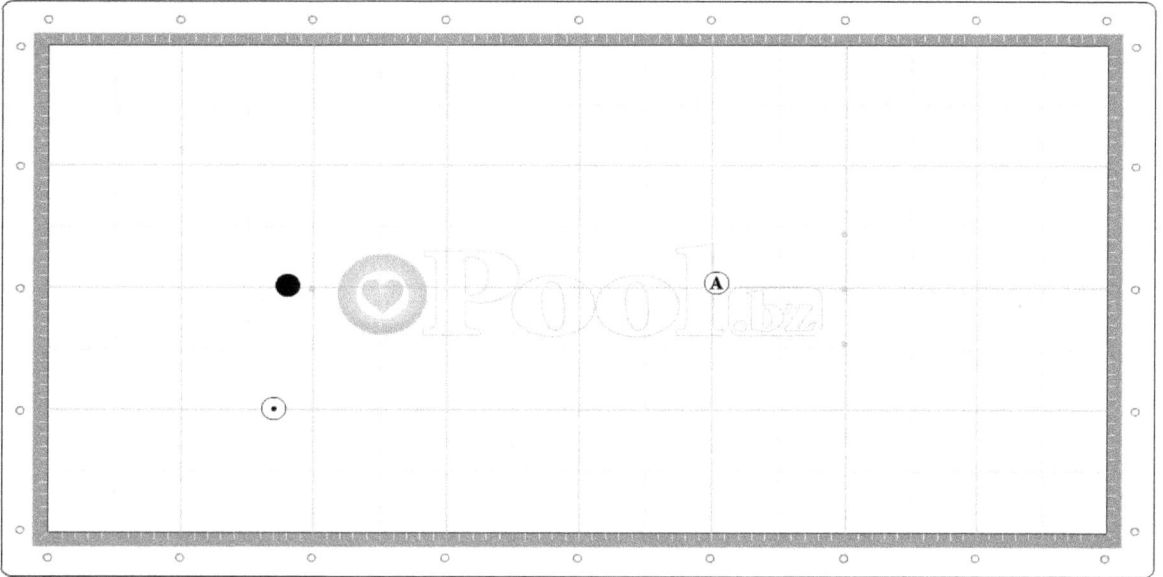

Notes et idées:

Modèle de balle

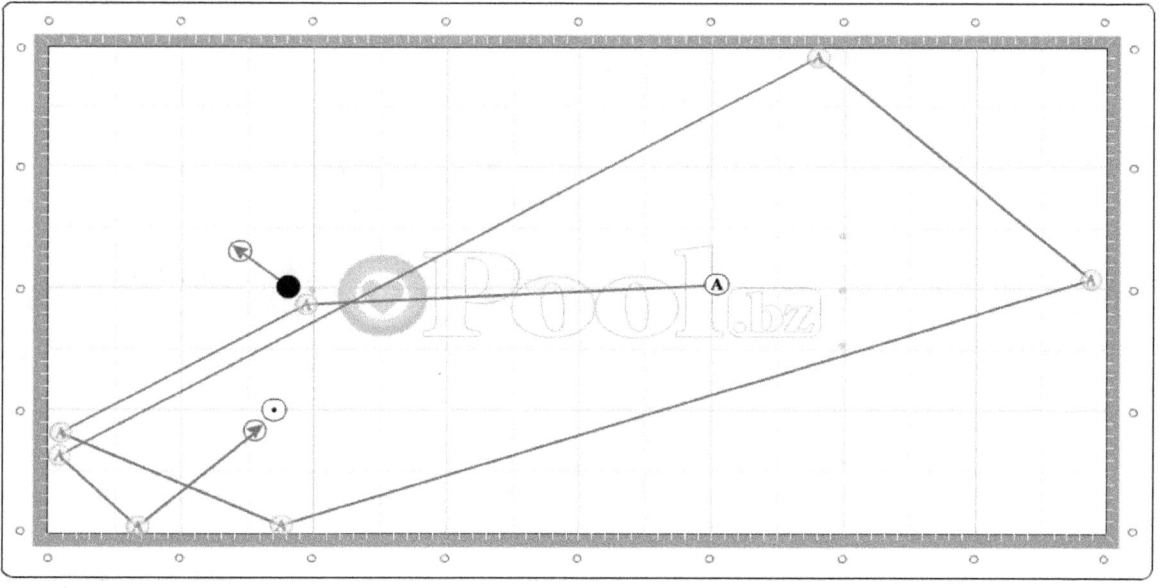

F:2c – Installer

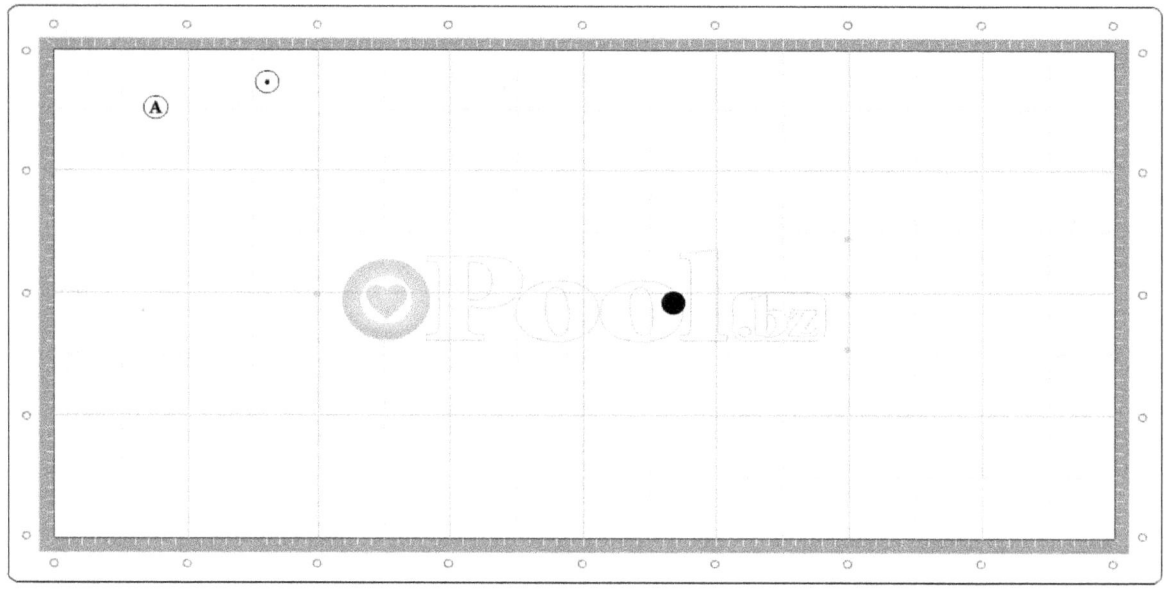

Notes et idées:

Modèle de balle

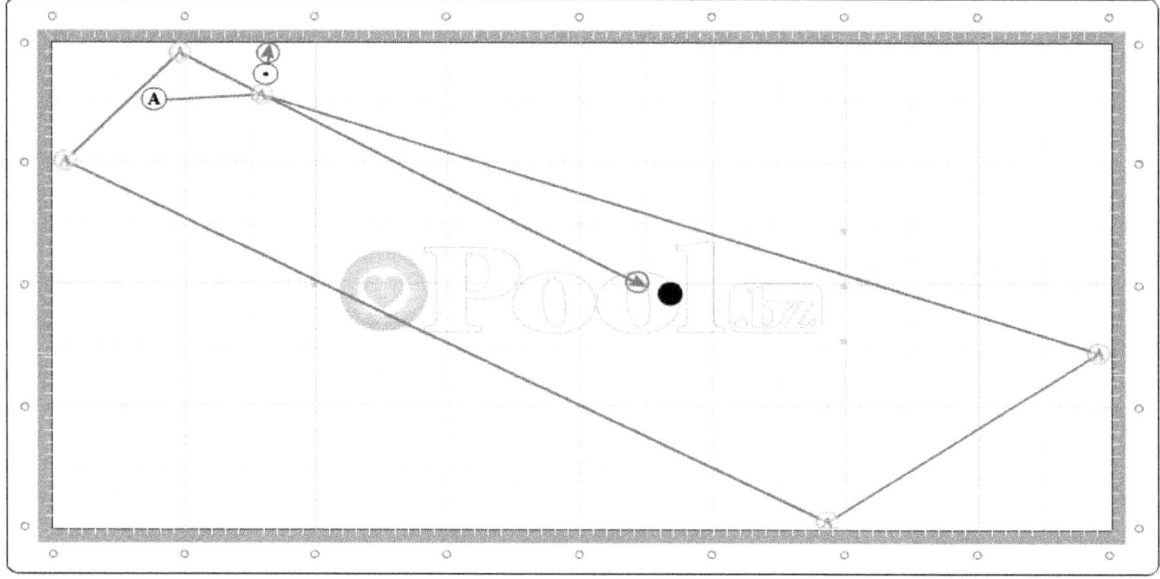

F:2d – Installer

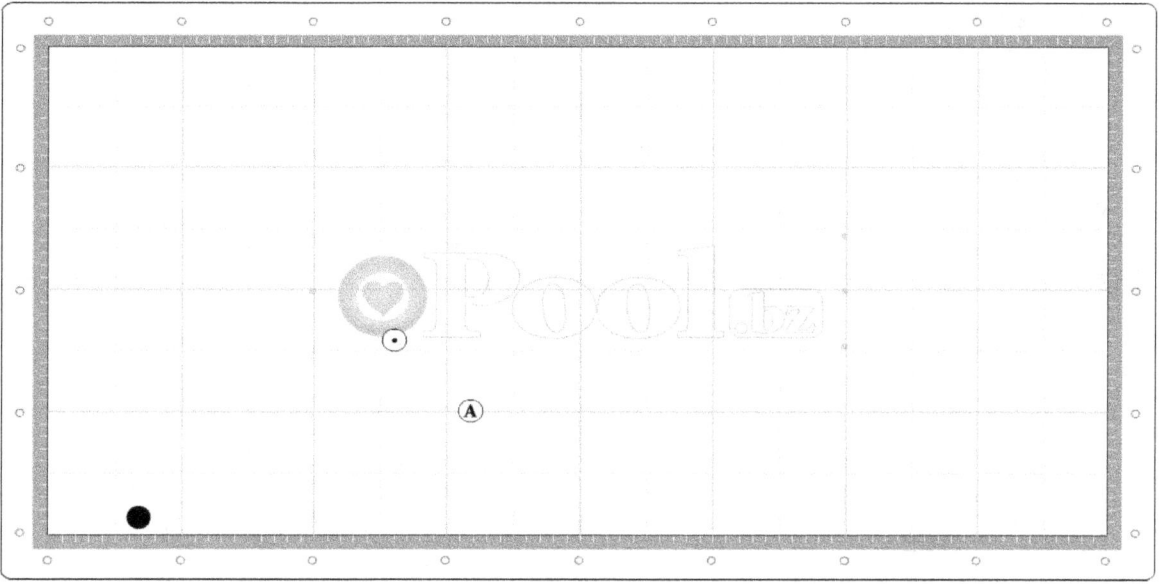

Notes et idées:

Modèle de balle

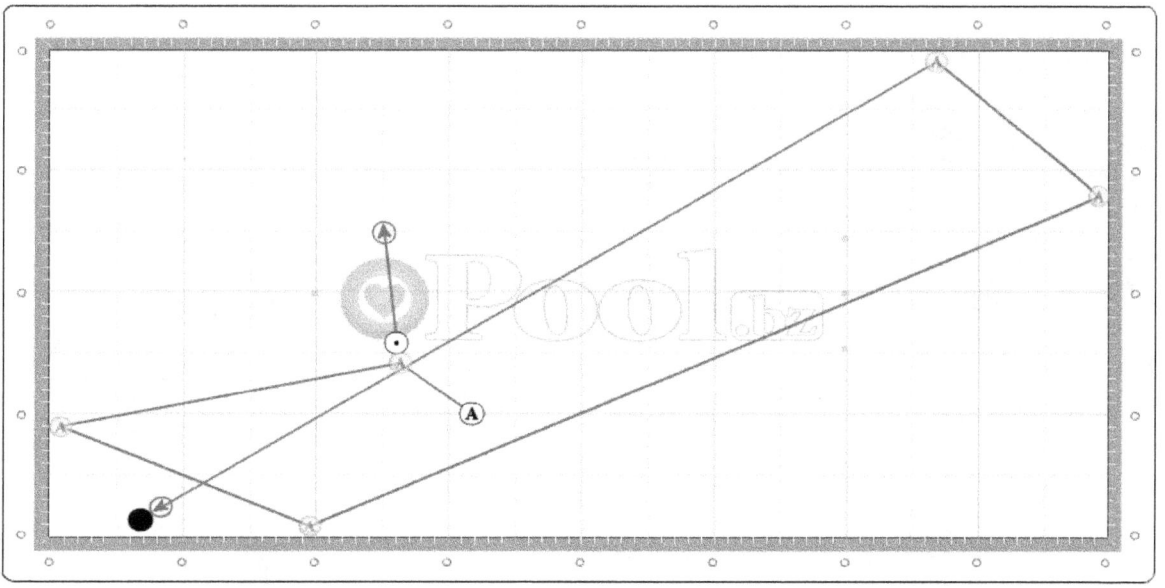

F: Groupe 3

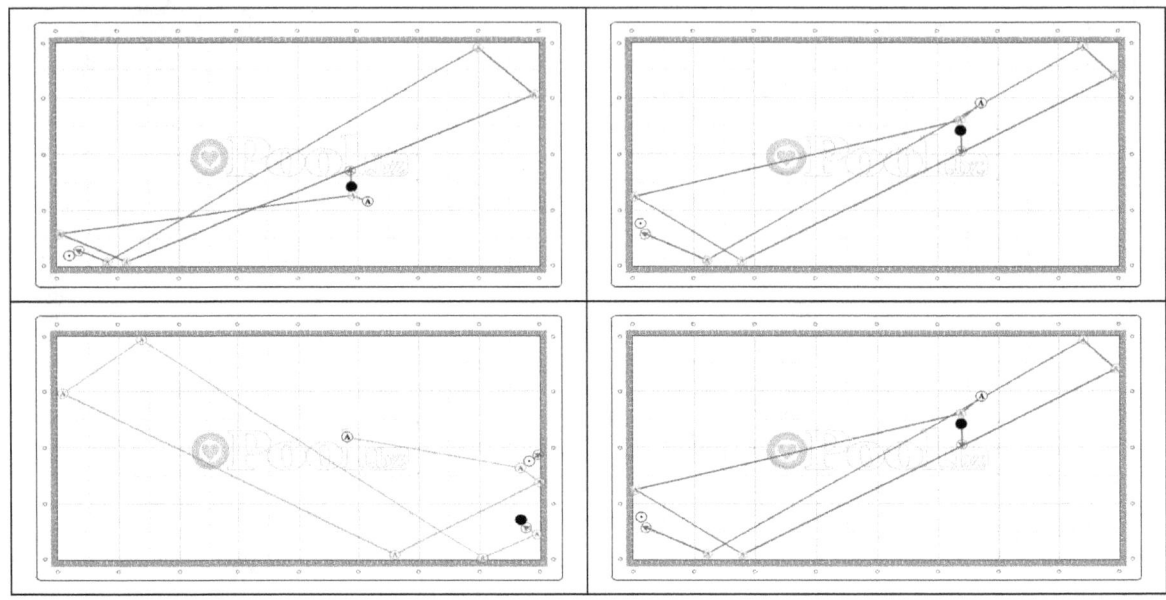

Une analyse:

F:3a. _____

F:3b. _____

F:3c. _____

F:3d. _____

f:3a – Installer

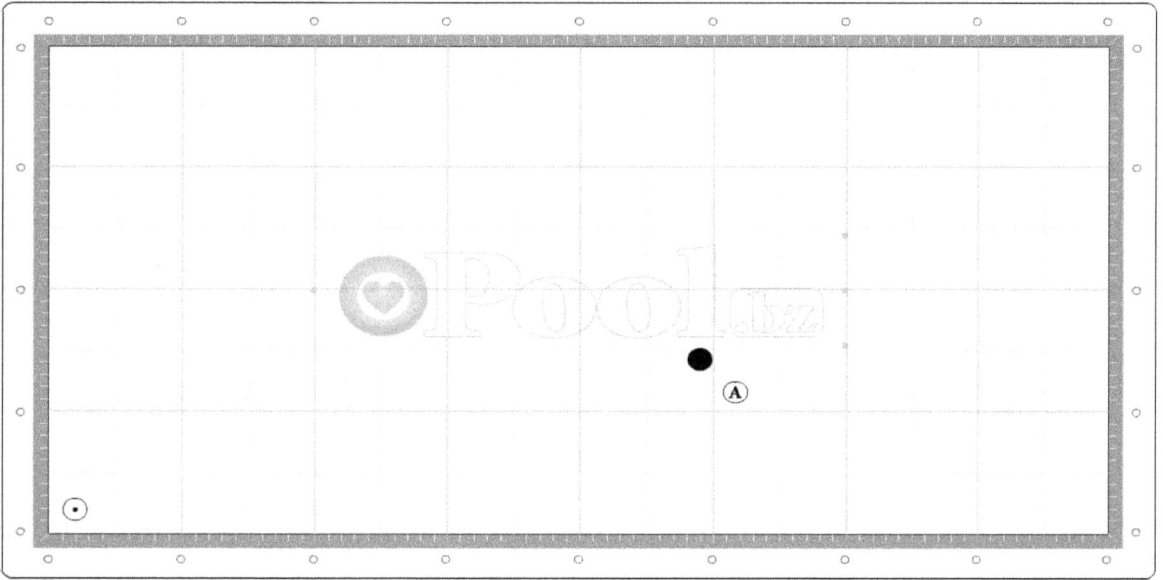

Notes et idées:

Modèle de balle

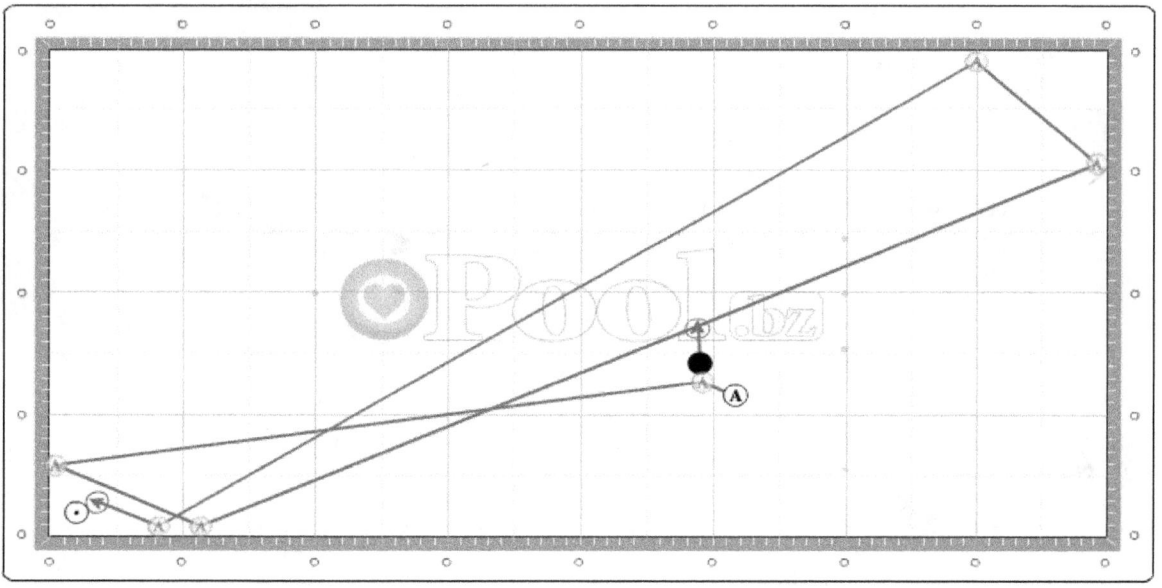

F31b – Installer

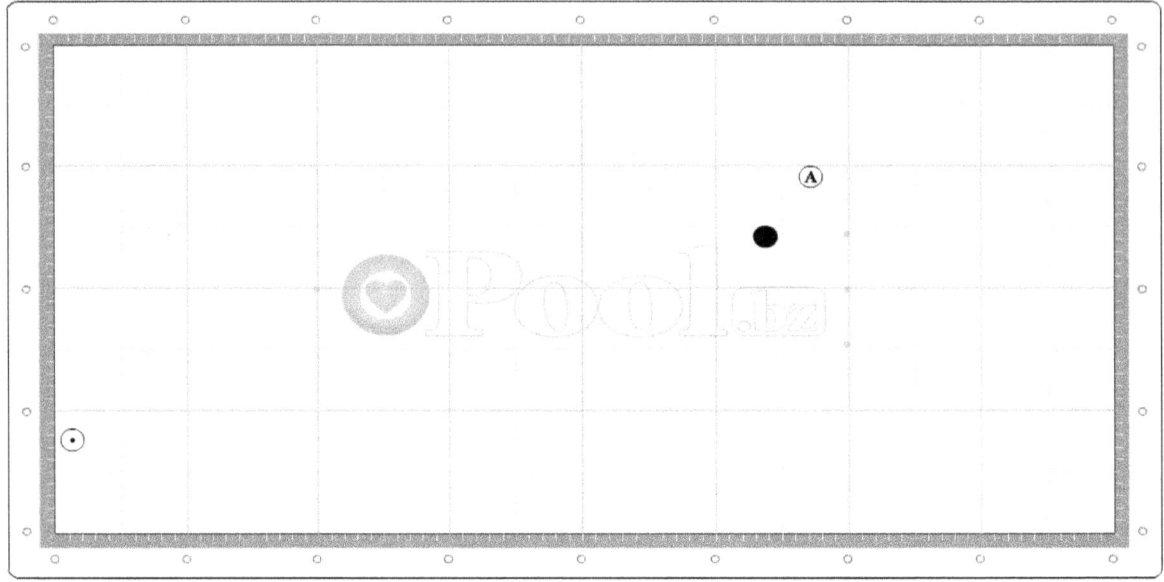

Notes et idées:

Modèle de balle

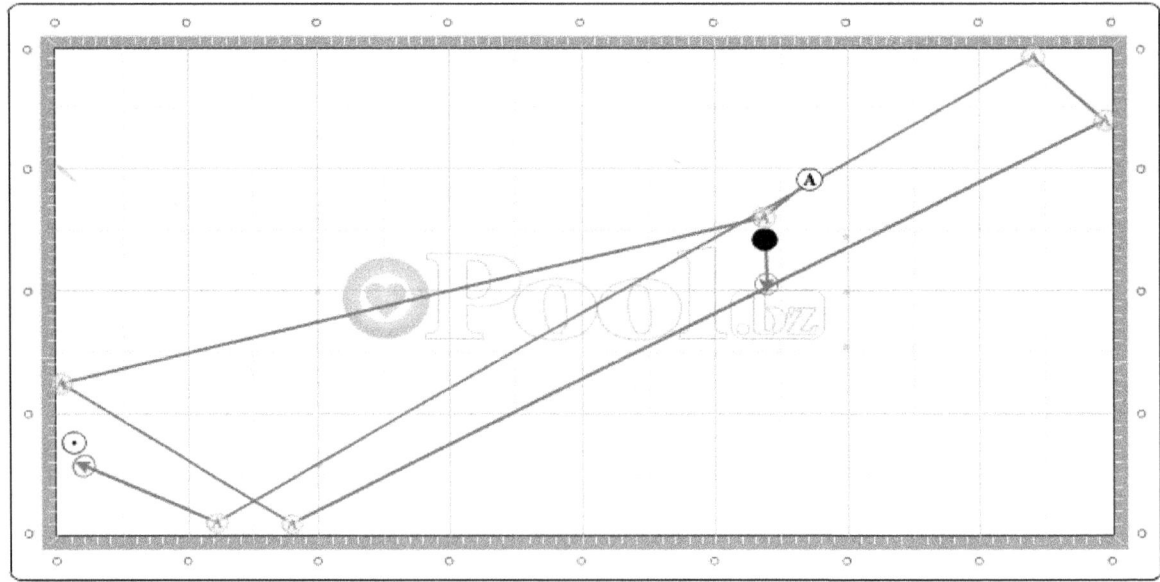

F:3c – Installer

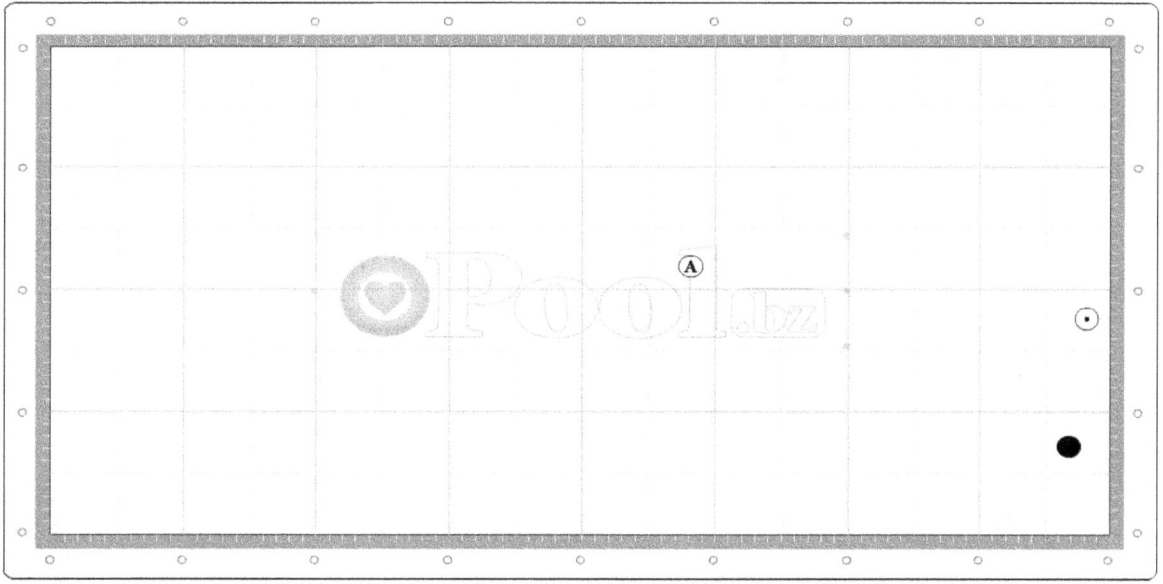

Notes et idées:

Modèle de balle

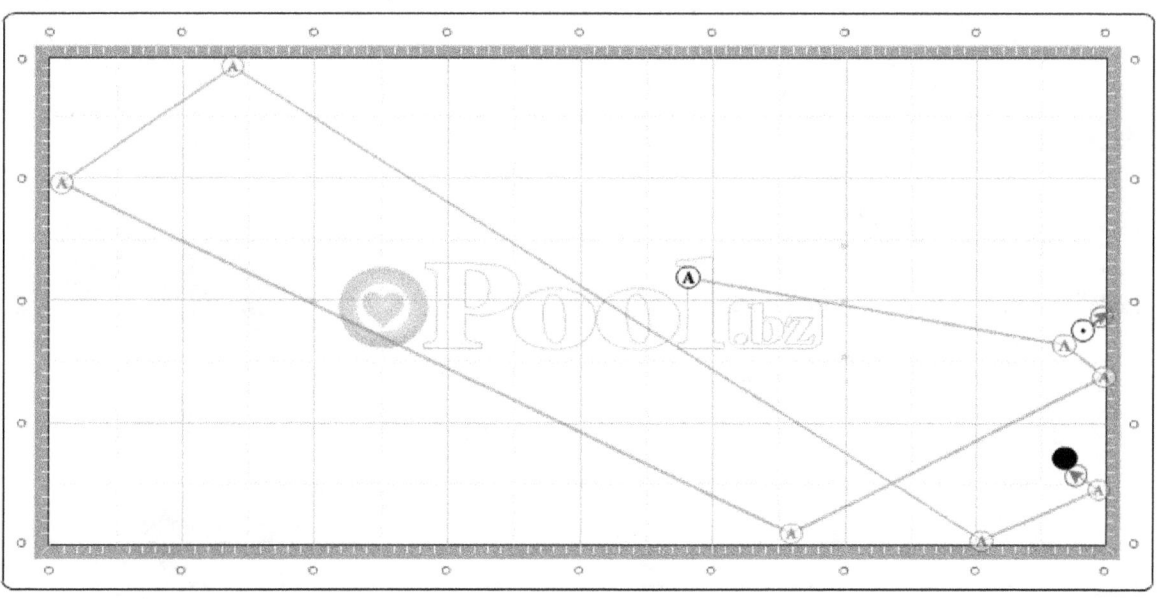

F:3d – Installer

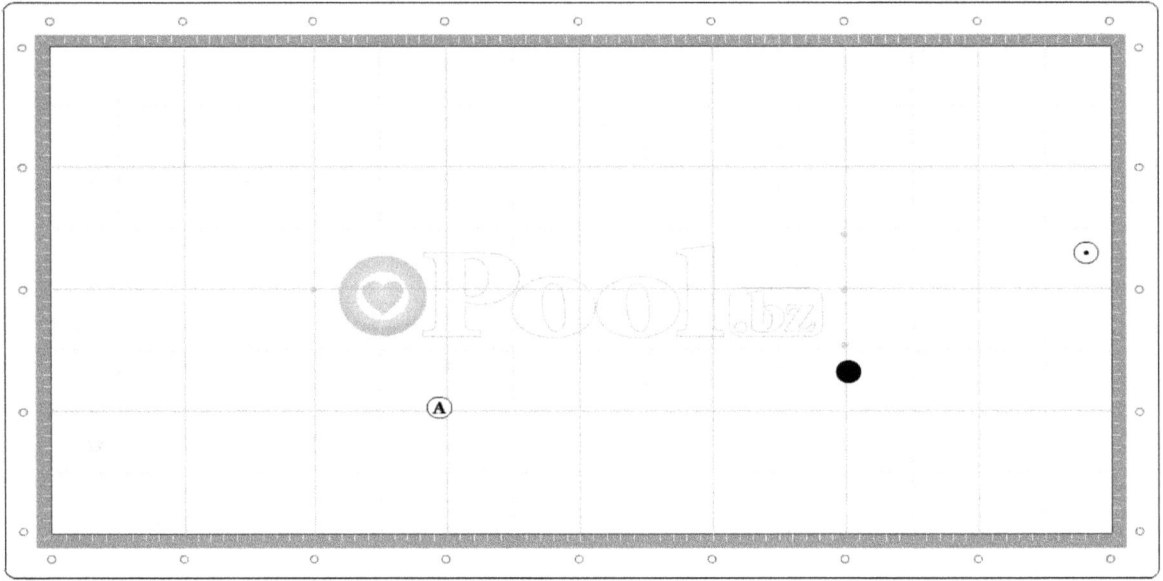

Notes et idées:

Modèle de balle

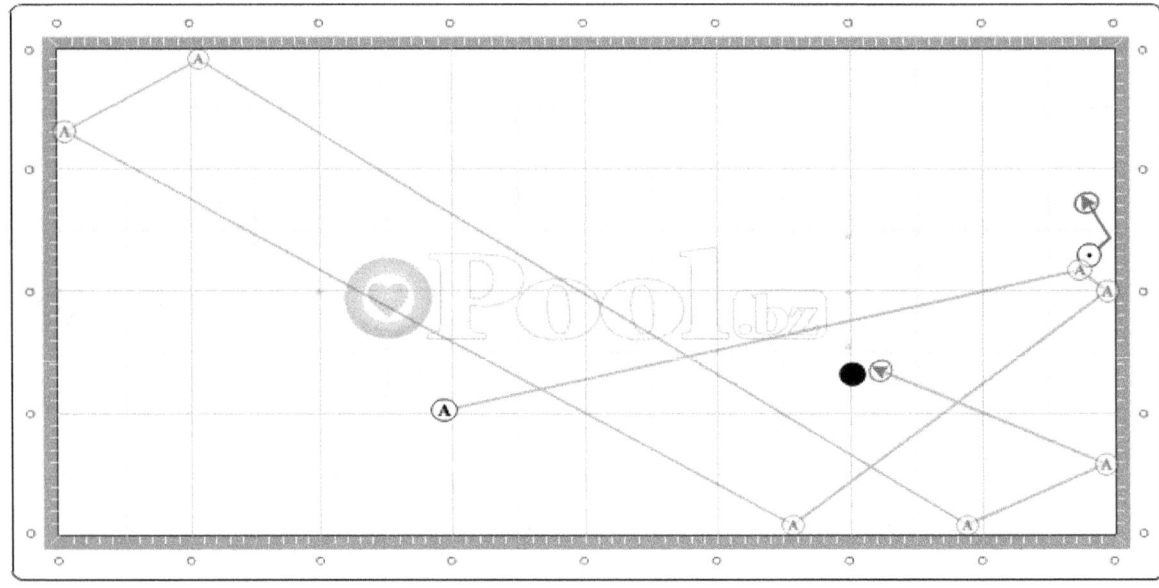

www.ingramcontent.com/pod-product-compliance
Lightning Source LLC
Chambersburg PA
CBHW080920170426
43201CB00016B/2215